常用词 手语详解 情景对话

完全图解 中国手语

卢祥◎著

一看就懂的通用手语

CHINESE SIGN LANGUAGE

航空工业出版社

内 容 提 要

《完全图解中国手语》内容紧贴生活，从常见情景出发，分 14 大主题，其中有见面问候、自我介绍、相约就餐、商场购物、医疗就医和银行业务等。本书采用国家通用手语动作，每个主题设有常用词、常用句和情景对话，非常适合初学者。本书浅显易学，既可以作为聋人朋友的课外书，也可以作为志愿者学习手语的自学用书，轻松、有趣、不枯燥！

图书在版编目（CIP）数据

完全图解中国手语 / 卢祥著. -- 北京 : 航空工业出版社, 2021.7（2022.1重印）
ISBN 978-7-5165-2555-5

Ⅰ. ①完… Ⅱ. ①卢… Ⅲ. ①手势语－中国－图解 Ⅳ. ① H126.3-64

中国版本图书馆 CIP 数据核字 (2021) 第 092568 号

完全图解中国手语
Wanquan Tujie Zhongguo Shouyu

航空工业出版社出版发行
（北京市朝阳区京顺路 5 号曙光大厦 C 座四层 100028）
发行部电话：010-85672688 010-85672689

三河市海新印务有限公司印刷　　全国各地新华书店经售
2021 年 7 月第 1 版　　2022 年 1 月第 2 次印刷
开本：710 × 1000 1/16　　字数：208 千字
印张：14.5　　定价：39.80 元

前言

当我们看到一位面带微笑的聋人朋友走来，用手语向我们打招呼，而我们却慌乱之下不知如何回应，只得回报以羞赧的微笑时，你一定恨不得立刻掌握几个简单的手语动作。

语言障碍是一件极易被忽略的事。因为聋人朋友大部分时间看起来与我们毫无差异，只有交流起来，你才会意识到这件事的存在。而手语无疑是解除这类障碍的最佳工具。

手势语言，简称手语，其实自古就已存在，甚至早于语言的产生。古人曾靠手语来传达沟通意见，而后才慢慢发展成为无声世界的空间视觉语言。

手语，不只是“手”语，还包括姿势和表情。手语是“有声语言的重要辅助工具”，手语是我们与聋人沟通和交流的桥梁。手语让聋人有了平等参与的感受，也消除了聋人与健听人之间的隔阂。对很多人来说，手语是工作中的必备技能，是一把打开无声世界的钥匙。因此，快速掌握手语具有重要意义。

本书从快速易学、方便使用的目的出发，将手语的表达与使用分为与生活密切相关的 14 个日常主题：问候、介绍、就餐、购物、交通、旅行、外宿、银行、医药、个人护理、邮递、大气以及娱乐和求职等，可以说涵盖了生活中的方方面面。每个主题我们都列出了使用频度最高的常见词汇，并将对应的手势语言一一用图示描绘出来，同时配以详尽的文字说明和手势解读。另外，我们也给出了最常用、最有代表性的短句与对话，给读者带来身临其境的真实“交流”感受。

《完全图解中国手语》是一本通俗实用、内容丰富的手语读本。学会一点手语，就如同多学了一门“外语”，能满足在实际工作与生活的需要，也能更准确的表达自己的意思，还会给我们带来更多的朋友，带我们体验不同的世界。手语，已经不只是一种“外语”工具，也成为一种时尚行为。不要犹豫，跟着本书一起学起来吧！

目　录

专题一　见面问候

专题三 相约就餐

专题四 商场购物

专题五 公共交通

专题六 休闲旅行

专题七 入住酒店

专题八 银行业务

专题九 寻医就诊

专题十 美容美发

专题十一 邮寄快递

专题十二 谈论天气

专题十三 兴趣娱乐

专题十四 求职就业

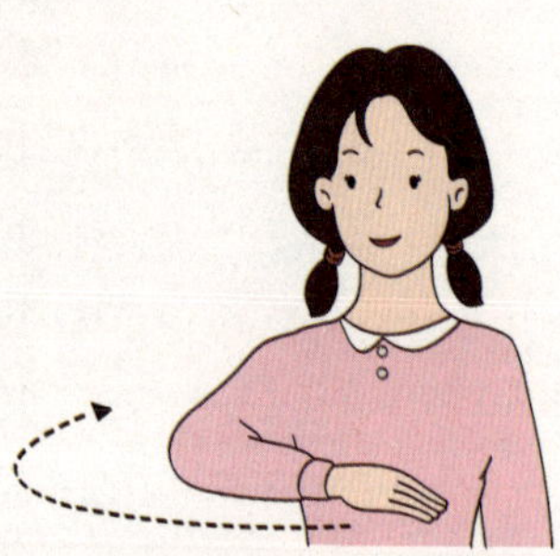

附录

专题一

见面问候

再见

1 常用词

我	你（您）	他（她、它）	们（我们、你们、他们）	大家
自己	见面	关心	请坐	担心（担忧）
你好	谢谢（致谢）	帮助	照顾	欢迎
高兴	爱护	联系	客气（谦让）	没关系
对不起（抱歉、赔礼）	迟到	朋友（伙伴）	祝（祝愿、拜托）	幸福
最	近	好久	会（我会……）	很（极、更、最）
经常	等会儿	再见	有空	走
来	看（平视）	没有	经过（通过）	身体健康
心想事成	学业有成	工作顺利	节日快乐	笑口常开
应该	一路平安			

2 手语详解

我

一手伸食指，指向自己（或一手手掌拍一下胸部）。

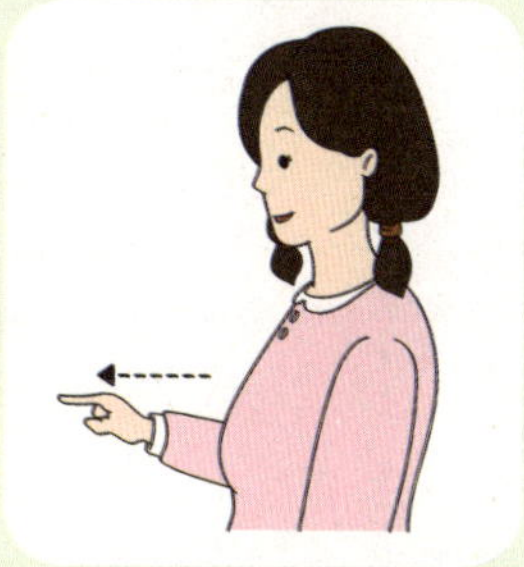

你（您）

手背向上（或一手平伸，掌心向上），指向对方。

他（她、它）

一手伸食指（或一手斜伸，掌心向上），指向侧方第三者。

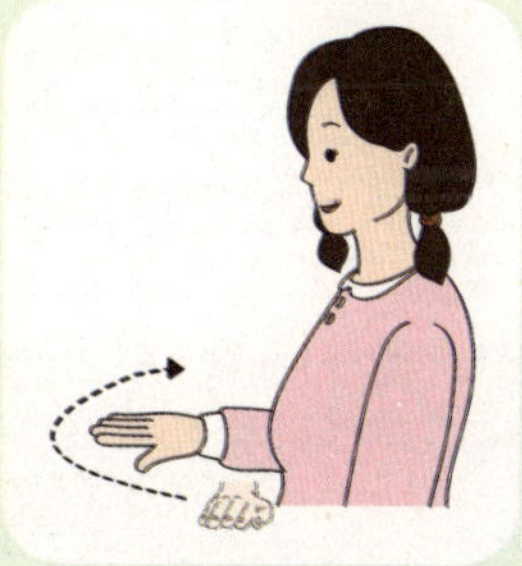

们（我们、你们、他们）

一手横伸，掌心向下，顺时针平行转动半圈。

大家

一手横伸，掌心向下，平行转动半圈。

自己

右手食指直立，虎口朝内，碰两下左胸部。

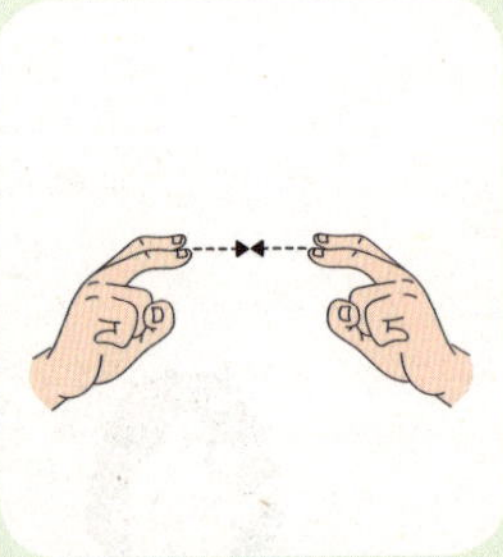

见面

双手食、中指微曲，指尖左右相对，从两侧向中间移动，表示双方目光相接。

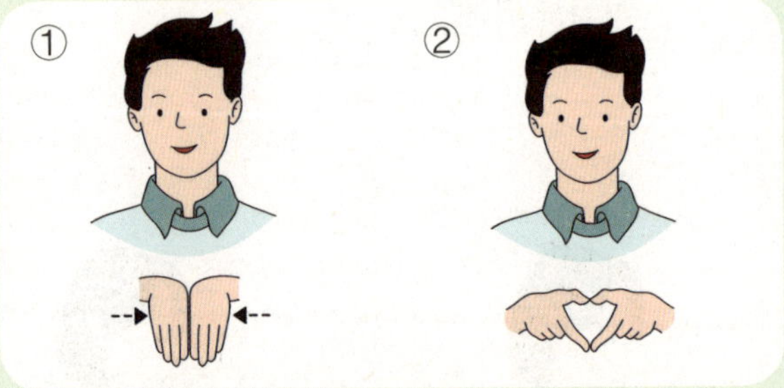

关心

① 手背向外，双手垂立，手掌从两侧向中间互碰；② 双手拇、食指张开仿“♡”形，手背向外，置于胸部。

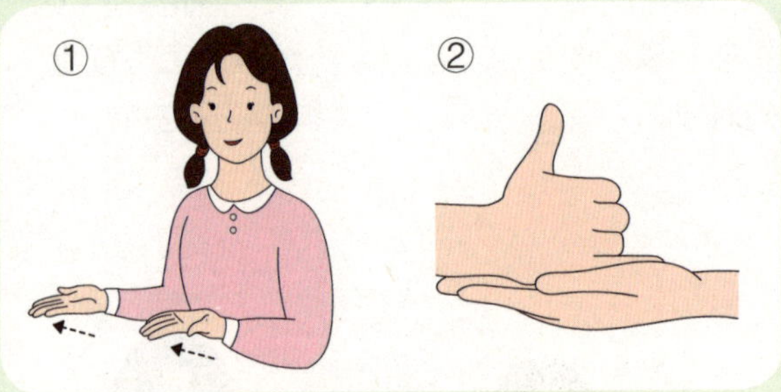

请坐

① 双手平伸，掌心向上，同时向一侧移动一下，面带笑容。② 左手横伸；右手伸拇、小指，置于左手掌心上。

担心（担忧）

双手拇、食指张开仿“♡”形。手背向外，置于胸部，向上一提，面露紧张的表情。

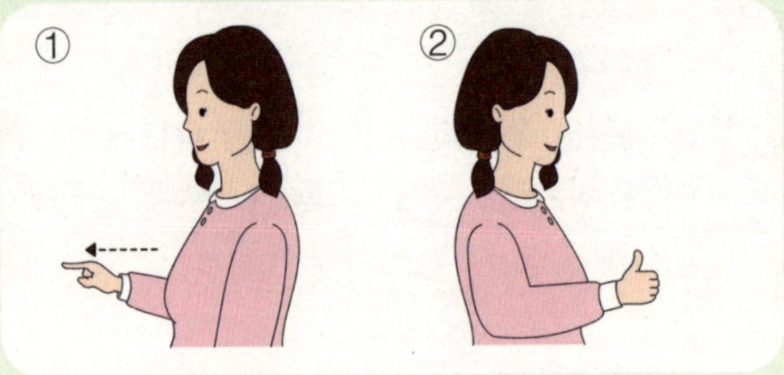

你好

① 一手伸食指，手背向上，指向对方。② 一手伸拇指，面露赞赏的表情。

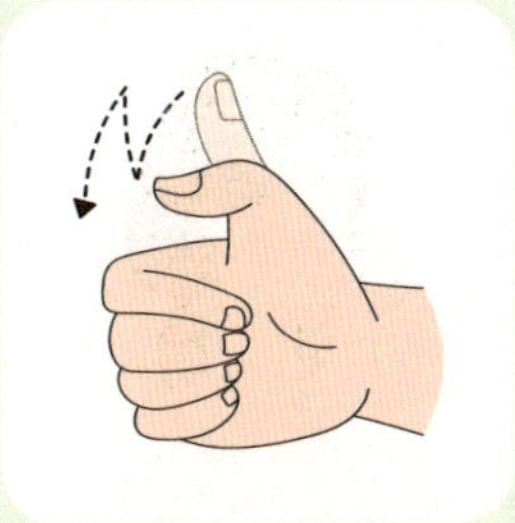

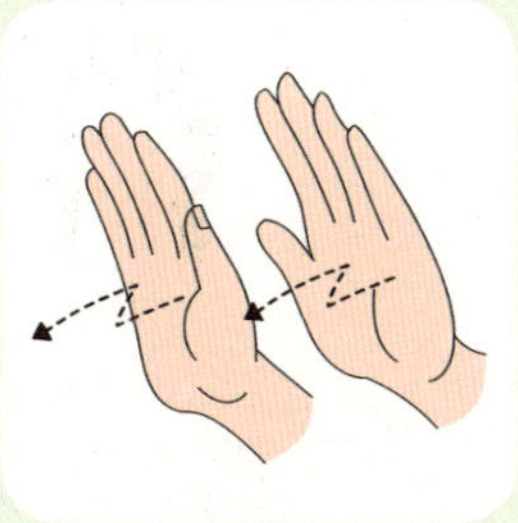

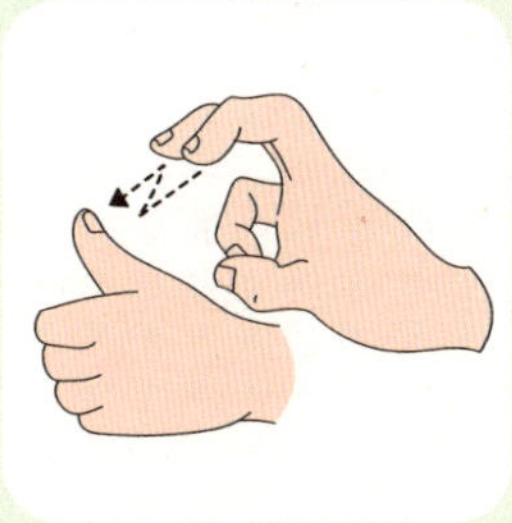

谢谢（致谢）

一手（或双手）伸拇指，向前弯曲两下，面带笑容。

帮助

双手斜伸，掌心向外，按动两下，表示给人帮助。（可根据实际决定手的朝向）

照顾

左手伸拇指在前；右手食、中指微曲，在后，指尖对着左手拇指点两下。

欢迎

方法一：双手鼓掌。方法二：双手五指微曲，掌心相对，置于头两侧，手腕微转几下，面带笑容。

高兴（快乐、愉快）

双手横伸，掌心向上，同时在胸前向上移动两下，面带笑容。

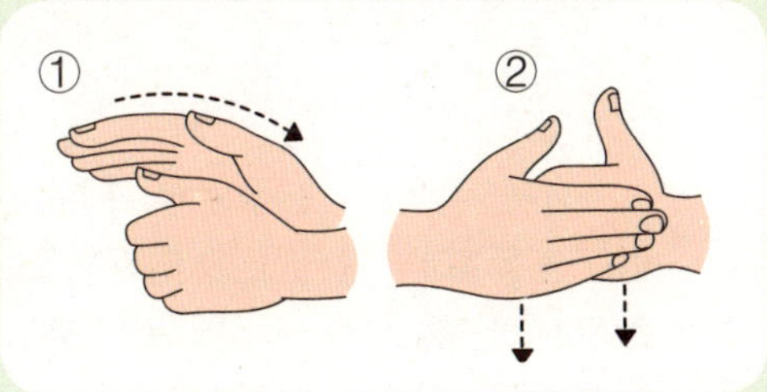

爱护

① 左手伸拇指；右手轻轻抚摸左手拇指背，表示“怜爱”的感情。② 左手伸拇指；右手横立，掌心向内，五指微曲，置于左手前，然后双手同时向下一顿，表示“保护”之意。

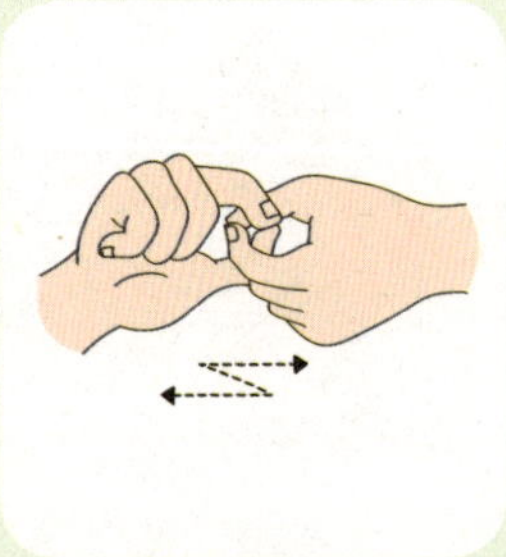

联系

双手拇、食指套环，左右移动两下。

客气（谦让）

① 双手平伸，掌心向上，前后交替移动两下，面露和蔼谦恭的表情。② 一手打手指字母“Q”的指式，指尖朝内，置于鼻孔处。

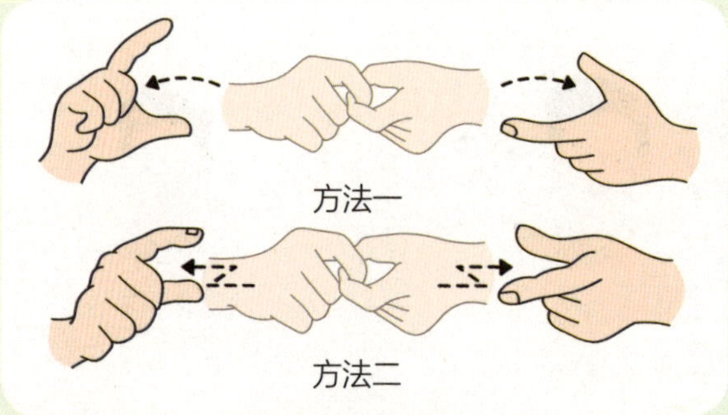

没关系

方法一：双手拇、食指套环，再向两侧打开，表示自己与某人或某事物没有关系。方法二：双手拇、食指套环，再向两侧打开两下，表示不要紧的意思。

对不起（抱歉、赔礼）

一手五指并拢，掌心向下，贴于前额一侧，如军人行军礼状，然后伸小指，向胸部点几下，表示向人道歉并自责。

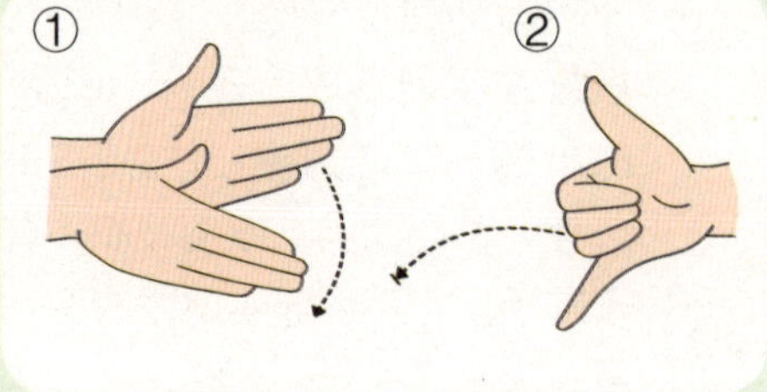

迟到（晚到）

① 左手侧立；右手平伸，拇指尖抵于左手掌心，其他四指向下转动，表示时间已迟。② 一手拇指、小指，向前做弧形移动，然后向下一顿。

朋友（伙伴）

双手伸拇指，互碰两下。

祝（祝愿、拜托）

双手作揖，向前晃动两下，面部露出喜悦的表情。

幸福

作字母“X”的手指语，在胸前逆时针转动一圈。

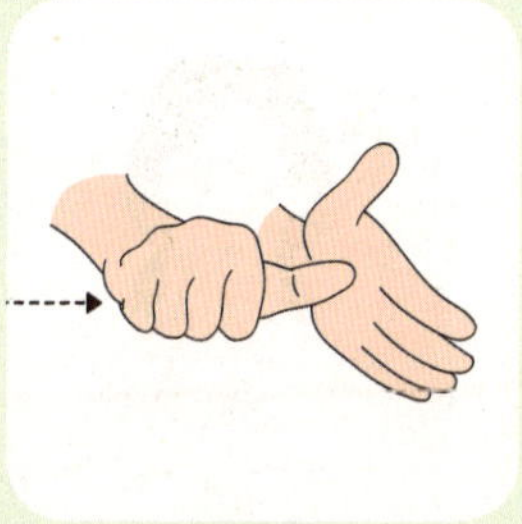

最

左手侧立；右手伸拇指，手背向上，顶向左手掌心。

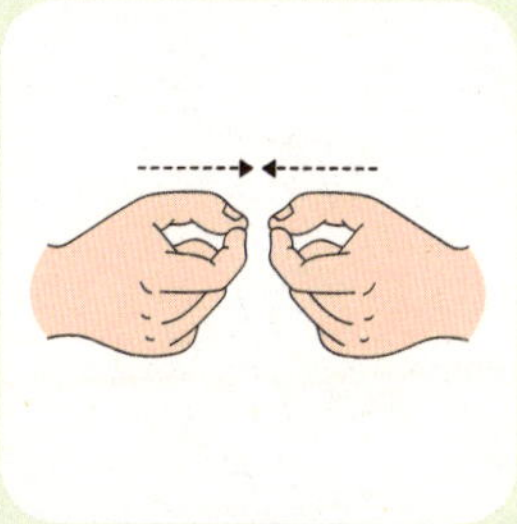

近

双手拇、食指相捏，虎口朝上，互相靠近。

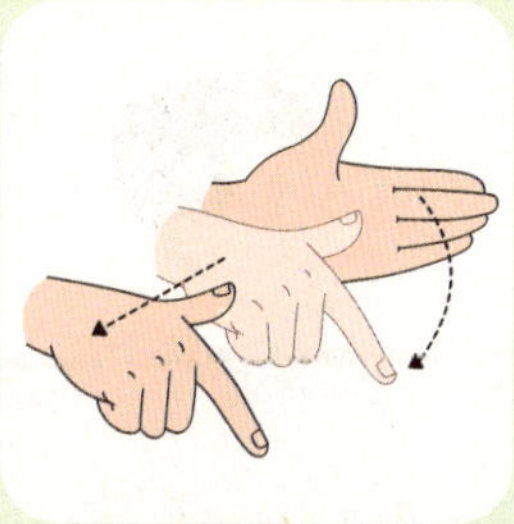

好久

左手侧立；右手伸拇、食指，拇指尖抵于左手掌心，食指边向下转动边向右移动，表示时间很长。

手语小知识

手指语是依附于字母和拼音的。学会汉语手指语，可以按照汉语的顺序拼出单词或汉字。不过手指语只能表音，在表意上有很大局限，所以较少使用。大多用于表示人名和地名。

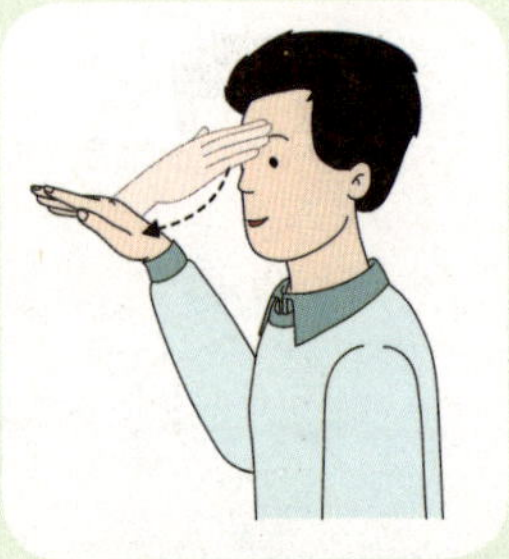

会（我会……）

一手五指并拢，指尖抵于前额，然后向前伸出，指尖朝前。

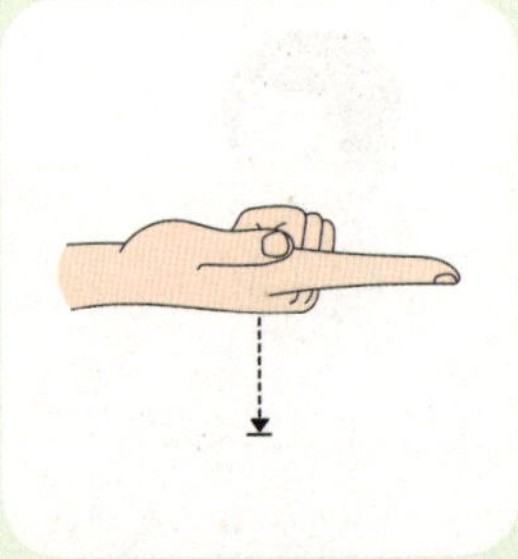

很（极、更、最）

一手食指横伸，拇指尖按于食指根部，手背向下，向下一顿。

经常

一手食、中指直立并拢，掌心向外，向太阳穴碰两下。

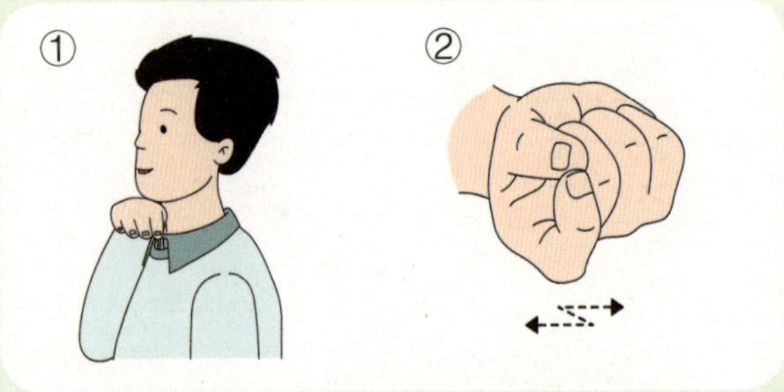

等会儿

① 一手横伸、手背贴于颏部下方。② 一手拇、食指相捏，指尖朝上，左右微晃几下。

再见

一手上举，掌心向外，左右摆动几下，面带笑容。

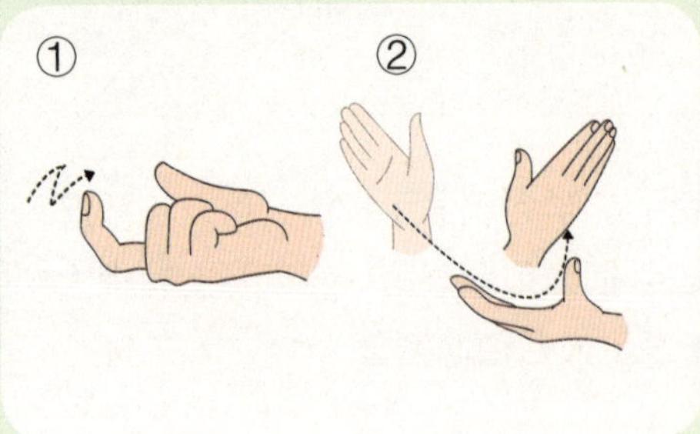

有空

① 一手伸拇指、食指、手指向下，拇指不动，食指向内弯动两下。② 左手斜伸，掌心向斜后方；右手食、中、无名、小指并拢，指尖朝前，小指外侧从右向左在左手虎口处刮一下。

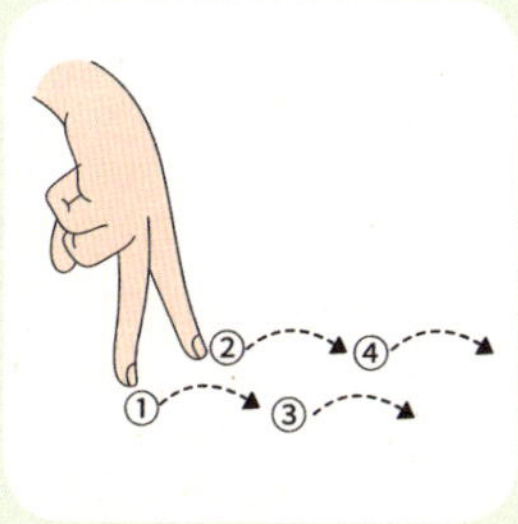

走

一手食、中指分开，指尖朝下，交替向前移动。

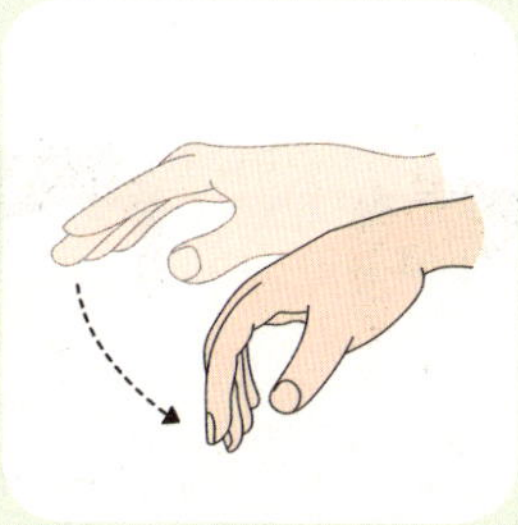

来

一手平伸，掌心向下，五指微曲向内，挥动一下。

看（平视）

一手食、中指分开，指尖朝前，手背向上，从眼部向前一指。

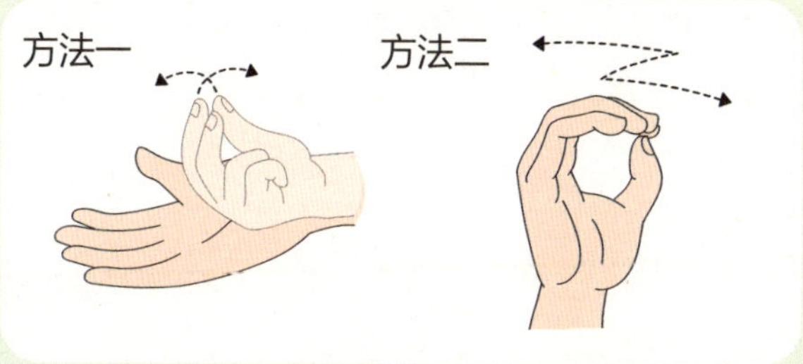

没有

方法一：一手拇指、食、中指，指尖朝上，互捻一下，然后平伸，表示没有。方法二：一手或双手五指捏成圆形，虎口朝内，左右晃动几下。

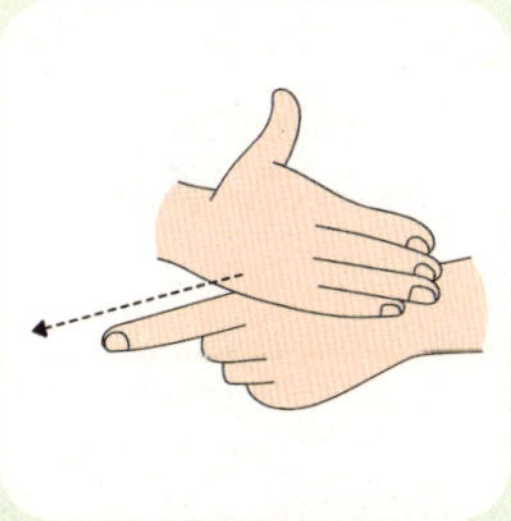

经过（通过）

左手伸食指，指尖朝前；右手横立，掌心向内，置于左手食指根部，向指尖方向移动。

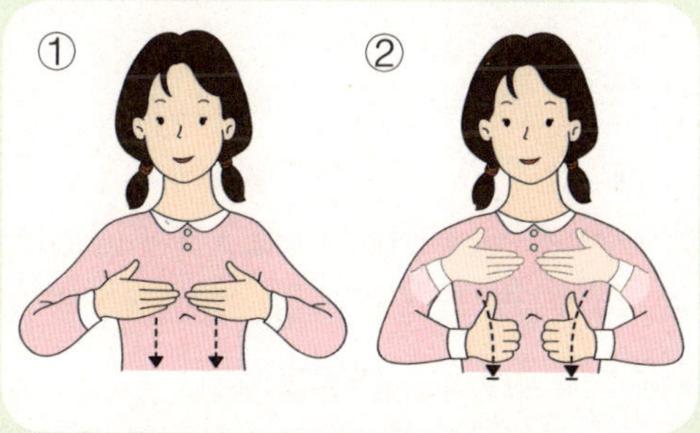

身体健康

① 双手掌心贴于胸部，向下移动一下，表示身体。② 双手横立，掌心向内，自胸部边向下移动边食、中、无名、小指弯曲，指尖抵于掌心，向下一顿，表示身体好，引申为健康。

心想事成

① 双手拇、食指张开仿“♡”形，手背向外，置于心脏部位。② 一手伸食指，在太阳穴前后转动两圈，面露思考的表情。③ 左手握拳，虎口朝上；右手伸拇、食指，食指尖朝左，向下敲一下左拳。④ 左手横伸，掌心向上；右手先拍一下左手掌，再伸出拇指。

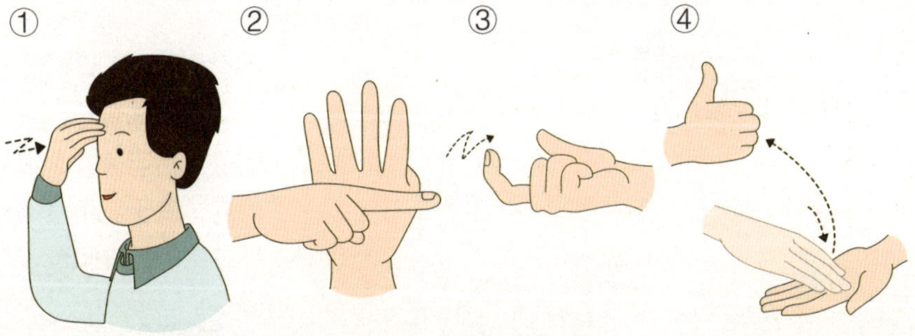

学业有成

① 一手五指撮合，指尖朝内，朝前额按动两下，表示学习知识。② 左手食、中、无名、小指直立分开，手背向外；右手食指横伸，置于左手四指根部，仿“业”字形。③一手伸拇、食指，手背向下，拇指不动，食指向内弯动两下。④左手横伸，掌心向上；右手先拍一下左手掌，再伸出拇指。

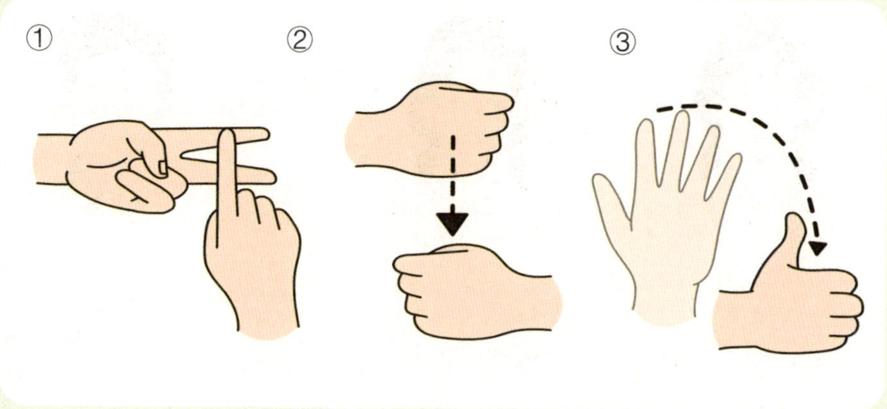

工作顺利

① 左手食、中指与右手食指搭成“工”字形。② 双手握拳，一上一下，右拳向下砸一下左拳。③ 右手直立，掌心向左，五指张开，边向前转腕食、中、无名、小指边弯曲，指尖抵于掌心，拇指直立。

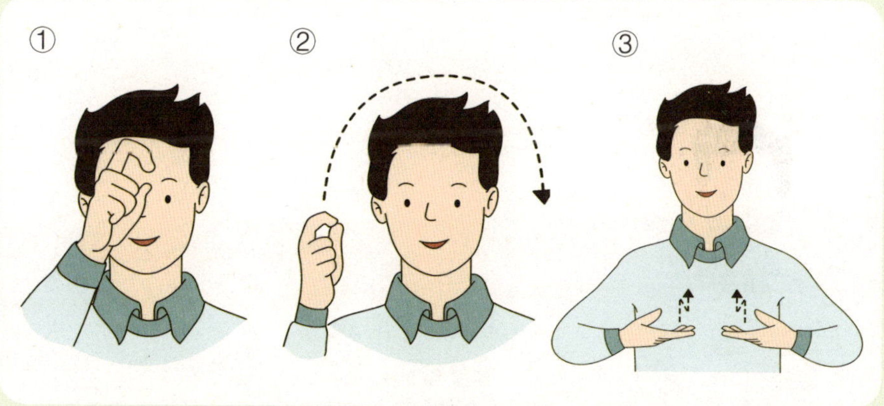

节日快乐

① 一手打手指字母“J”的指式，置于前额。② 右手拇、食指捏成圆形，虎口朝内，从右向左做弧形移动，越过头顶。③双手横伸，掌心向上，在胸前同时向上移动两下，面带笑容。

笑口常开

①一手拇、食指弯曲，指尖朝内，抵于颏部，面带笑容。②一手食、中指直立并拢，掌心向外，向太阳穴碰两下。

应该

一手食、中指横伸，手背向上，交替弹颏部。

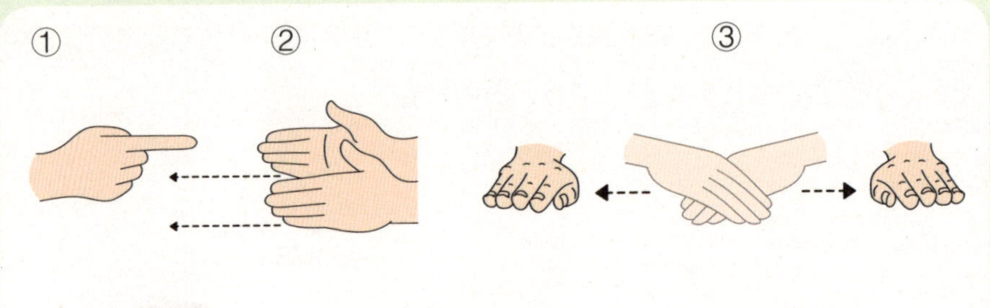

一路平安

① 一手伸食指，手背向外。② 双手侧立，掌心相对，向前移动。③双手五指并拢，掌心向下，交叉相搭，然后分别向两侧移动。④一手横伸，掌心向下，自胸部向下一按。

3 情景对话

（1）最近过得好吗？

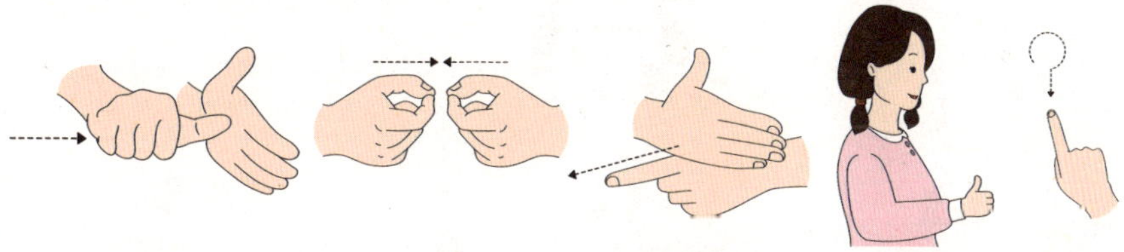

最　近　过（得）　好　吗？

——我很好，谢谢你的关心。

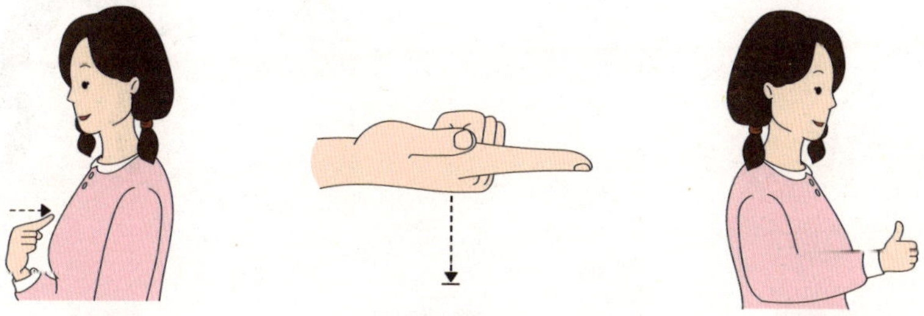

我　很　好

谢谢　你（的）　关心。

（2）我该走了。

我

该

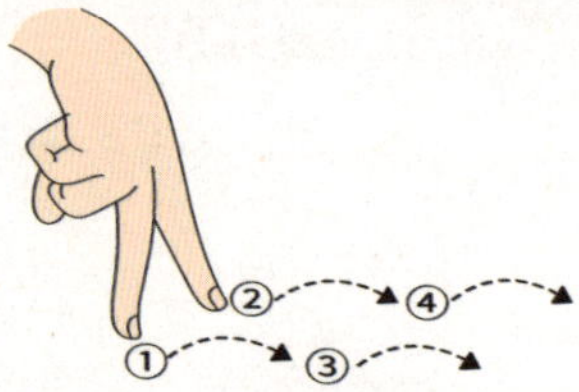

走了。

——有空常来，再见！

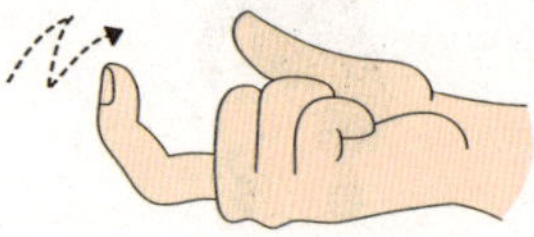

有

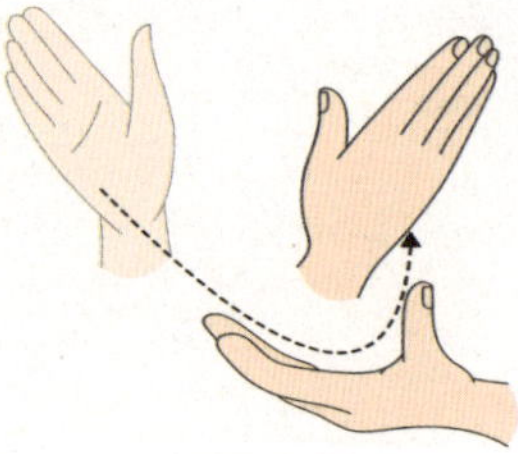

空（时间）

常

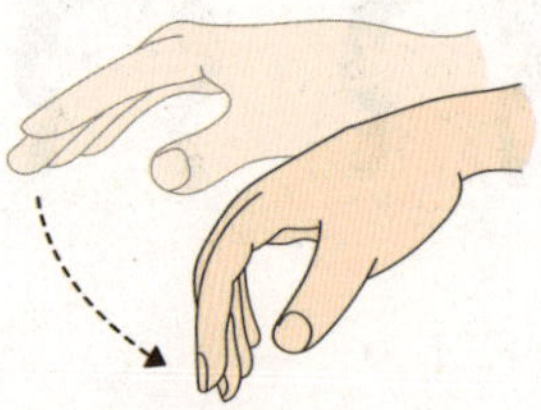

来，

再见！

（3）我好久没看到你了。

我

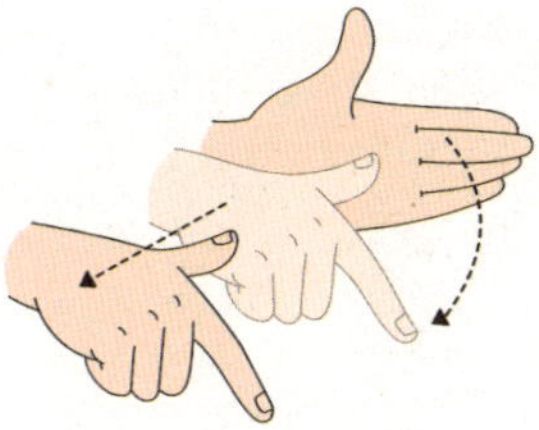

好久

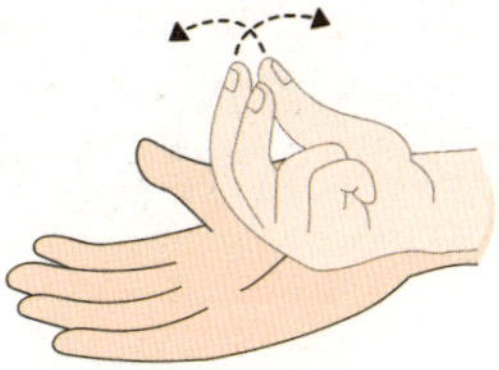

没有

看

到

你（了）。

（4）我们等会见！

我

们

等

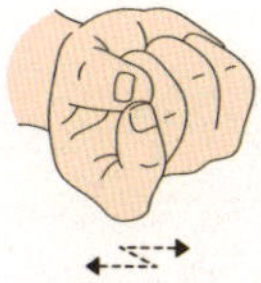

一会儿

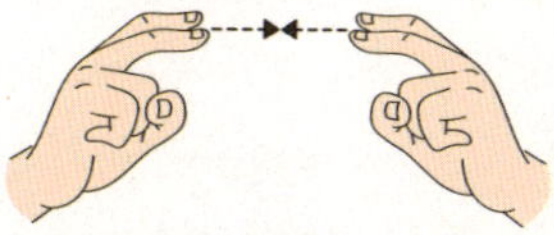

见！

专题二

自我介绍

妈妈

1 常用词

姓名	年岁（年龄）	多少、几	男	女
哪里（什么）	同学	家	同事	老师（先生）
小学	中学	认识	大学	介绍
学校	都	又	和	被
是	最后	不	比	在
因为	爸爸	所以	妈妈	爷爷（祖父）
奶奶（祖母）	姥爷	哥哥	姐姐	弟弟
妹妹	叔叔（叔父）	阿姨	医生	儿子
护士	女儿	会计	公务员	什么
叫	早上	工人		

2 手语详解

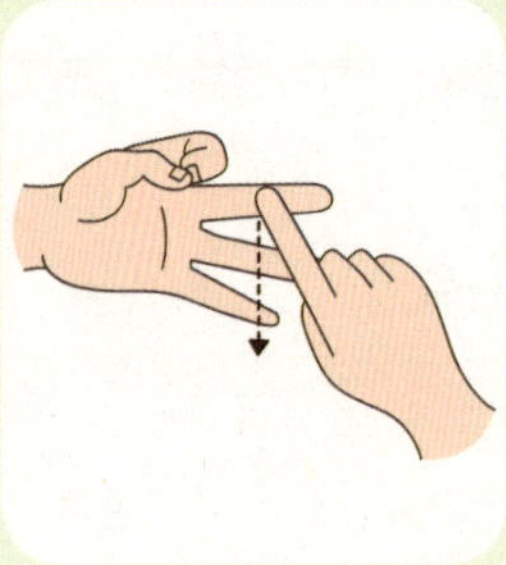

姓名

左手中、无名、小指横伸分开，掌心向内；右手伸食指，自左手中指尖向下划动。

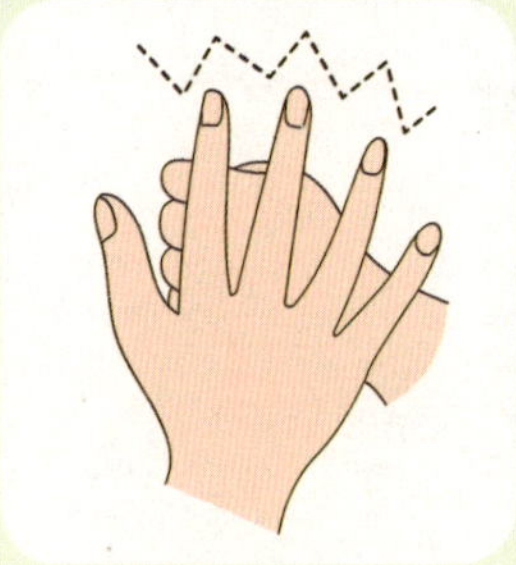

年岁（年龄）

左手握拳，手背向外，虎口朝上；掌心贴于左手背，五指张开，交替点动几下。

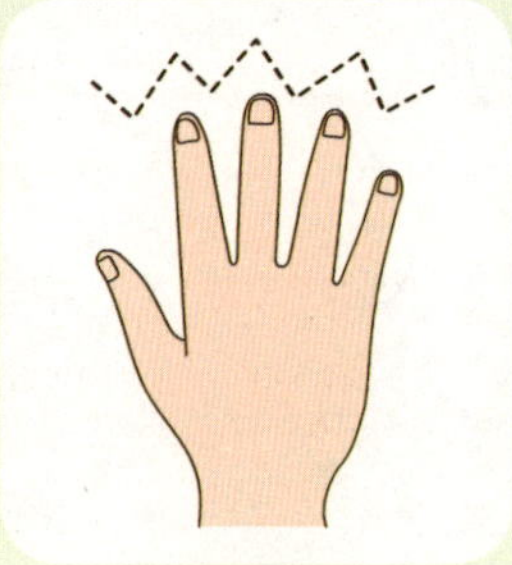

多少、几

一手直立，五指张开，交替点动几下；也用于表示多少的意思。

男

一手直立，掌心贴于头一侧，前后移动两下。

女

一手拇、食指捏一下耳垂。

哪里（什么）

一手食指直立，掌心向外，左右晃动几下，面露疑问的表情。（注：询问事情、物引申为什么，询问地点、方向引申为哪里。）

同学

① 一手食、中指横伸分开，手背向上，向前移动一下。② 双手斜伸，掌心向内，置于身前。

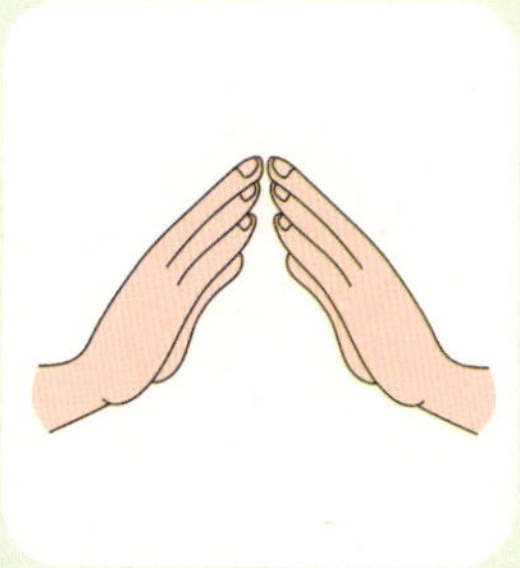

家

双手搭成“∧”形，表示家。

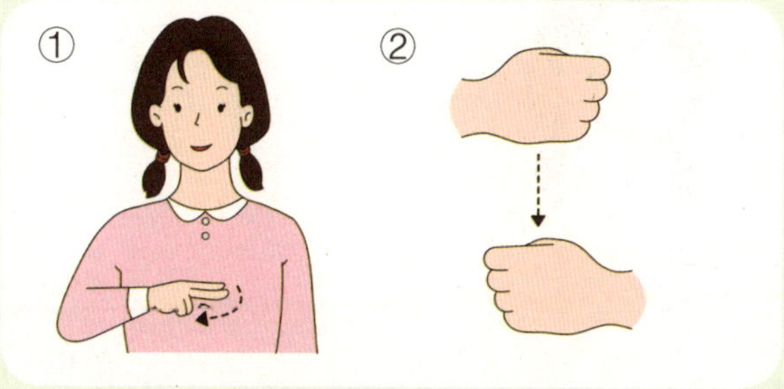

同事

① 一手食、中指横伸分开，手背向上，向前移动一下。② 双手握拳，一上一下，右拳向下砸一下左拳。

老师（先生）

一手伸拇指，贴于胸部。

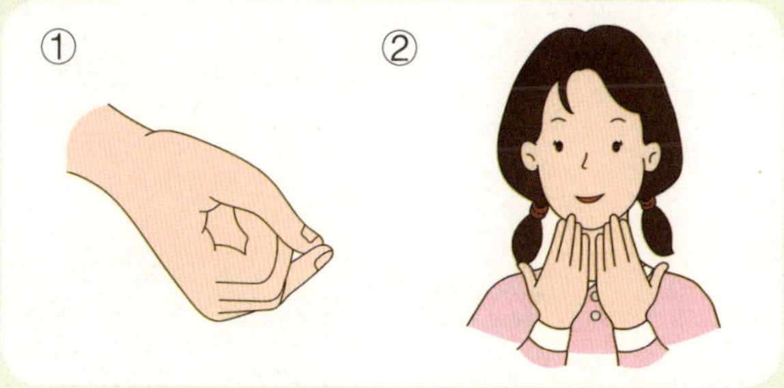

小学

① 一手拇、小指相捏，指尖朝上。② 双手斜伸，掌心向内，置于身前。

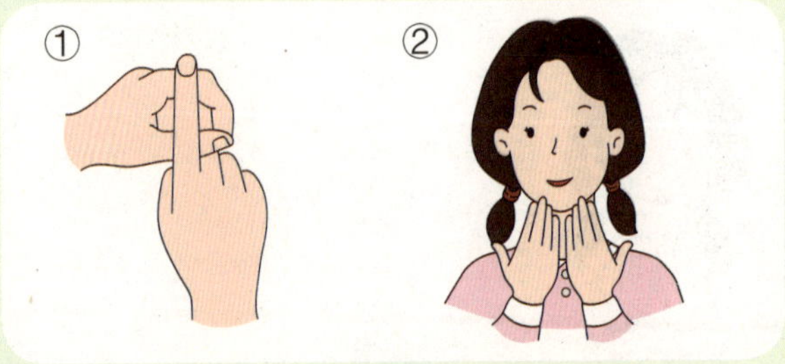

中学

① 左手拇、食指与右手食指模拟“中”字形。② 双手斜伸，掌心向内，置于身前。

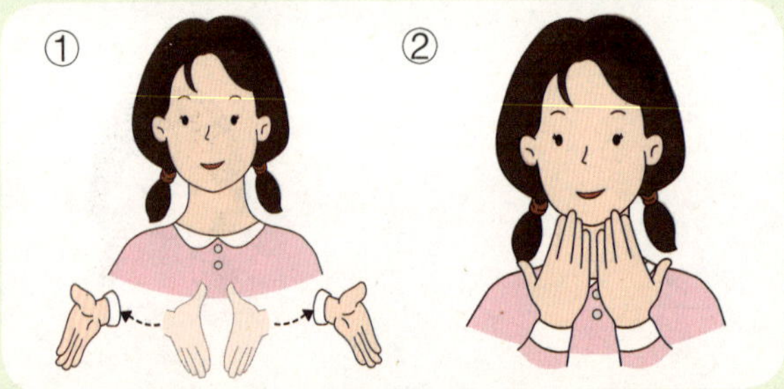

大学

① 双手侧立、掌心相对，同时向两侧移动，幅度要大些。② 双手斜伸，掌心向内，置于身前。

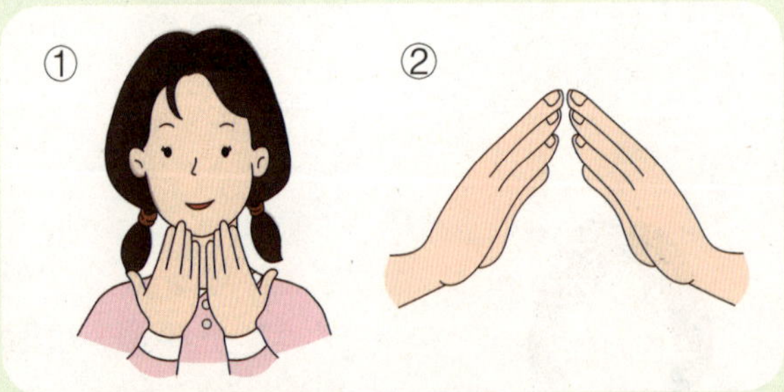

学校

① 双手斜伸，掌心向内，置于身前。② 双手搭成“∧”形。

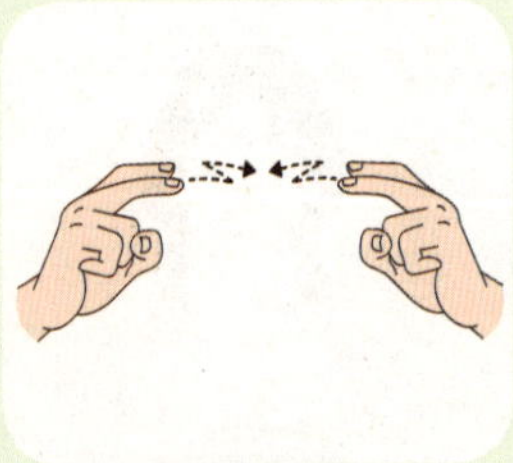

认识

双手食、中指微曲，指尖左右相对，从两侧向中间移动两下。

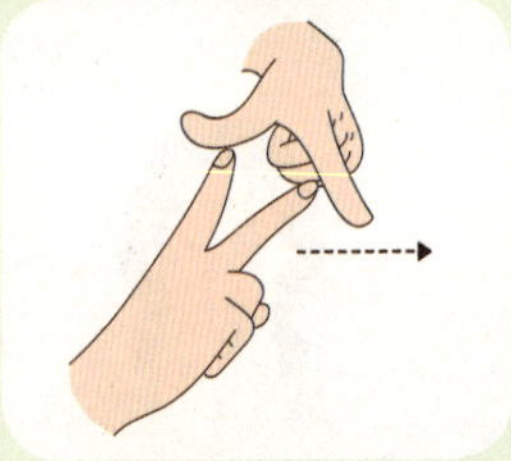

介绍

左手拇、食指与右手食、中指搭成“介”字形，向前移动一（或两）下。

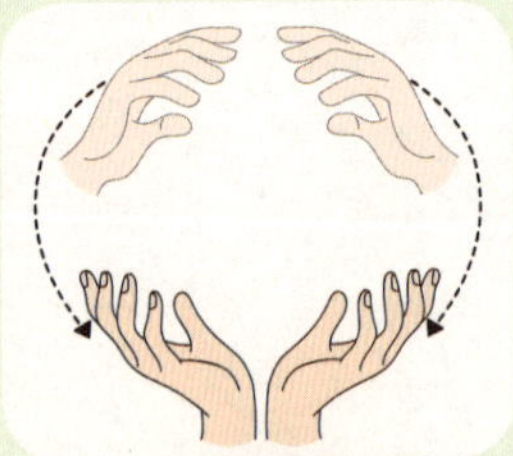

都

双手五指微曲，指尖左右相对，向下做弧形移动，手腕靠拢。

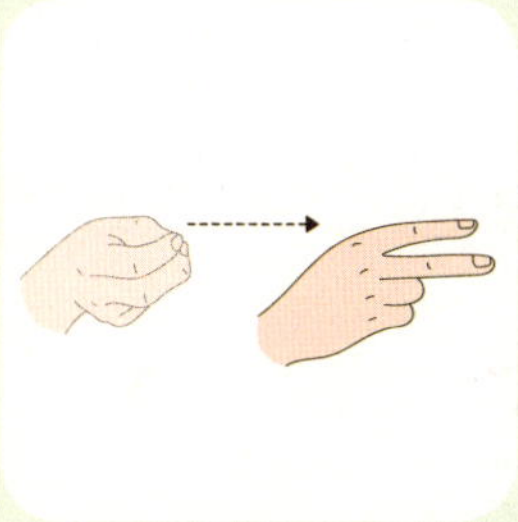

又

右手拇、食、中指相捏，手背向外，边向左移动边伸出食、中指。

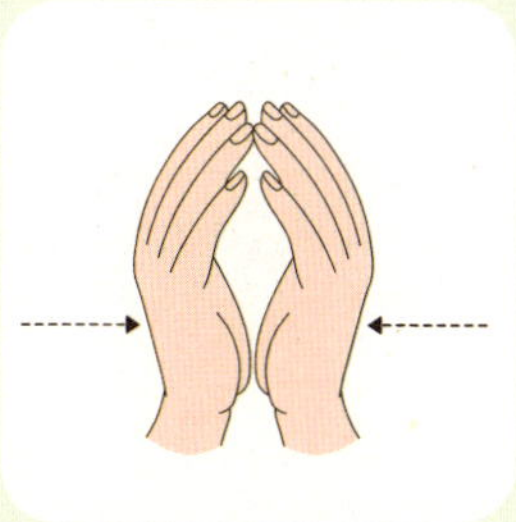

和

双手直立，掌心左右相对，五指微曲，从两侧向中间移动。

被

右手拇、食指向左揪一下左上臂衣袖，身体随之向左微倾。

是

一手食、中指相叠，指尖朝前上方，向下一顿。

最后

左手伸小指，右手伸食指，右手食指在左手小指上点一下。

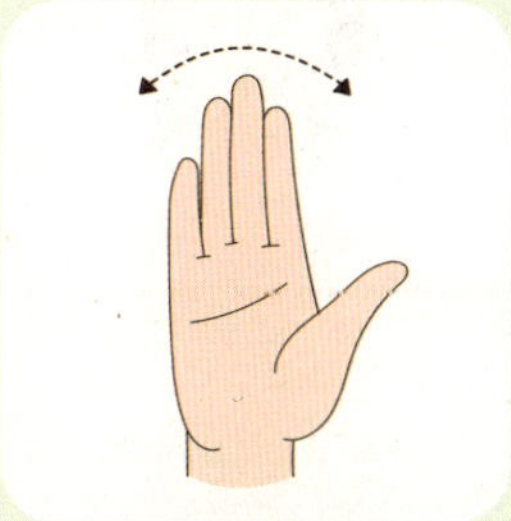

不

一手直立，掌心向外，左右摆动几下。

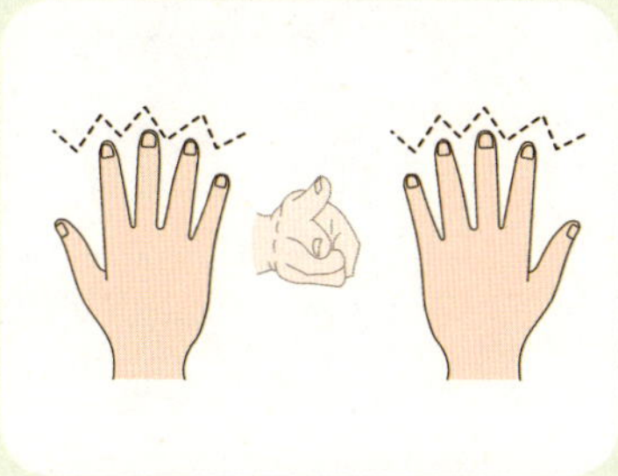

比

左手直立，掌心向内，五指张开，交替点动几下；右手食、中指分开，先在左手旁向前一点，表示比号，然后直立，掌心向内，五指张开，交替点动几下。专用于表示两个同类量之间的倍数关系。

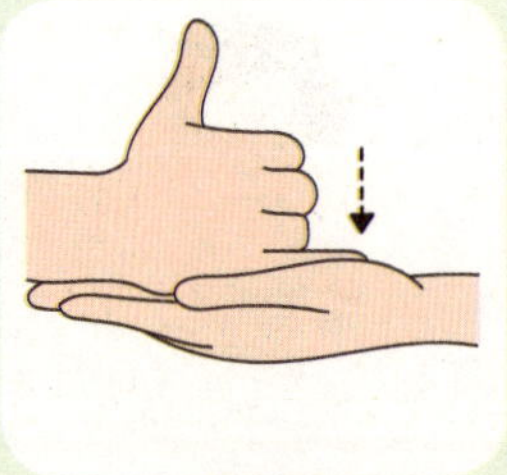

在

左手横伸；右手伸拇、小指，从上向下移至左手掌心。

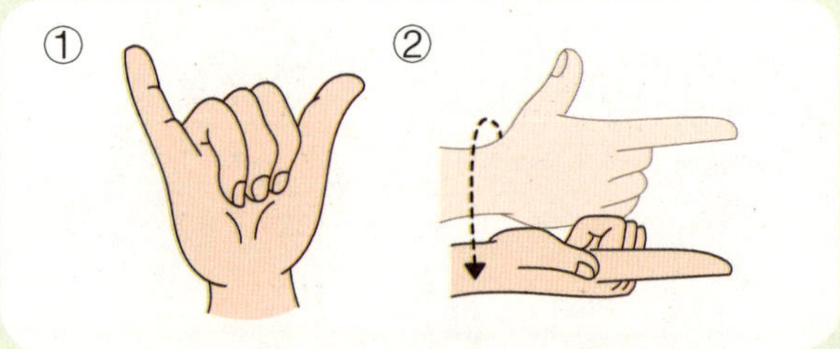

因为

① 一手打手指字母“Y”的指式。② 一手伸拇、食指，食指尖朝前，然后转腕，手背向下。

爸爸

右手伸拇指，指尖左侧贴在嘴唇上。

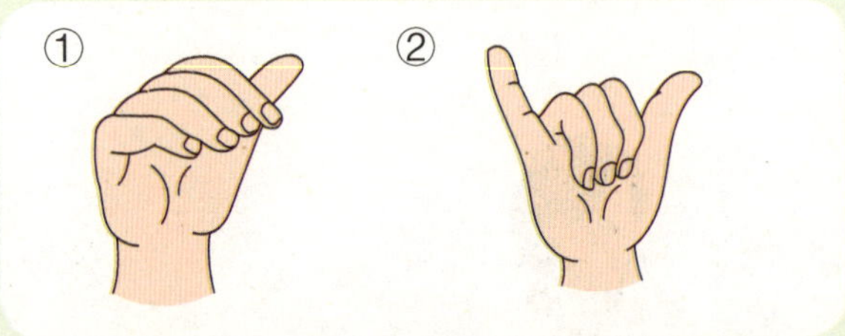

所以

① 一手打手指字母“S”的指式。② 一手打手指字母“Y”的指式。

妈妈

右手食指直立，指尖左侧贴在嘴唇上；也用于表示生物中母、雌的概念。

爷爷（祖父）

一手打手指字母“Y”的指式，手背向外，从颏部向下移动两下。

奶奶（祖母）

一手打字母“N”的指式，在脸颊处向下划动两下。

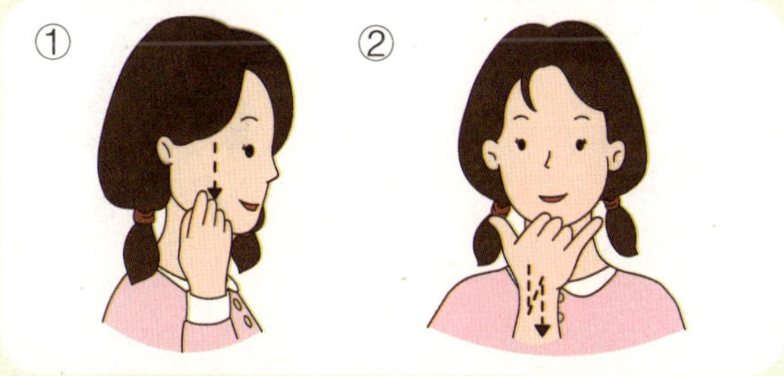

姥爷

① 一手五指弯曲，食、中、无名、小拇指背贴于脸颊，从上向下移动。② 一手打手指字母"Y"的指式，手背向外，从颏部向下移动一下。

哥哥

一手伸中指，指尖朝上，贴于颏部，然后手直立，掌心贴于头侧，前后移动两下。

姐姐

一手中指直立，指尖贴于颏部，然后拇、食指捏一下耳垂。

弟弟

一手伸小指，指尖贴于颏部，然后手直立，掌心贴于一侧，前后移动两下。

妹妹

一手伸小指，指尖朝上，贴于颏部，然后拇、食指捏一下耳垂。

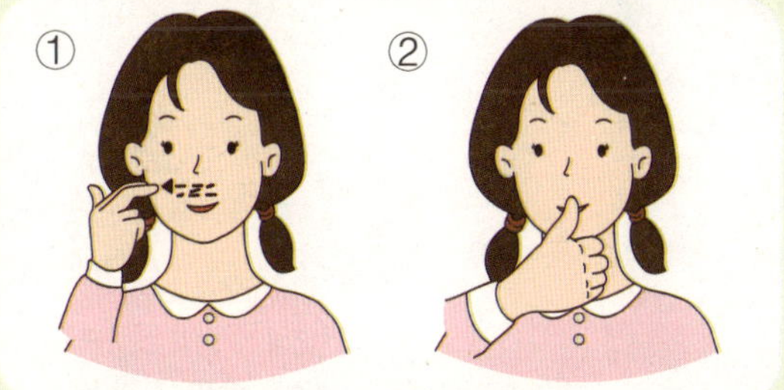

叔叔（叔父）

① 右手打手指字母"SH"的指式，食指外侧在鼻下向右滑动两下。② 右手伸拇指，指尖左侧贴在嘴唇上。

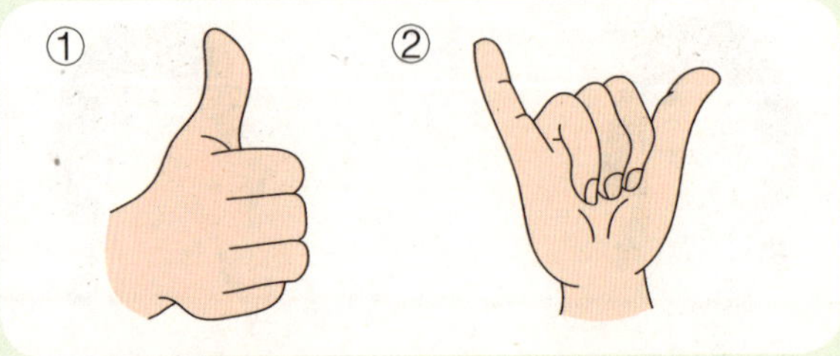

阿姨

①一手打手指字母“A”的指式。②一手打手指字母“Y”的指式。

医生

一手拇、食指搭成“十”字形，置于前额。

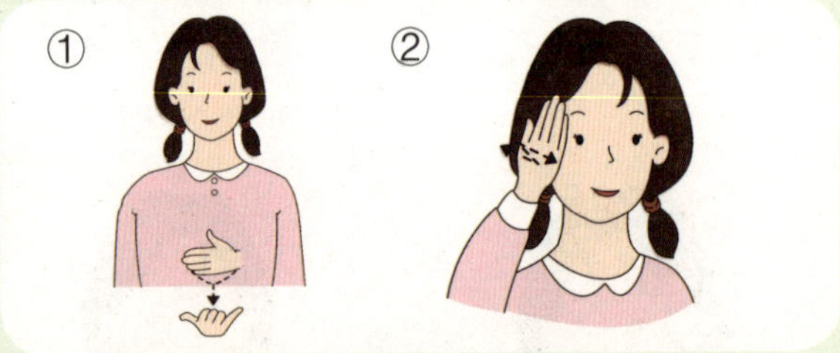

儿子

①左手横立，五指微曲，置于腹前；右手伸拇、小指，手背向下，先置于左手掌心内，再向下移出。②一手直立，掌心贴于头一侧，前后移动两下。

护士

右手拇、食指搭成“十”字形，置于左上臂外侧。

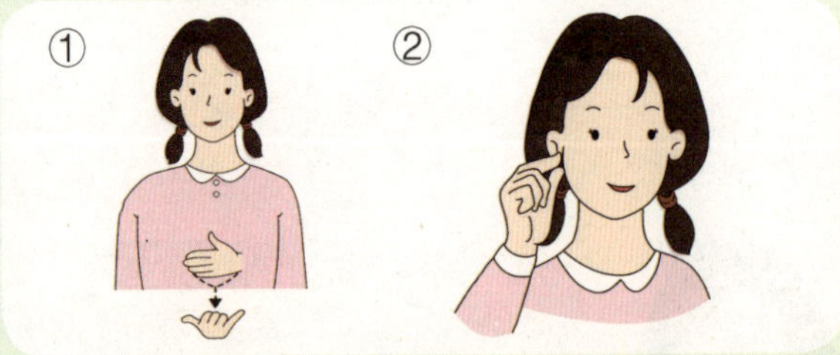

女儿

①左手横立，五指微曲，置于腹前；右手伸拇、小指，手背向下，先置于左手掌心内，再向下移出。②一手拇、食指捏一下耳垂。

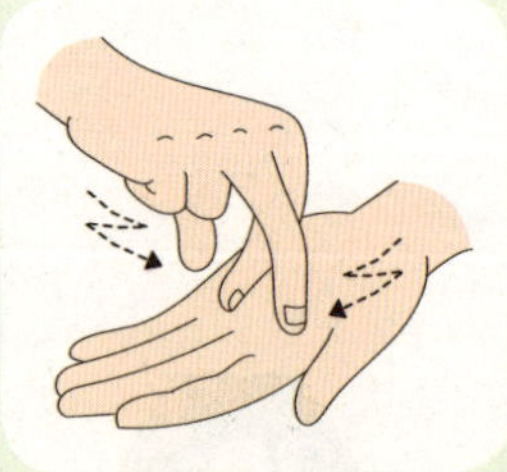

会计

左手横伸；右手伸拇、食、中指，指尖朝下，在左手掌心上做打算盘的动作。

公务员

① 双手拇、食指搭成“公”字形，虎口朝外。② 右手拍一下左肩。③ 右手拇、食指捏成圆形，虎口朝内，贴近左胸部。

什么

一手食指直立，掌心向外，左右晃动几下，面露疑问的表情。

叫

一手食指直立，从嘴部向外移动一下，表示称呼或“叫”的意思。

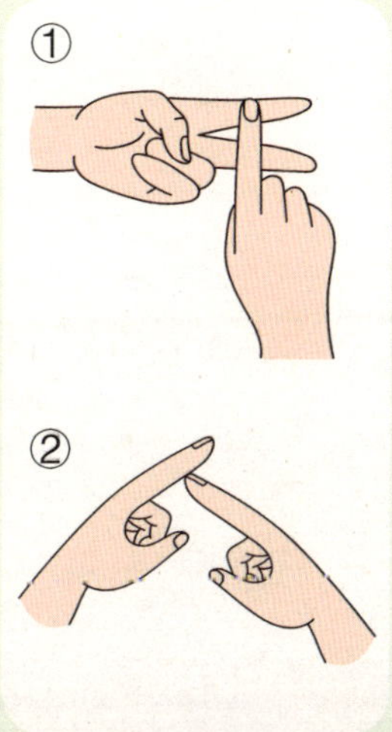

工人

① 左手食、中指与右手食指搭成“工”字形。② 双手食指搭成“人”字形。

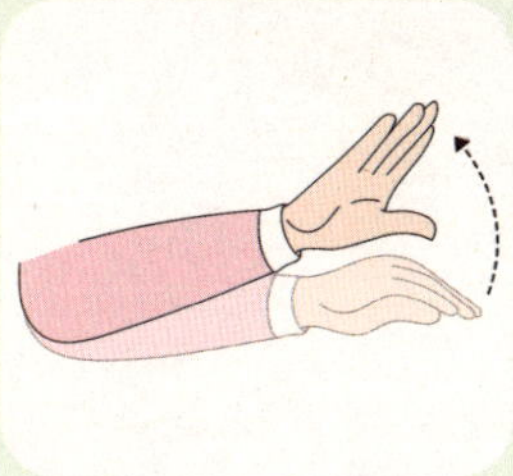

早上

一手五指撮合，手背向上，虎口朝内，置于面前，边向上做弧形移动边张开。

3 情景对话

（1）你叫什么名字？

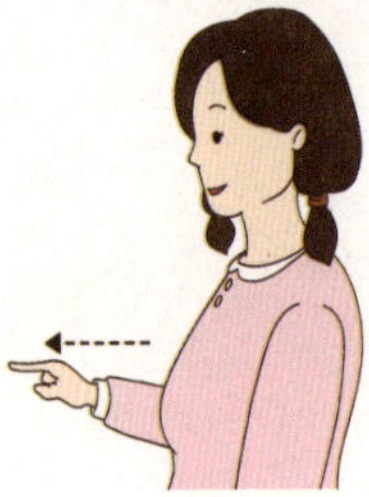

你

叫

什么

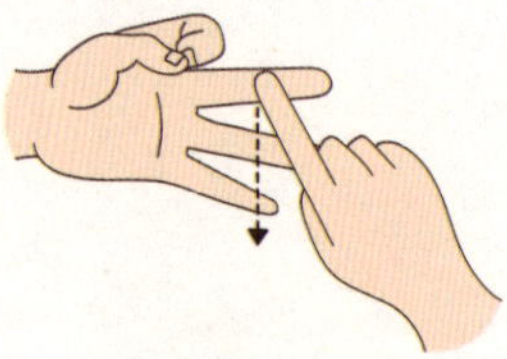

名字

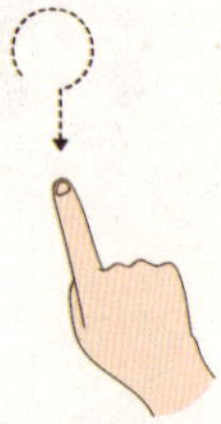

？

——我叫王明，很高兴认识你。

我

叫

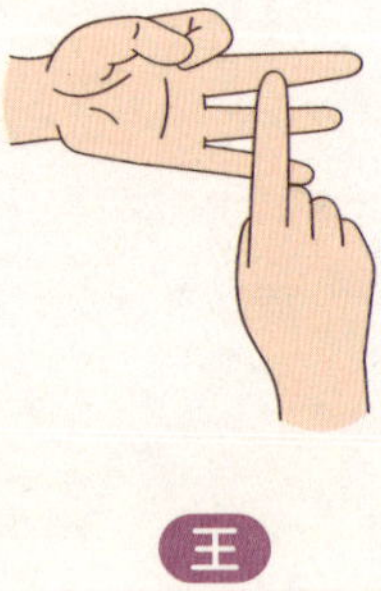

王

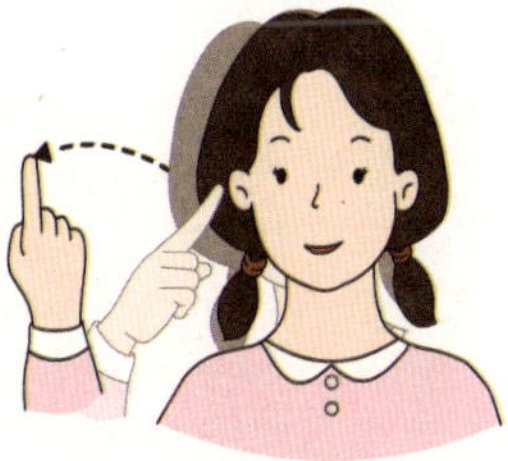

明，

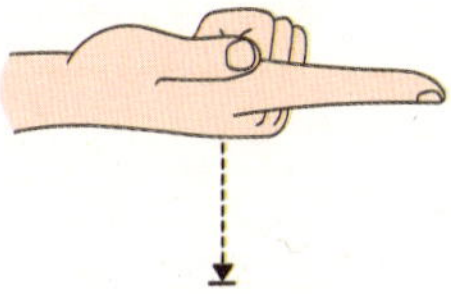

很

高兴

认识

你。

（2）你几（多少）岁了？

你

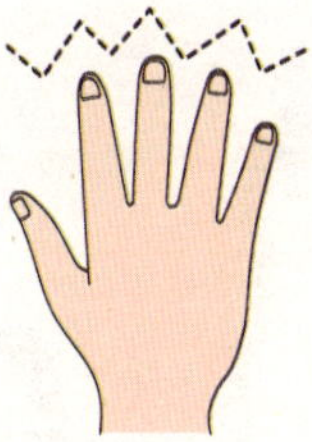

多少

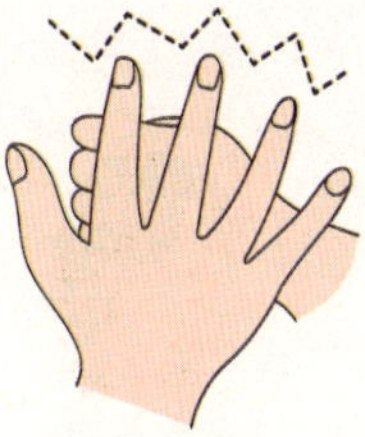

岁（了）

？

——我十九岁。

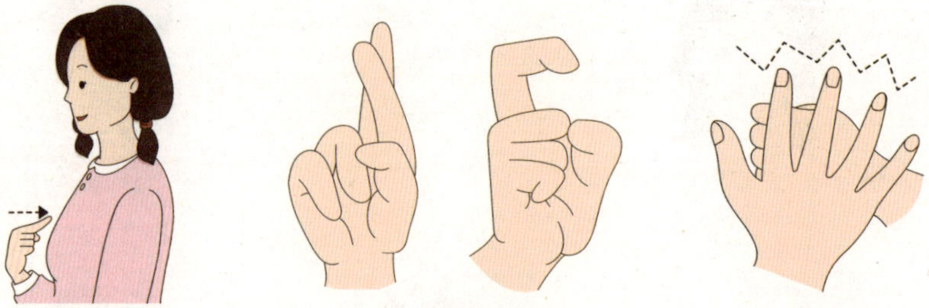

我　十九　岁。

（3）你是哪里人？

你　是　哪里　人？

——我是北京人。

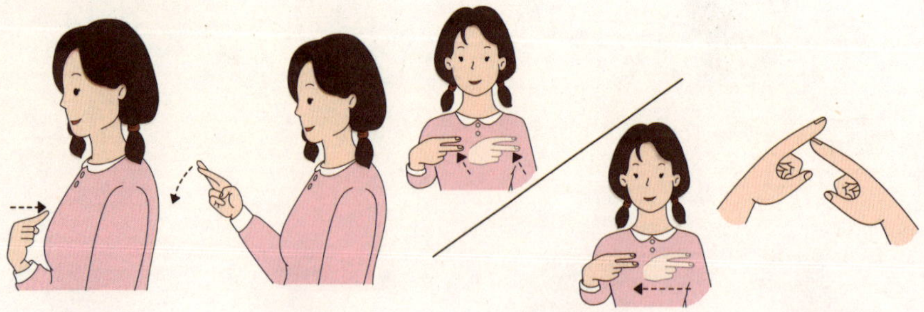

我　是　北京　人。

（4）请问你家有几口人？

请

问

你

家

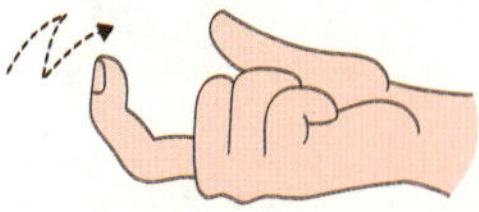
有

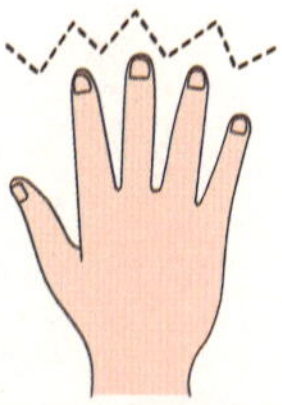
几

口

人？

——我家有五口人，爷爷、奶奶、爸爸、妈妈和我。

我

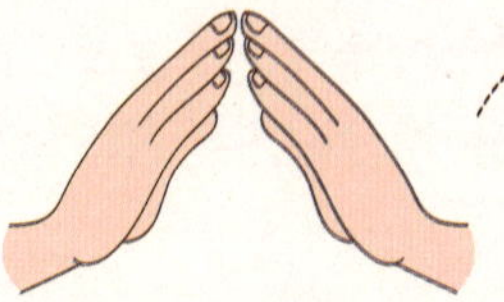
家

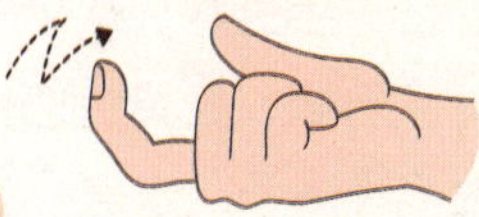
有

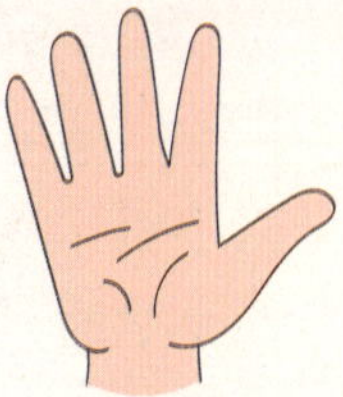
五

口

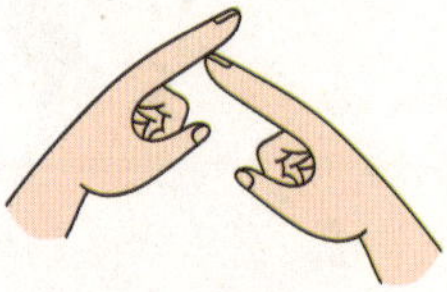

人，

爷爷

奶奶

爸爸

妈妈

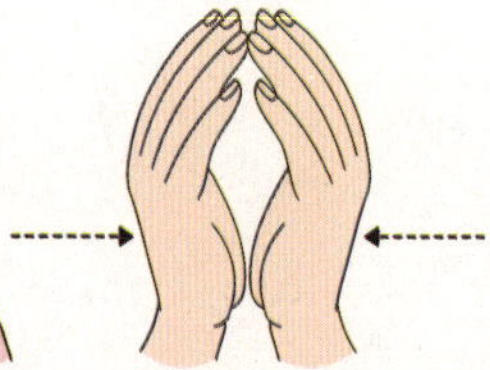

和

我。

手语小知识

手语也是分“语种”和“方言”的。除了中国手语，还有美国、法国、日本手语等。除了语种差异，还存在方言差异。各地手语并不是完全一致，各具特色，可分南方手语和北方手语。在涉及地名时，很多都属于“方言”。

专题三

相约就餐

米饭

1 常用词

点菜	提前	预订	味道	中餐
烹饪	西餐	买单	菜谱	火锅
包间	烧烤	饺子	主食	会
AA 制	打包	上菜	服务员	位置
餐巾纸	甜（糖）	咸（盐）	醋	米饭
肉	蛋	粥	辣	饮料
茶	酒	包子	特色菜	葡萄
烤鸭	香蕉	忌口	强项	水果
苹果	怎么样			

2 手语详解

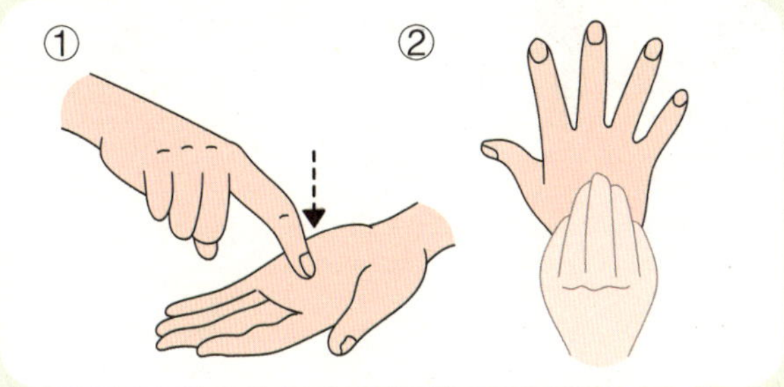

点菜

① 左手横伸；右手伸食指，指尖朝下，在左手掌心上点一下。② 一手五指撮合，指尖朝上，边向上边微张移开，表示蔬菜时重复一次。

提前

双手直立，手背前后相贴，左手在前不动，右手向后移动，动作幅度大些，表示时间提前的意思。

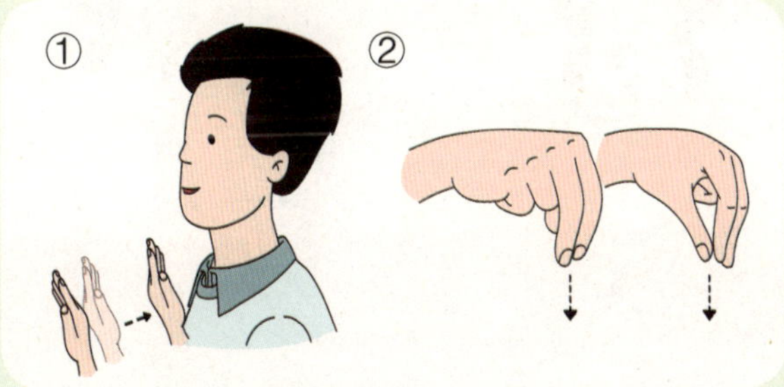

预订

① 双手直立，手背前后相贴，左手在前不动，右手向后移动。② 双手拇、食、中指相捏，指尖朝下，一前一后，同时向下一顿。

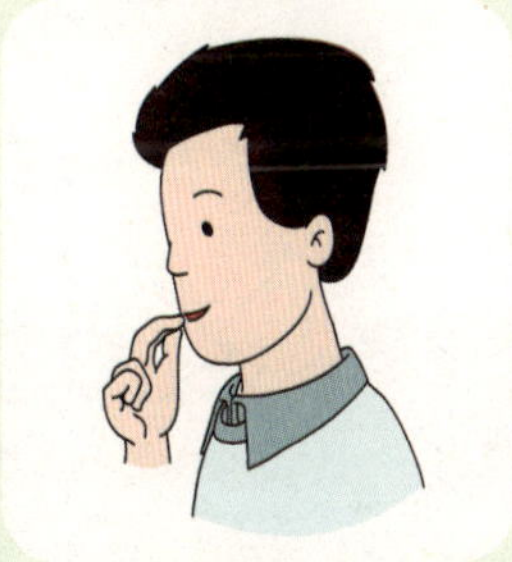

味道

一手拇、食、中指相捏，置于嘴边，嘴做嚼物状。

中餐

① 一手伸食指，自咽喉部顺肩胸部划至右腰部，以民族服装“旗袍”的前襟代表中国。② 一手伸食、中指，向嘴边拨动一（或两）下，如用筷子吃饭状。

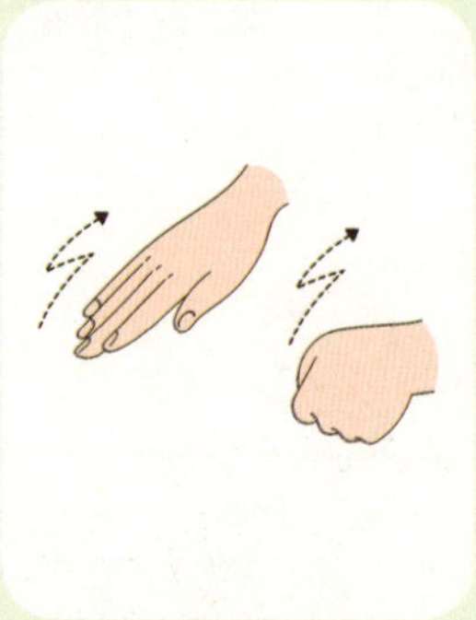

烹饪

左手虚握，虎口朝前，如握锅把手状；右手五指并拢，指尖朝下，双手同时向后颠动两下，模拟颠锅的动作。

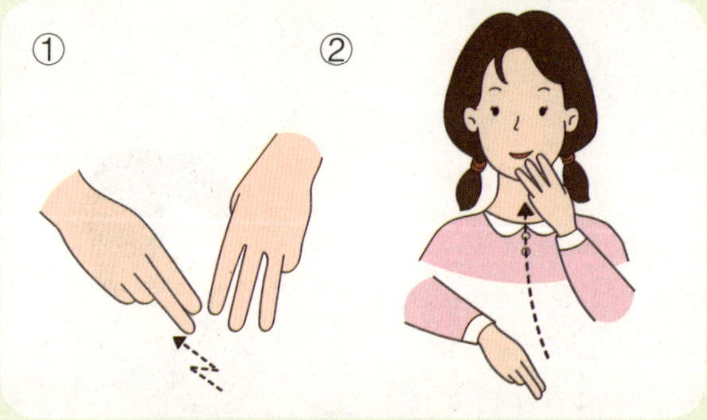

西餐

① 左手食、中、无名指分开，指尖朝下，手背向外，如叉状；右手食、中指并拢，指尖朝前下方，在左手旁向内滑动两下，如餐刀切肉状。② 左手食、中、无名指分开，指尖朝上，手背向外，移向嘴部；右手食、中指并拢，指尖朝前下方。

买单

一手拇、食指捏成圆形，虎口朝前上方，从腰部向前移出，表示掏钱；也用于表示姓氏“费”。

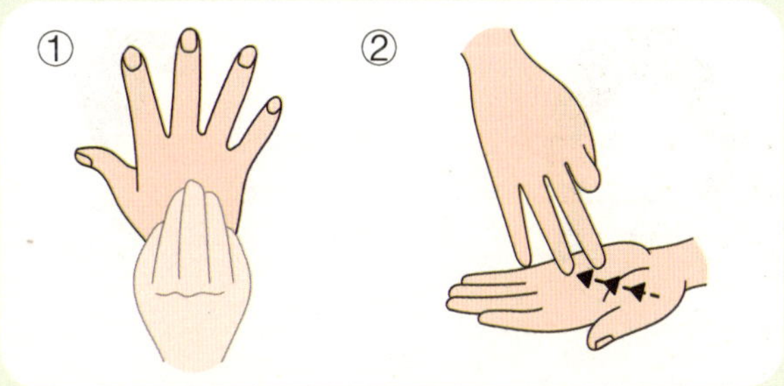

菜谱

① 一手五指撮合，指尖朝上，边向上微移动边张开。② 左手横伸；右手伸中、无名、小指，指尖朝下，在左手掌心上从上向下点几下。

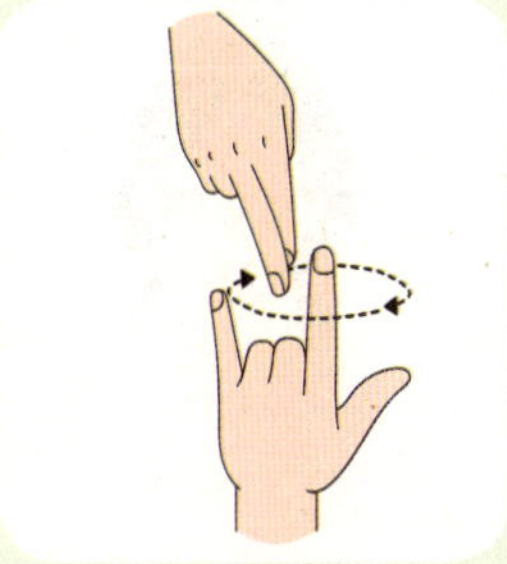

火锅

左手拇、食、小指直立，手背向外；右手食、中指相叠，指尖朝下，在左手上转动两下。

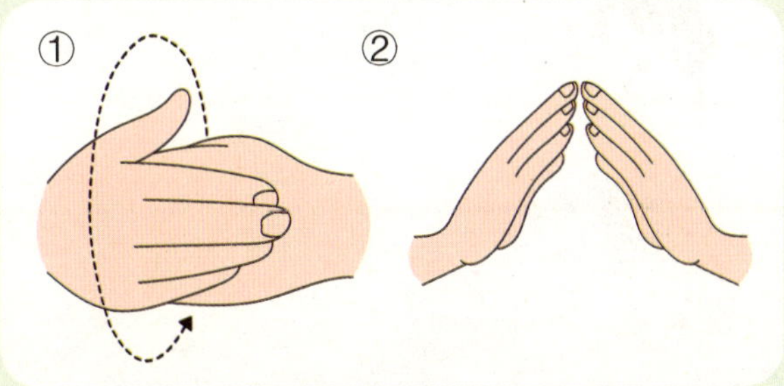

包间

① 左手握拳，虎口朝前，右手手背拱起，从上向下绕左拳转动半圈。② 双手搭成“∧”形。

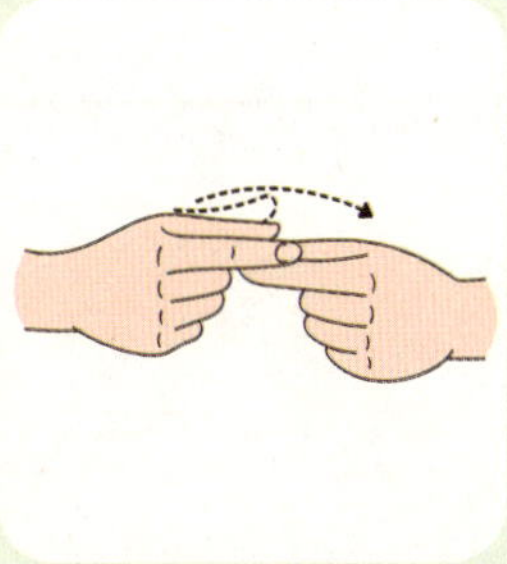

饺子

双手拇、食指相捏，左手在下不动，右手在上边捏边移动，模仿包饺子的动作。既表示饺子的概念，又表示包饺子的意思。

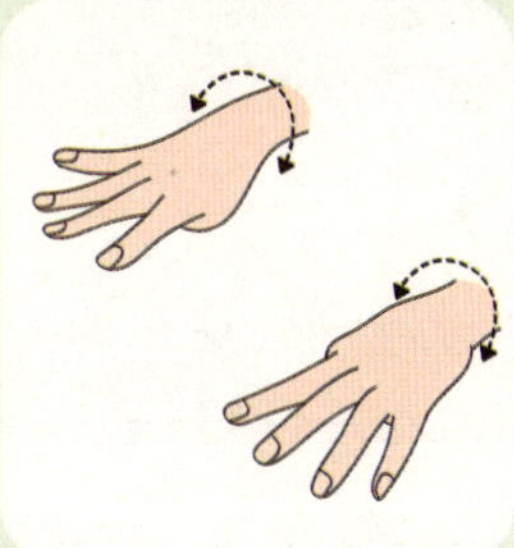

烧烤

双手平伸，食、中、无名、小指分开，掌心向下，翻动两下，模仿烤肉串的动作。

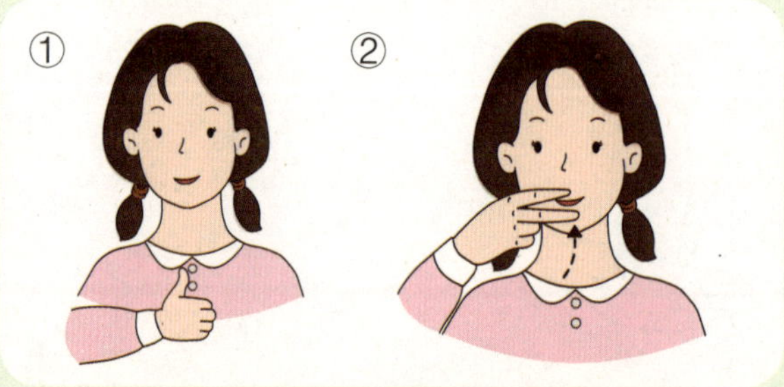

主食

① 一手伸拇指贴于胸部。② 一手伸食、中指，向嘴边拨动，如用筷子吃饭状。

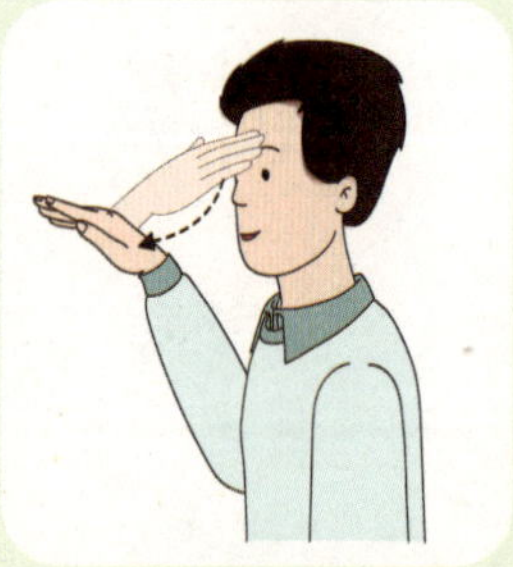

会

一手五指并拢，指尖抵于前额，然后向前伸出，指尖朝前。

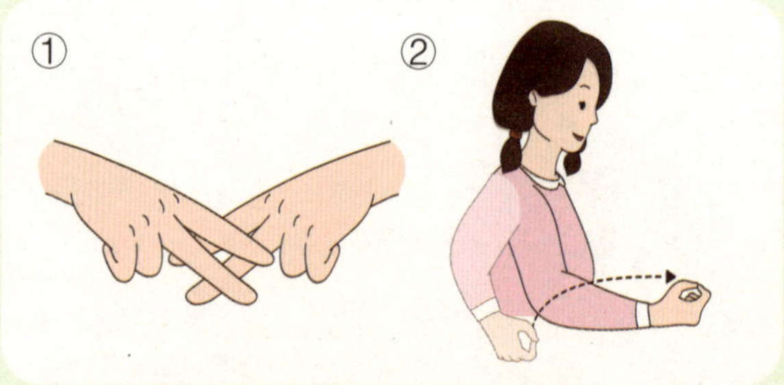

AA 制

① 双手食、中指搭成“共”字形，手背向上。② 一手拇、食指捏成圆形，虎口朝前上方，从腰部向前移出，表示掏钱。

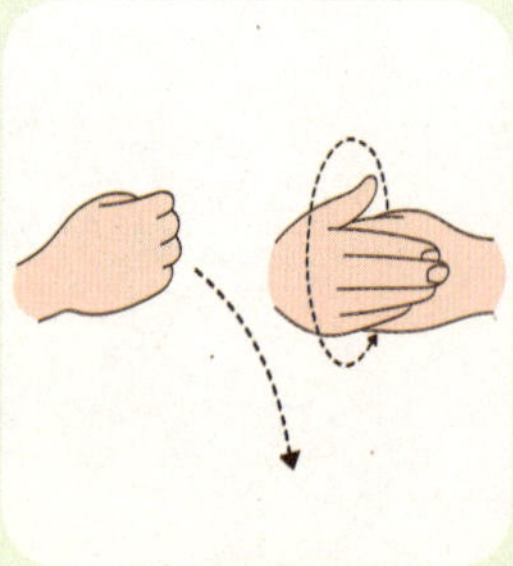

打包

① 一手握拳，向前下方挥动一下。② 左手握拳，虎口朝上；右手手背拱起，从上向下绕左拳转动半圈。

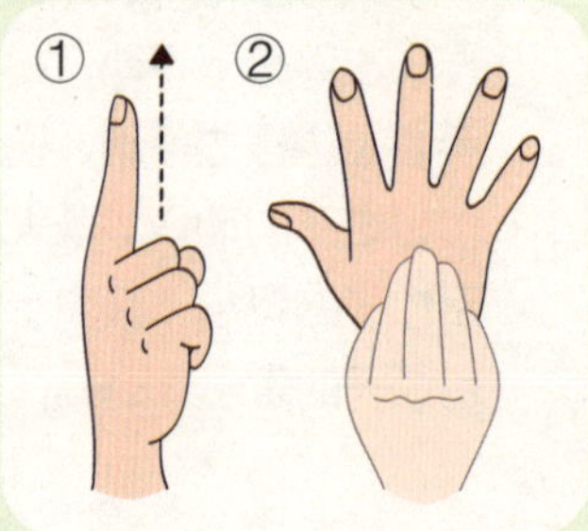

上菜

① 一手食指直立，向上一指。② 一手五指撮合，指尖朝上，边向上微移动边张开。

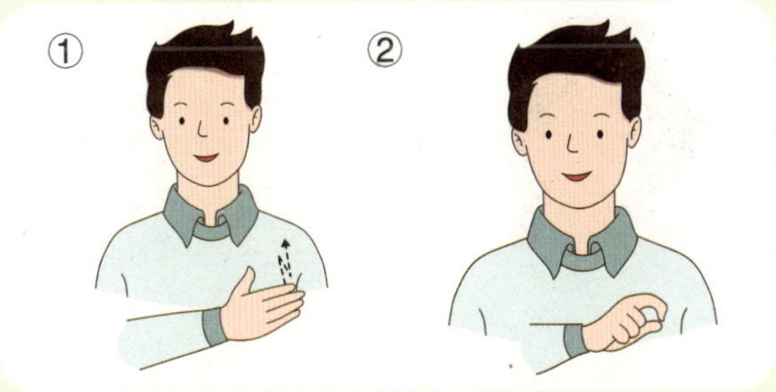

服务员

① 右手横立，掌心向内，从左胸部向上划动两下。② 右手拇、食指捏成圆形，虎口朝内，贴于左胸部。

位置

左手横伸；右手伸拇指，置于左掌心上，表示人的地位或位置。

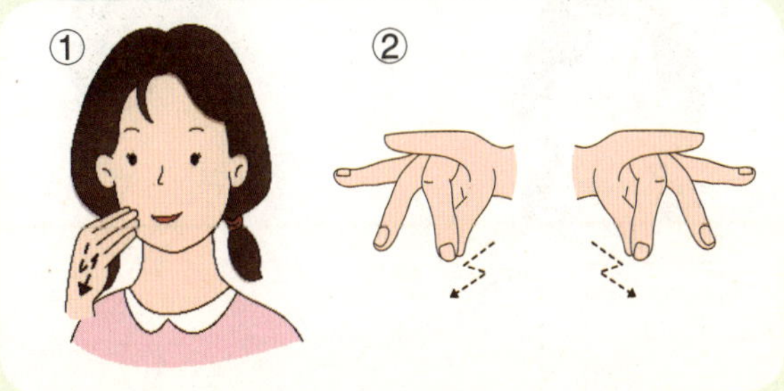

餐巾纸

① 一手五指撮合，擦两下脸颊。② 双手拇、中指相捏，指尖朝下，微抖几下。

甜（糖）

一手食指指腮部，同时用舌头顶住腮部，表示嘴里含着的糖，引申为甜。

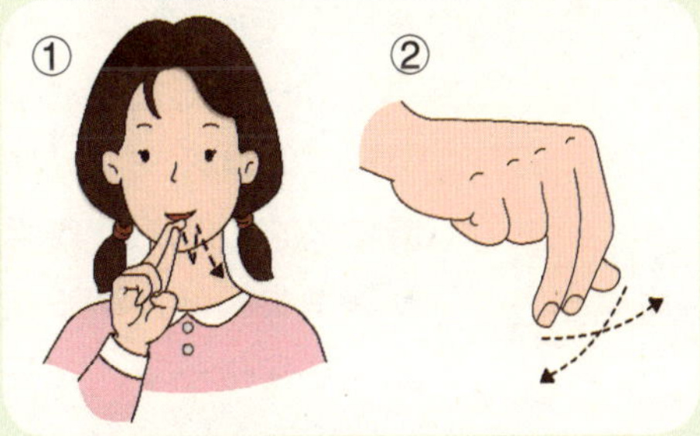

咸（盐）

① 一手打手指字母“X”的指式，置于嘴前，向下微动两下。② 一手拇、食、中指相捏，指尖朝下，互捻几下。

醋

一手食指直立，在鼻翼一侧向上移动一下，同时耸鼻。

米饭

一手拇、食指微张，在嘴角处前后微转几下。

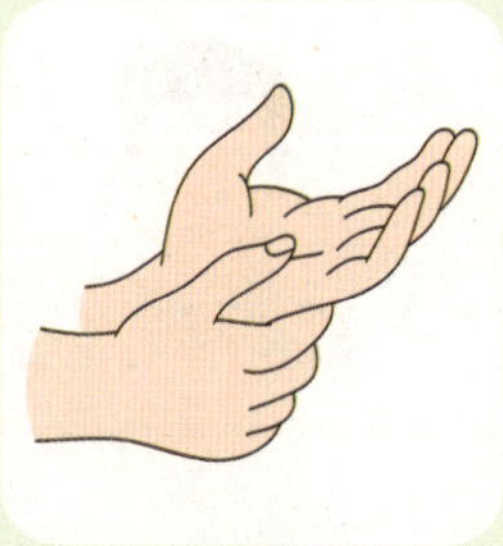

肉

右手拇、食指捏一下左手的小鱼际部位。

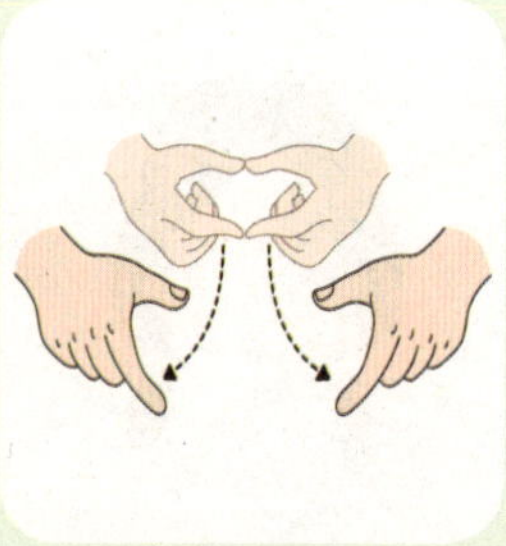

蛋

双手拇、食指搭成椭圆形，虎口朝上，再向下一甩，模仿打蛋的动作。

粥

左手拇、食指成半圆形，虎口朝上；右手横伸，掌心凹进，向嘴部拨动两下，口微张，表示喝粥。

辣

一手伸拇、食指，食指尖向上，拇指尖碰两下颏部，口张开，面露难受的表情。

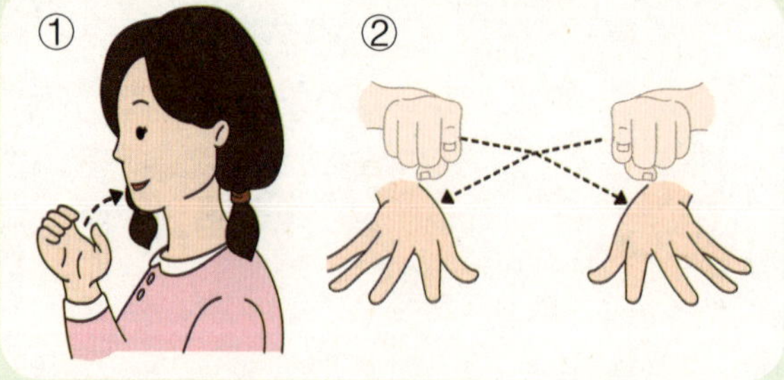

饮料

①一手五指捏成半圆形，如拿杯子状，模仿喝水的动作。②双手食指指尖朝前，手背向上，先互碰一下，分开并张开五指。

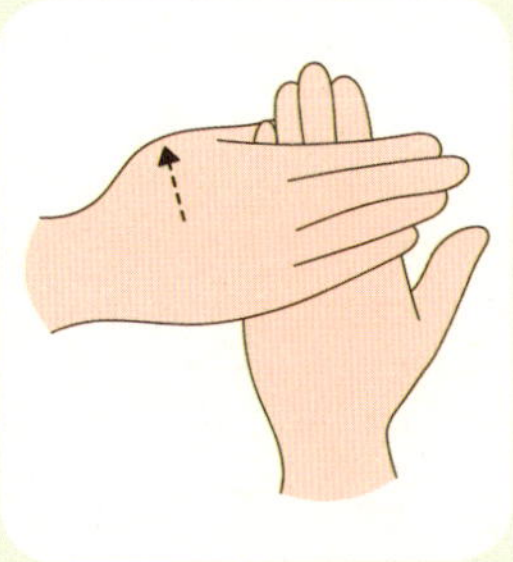

茶

左手食、中、无名、小指并拢，指尖朝右上方，手背向外；右手五指向上捋一下左手四指。

酒

一手打手指字母“J”的指式，如喝酒状。

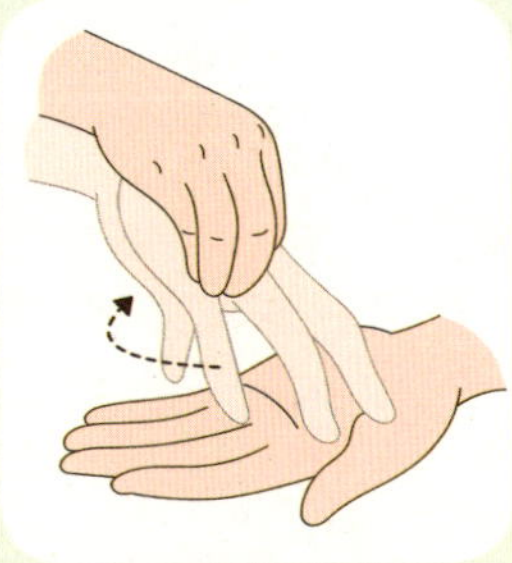

包子

左手横伸；右手五指微曲，指尖朝下，在左手掌心上边向上微转边捏合，模仿做包子的动作。

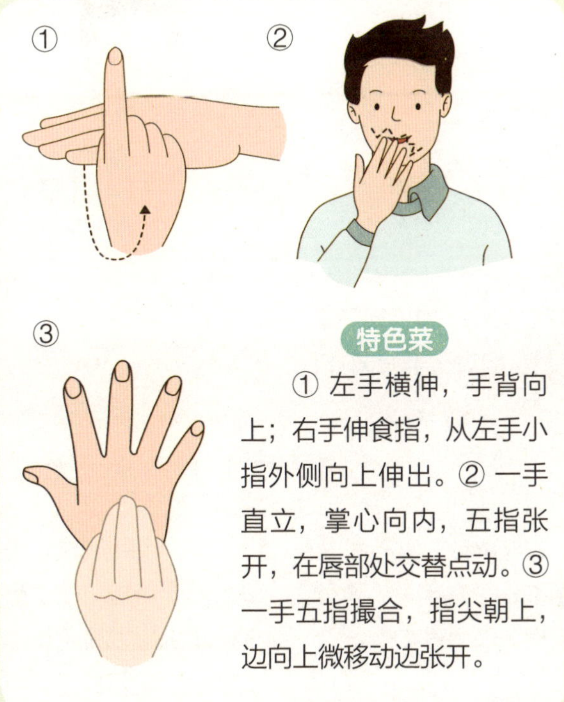

特色菜

① 左手横伸，手背向上；右手伸食指，从左手小指外侧向上伸出。② 一手直立，掌心向内，五指张开，在唇部处交替点动。③ 一手五指撮合，指尖朝上，边向上微移动边张开。

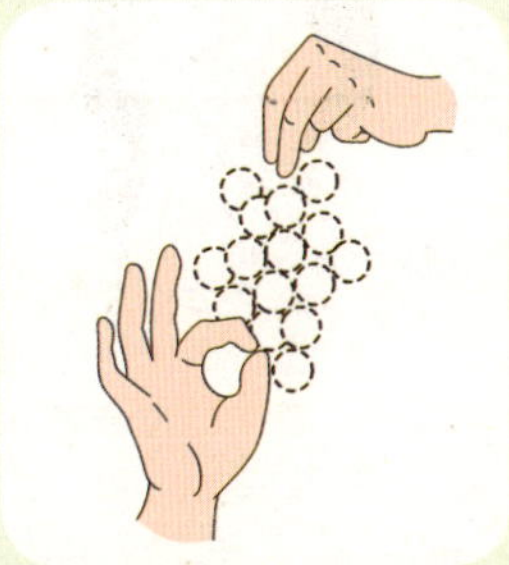

葡萄

左手拇、食、中指相捏，指尖朝下，如提物装；右手拇、食指捏成圆形，其他三指直立分开，在左手下随意点动几下。

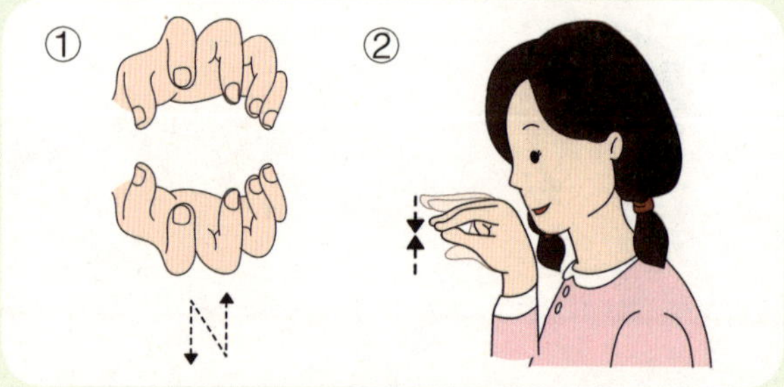

烤鸭

① 双手五指弯曲，指尖上下相对，左手在上不动，右手在左手上下微动几下，表示火烤。② 一手手背贴于嘴部，拇、食、中指先张开再相捏，仿鸭的嘴。

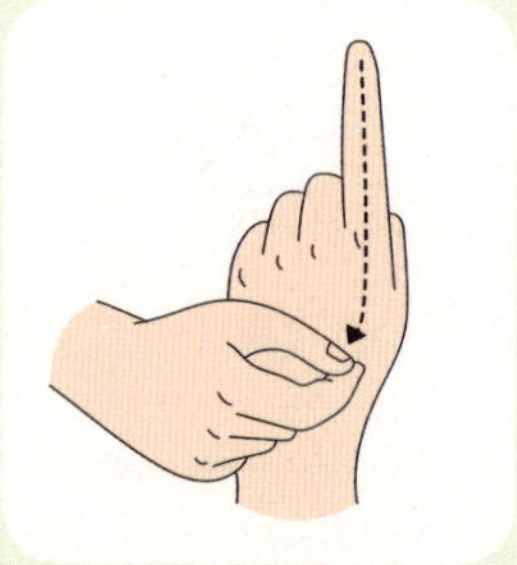

香蕉

左手食指直立；右手拇、食指沿左手食指指尖向下一扯，模仿剥香蕉皮的动作。

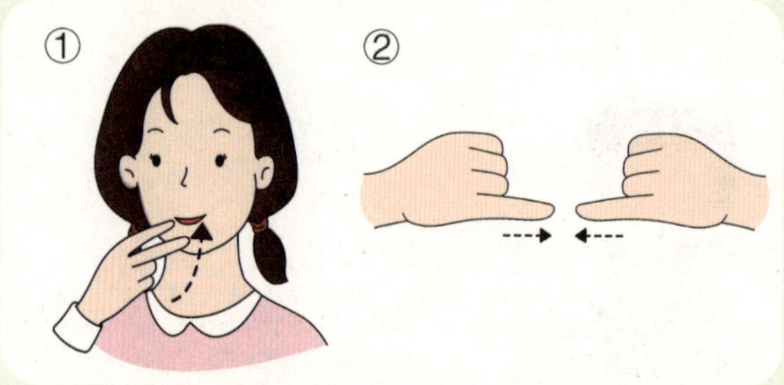

忌口

① 一手伸食、中指，向嘴边拨动，如用筷子吃饭状。② 双手伸小指，指尖左右相对，手背向外，对戳一下。

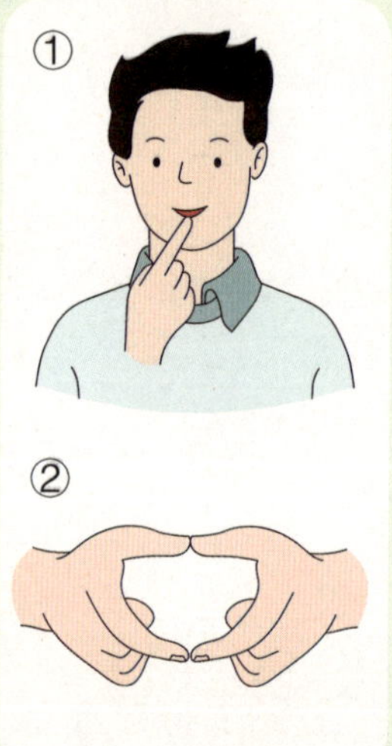

水果

① 一手伸食指，指尖贴于下嘴唇。② 双手拇、食指搭成圆形，虎口朝上，表示果子。

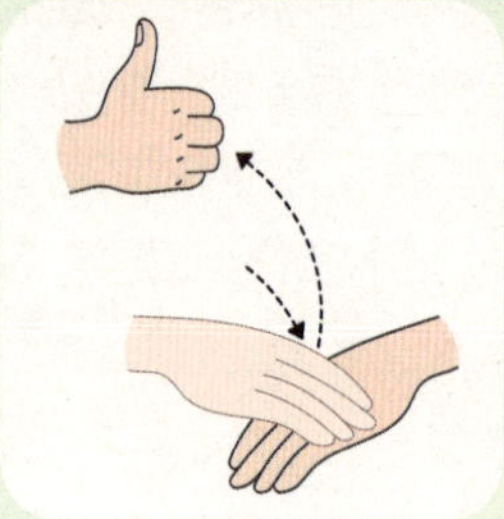

强项

左手横伸，掌心向下；右手拍一下左手背，再伸出拇指，表示有本领。

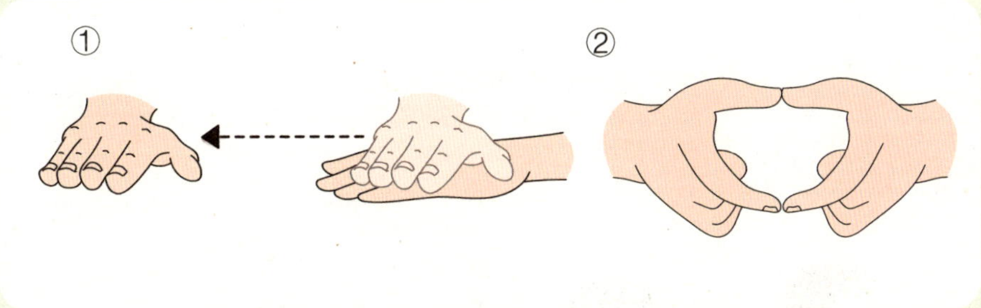

苹果

① 左手横伸；右手平伸，掌心向下，从左手背上向后移动一下。② 双手拇、食指搭成圆形，虎口朝上，表示果子。

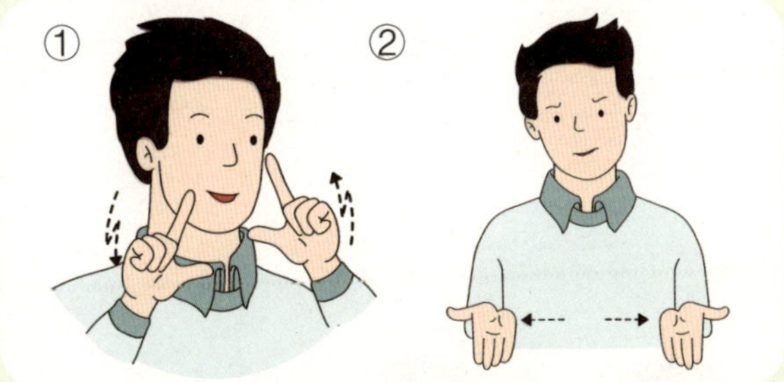

怎么样

① 双手拇、食指成 L 形，置于脸颊两侧，上下交替动两下。② 双手平伸，掌心向上，从中间向两侧微移动一下，面露疑问的表情。

3 情景对话

（1）你会做饭吗？

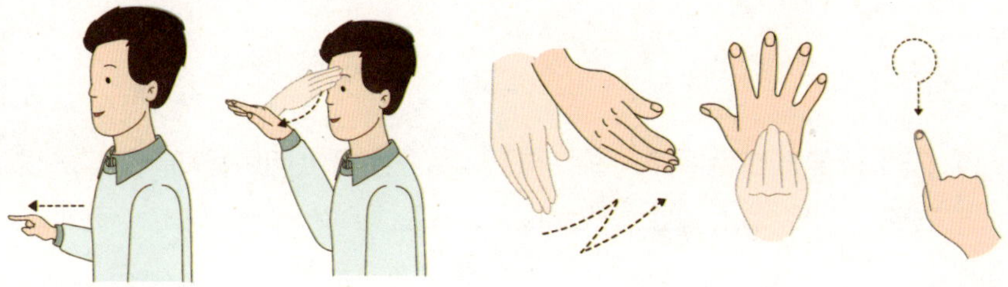

你　会　做饭　吗？

——烹饪是我的强项。

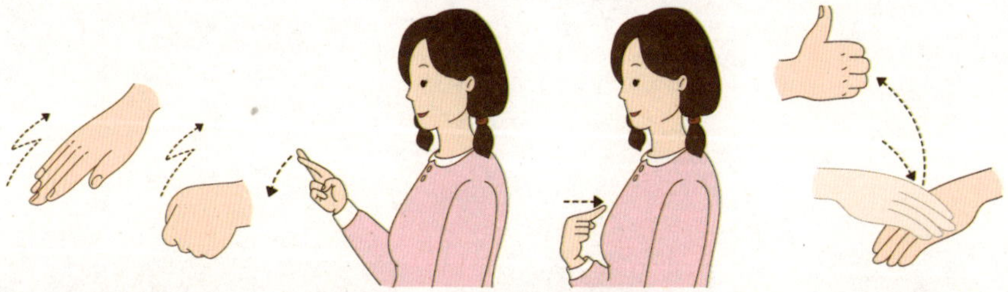

烹饪　是　我（的）　强项。

手语小知识

手语中经常省略“的、地、得”等虚词。

（2）欢迎光临，您几位？

欢迎，

您

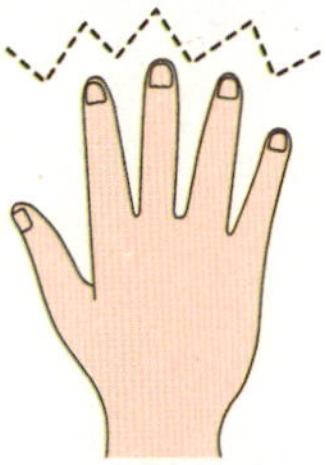

几

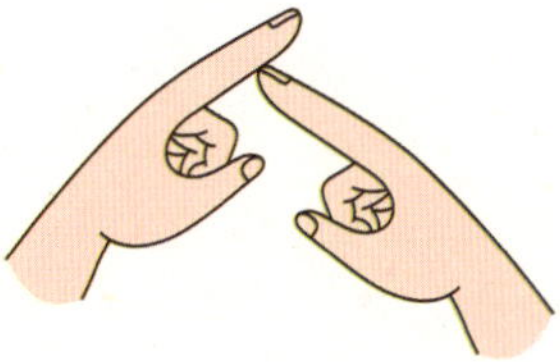

位

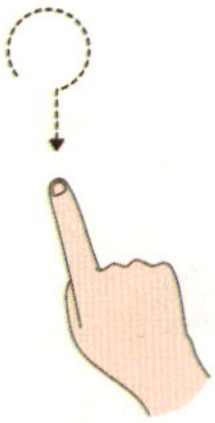

？

——五位。我们提前预订了包间。

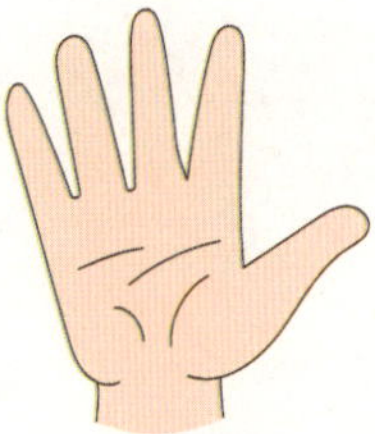

五位。

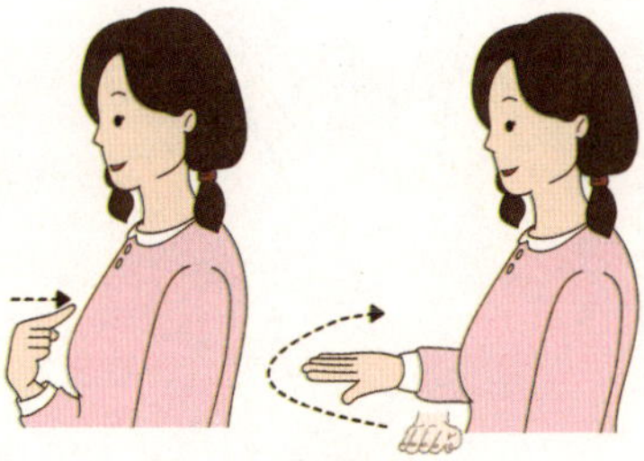

我们

提前

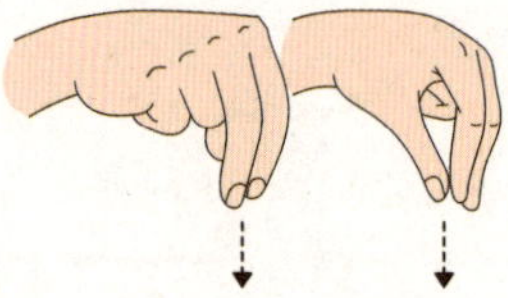

预订（了）

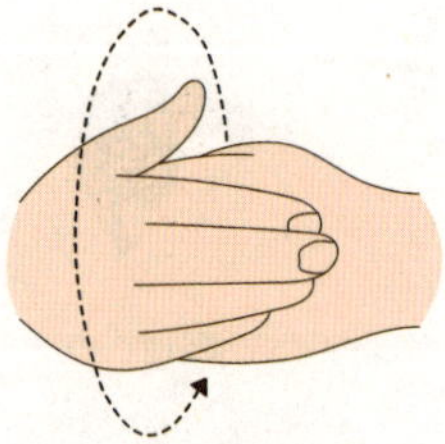

包

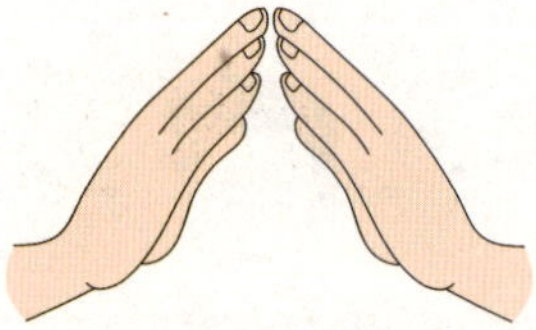

间。

（3）请看菜谱点菜。

请

看

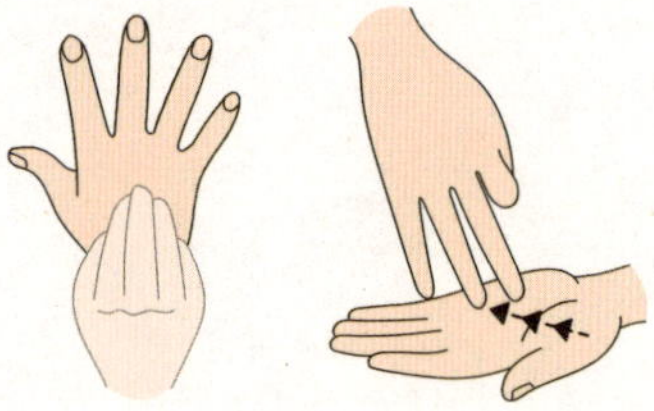

菜谱

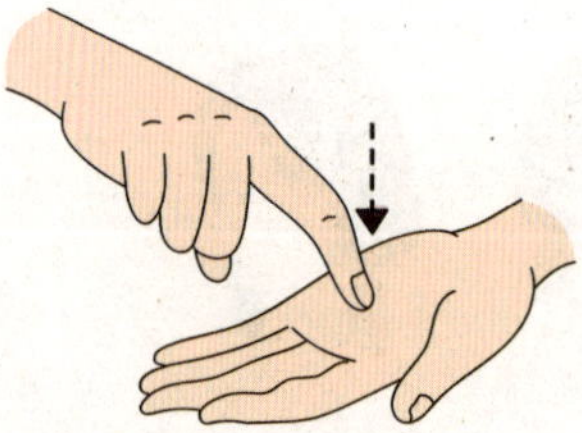

点

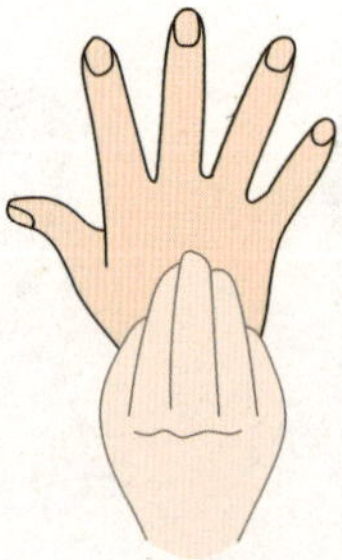

菜。

（4）菜的味道怎么样？

菜（的）　味道　怎么样　？

——很好！

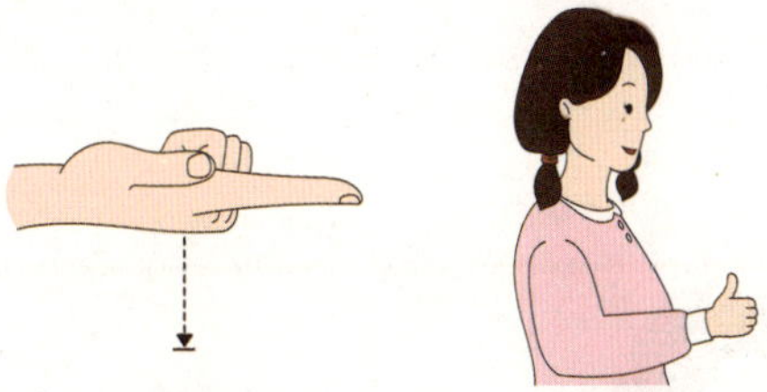

很　好！

（5）服务员，这里买单。

服务　员，　这里　买单。

专题四

商场购物

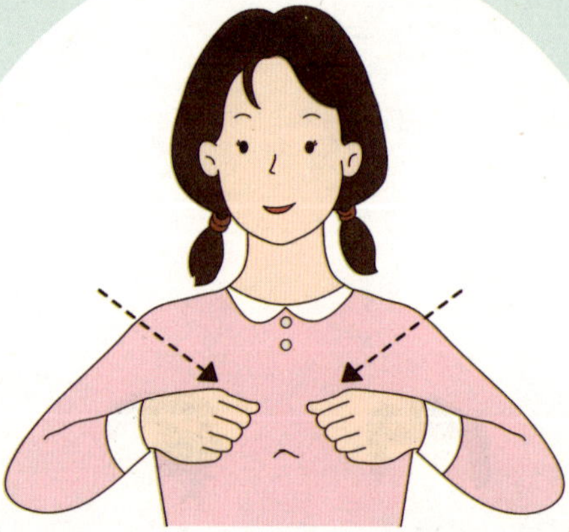

穿

1 常用词

买	卖	随便	看	优惠
商品	以前	现在	今天	以后（将来）
舒服	试试	穿	颜色	长
短	可以	便宜	贵	退
要	换	质量	打折	收银台
会员卡	三包	价格	开发票	衬衣
帽子	裤子	掉色	裙子	鞋子

2 手语详解

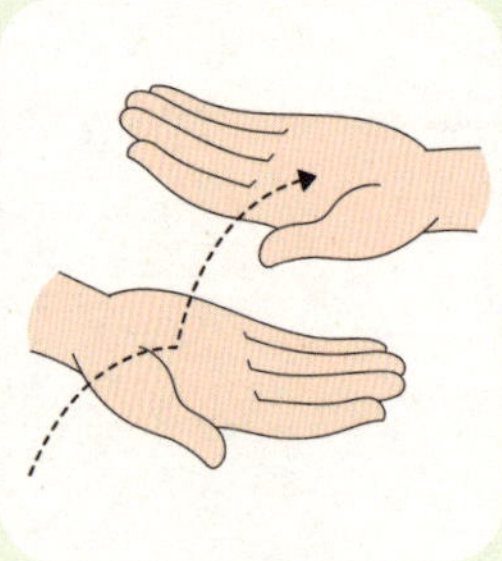

买

双手横伸，右手背在左手掌心上拍一下，然后向内移动，表示买进。

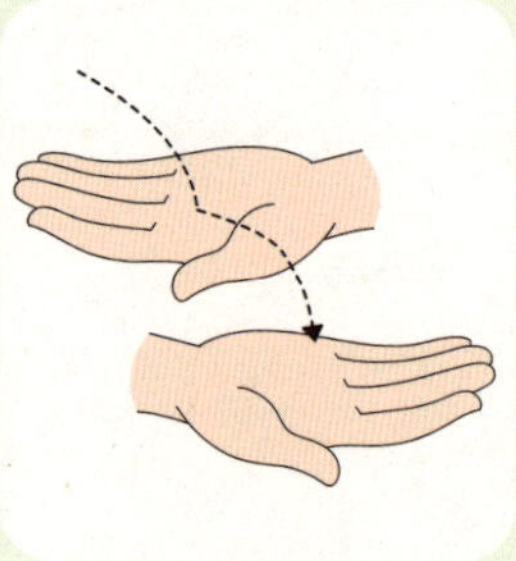

卖

双手横伸，右手背在左手掌心上拍一下，然后向外移，表示卖出。

随便

双手食指直立，在胸前随意交替摆动几下，表示不受管束、自由自在的意思。

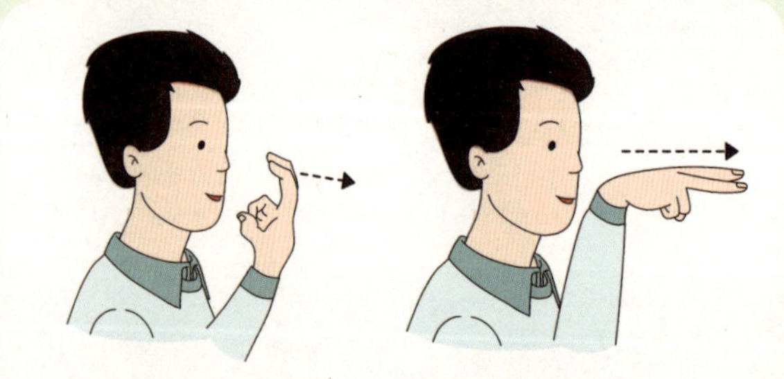

方法一　　方法二

看

方法一：一手食、中指微曲，指尖朝内，从眼部向前点动一下。方法二：一手食、中指分开，指尖朝前，手背向上，从眼部向前一指。

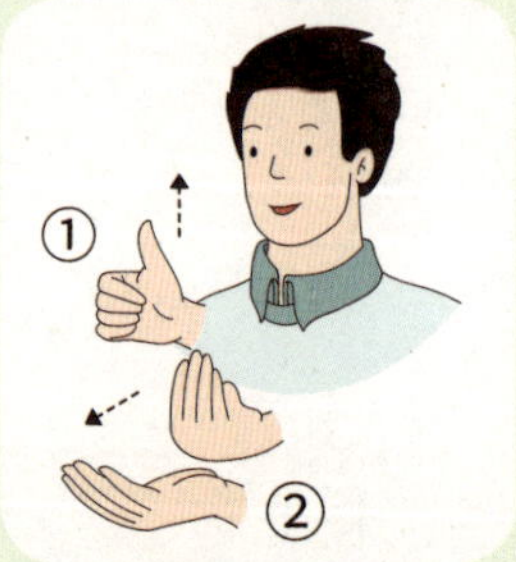

优惠

① 一手伸拇指，向上举起。② 一手五指并拢，指尖向上，慢慢放开，向前递。

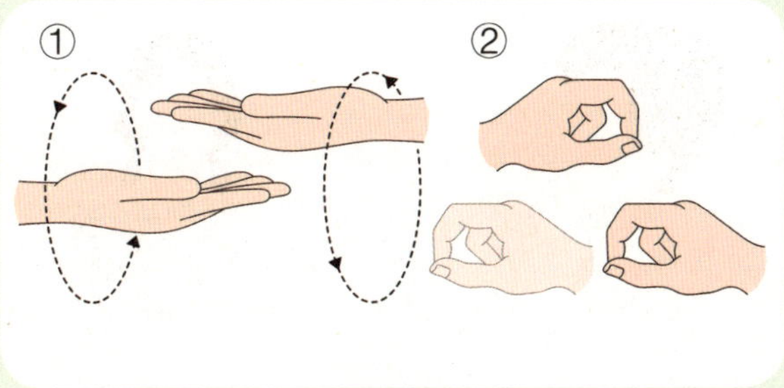

商品

① 双手横伸，掌心向上，前后交替转动两下。② 双手拇、食指捏成圆形，虎口朝内，左手在上不动，右手在下连打两下，仿“品”字形。

以前

一手直立，掌心向内，向肩后挥动一下。

现在

双手横伸，掌心向上，在腹前同时上下微动两下。

今天

一手横伸，掌心向上，在腹前向下微动两下。

以后（将来）

一手直立，掌心向外，向前挥动一下。

手语小知识

有时用单手打出“今天”这个动作表示现在，双手打出这个动作表示今天，以示区分。

舒服

一手五指张开，掌心贴于胸前逆时针转动一圈，面露惬意的表情。

试试

一手伸拇、小指，指尖朝上，拇指置于鼻翼一侧，小指弯动一下。

穿

双手五指相捏，模仿穿衣（鞋子、裤子）的动作。

颜色

一手直立，掌心向内，五指张开，在嘴唇部交替点动。

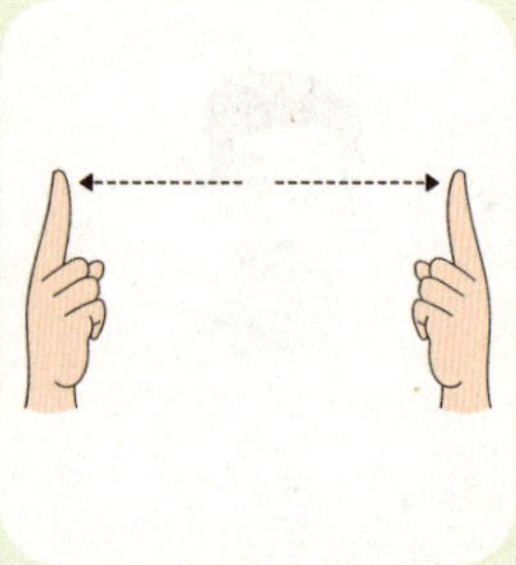

长

双手食指直立，指面相对，从中间向两侧拉开。

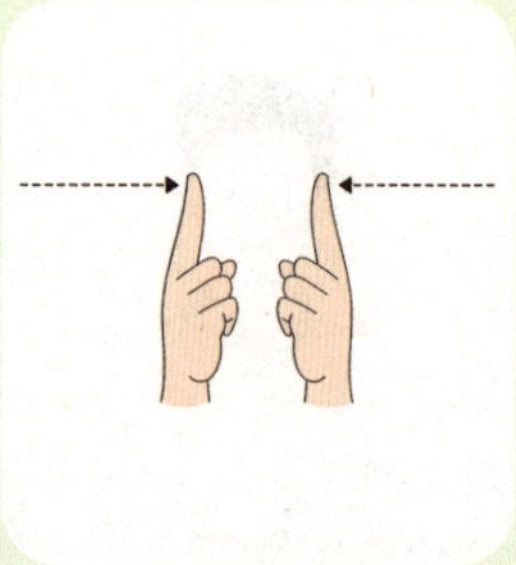

短

双手食指直立，指面相对，从两侧向中间移动。

可以

一手直立，掌心向外，然后食、中、无名、小指用力弯动一下，面露肯定的表情，表示可以、能够的意思；也用于表示物理学中“能量”的概念。

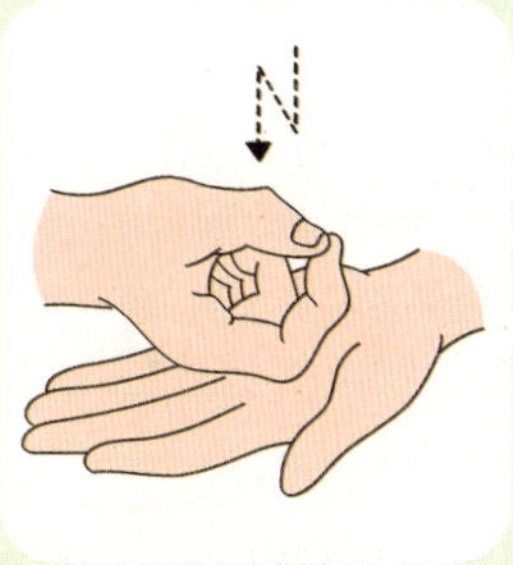

便宜

左手横伸；右手拇、食指相捏，指尖朝上，在左手掌心上向下微动两下，表示钱少。

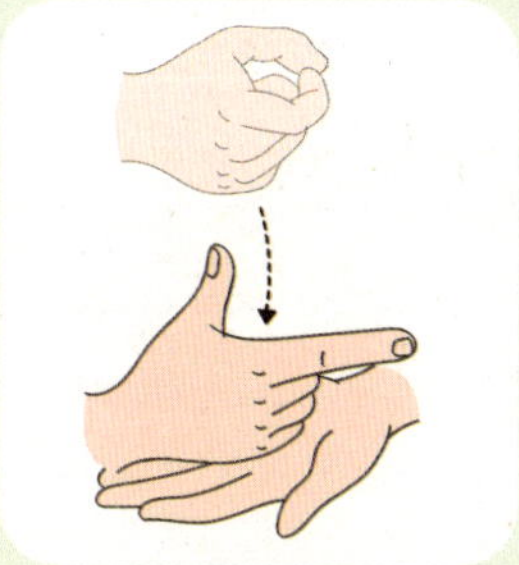

贵

左手横伸；右手拇、食指相捏，边敲向左手掌心边张开，食指尖朝左前方，表示钱多。

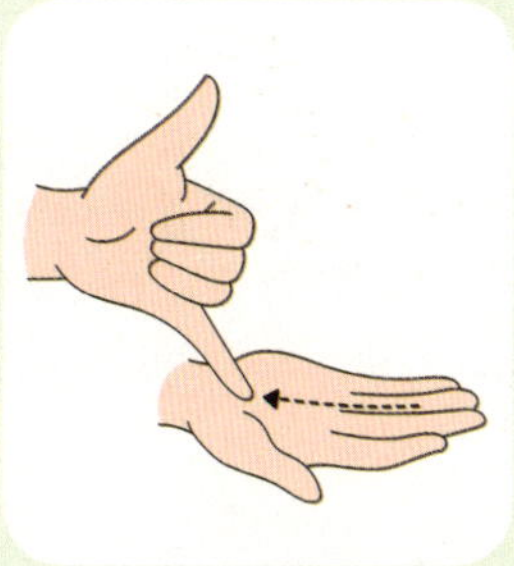

退

左手平伸，掌心向上；右手伸拇、小指，小指尖抵于左手指尖，再向后移动。

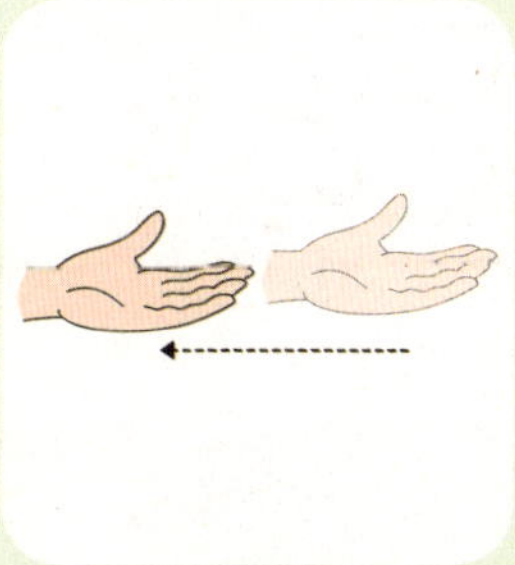

要

一手平伸，掌心向上，由后移动一下。

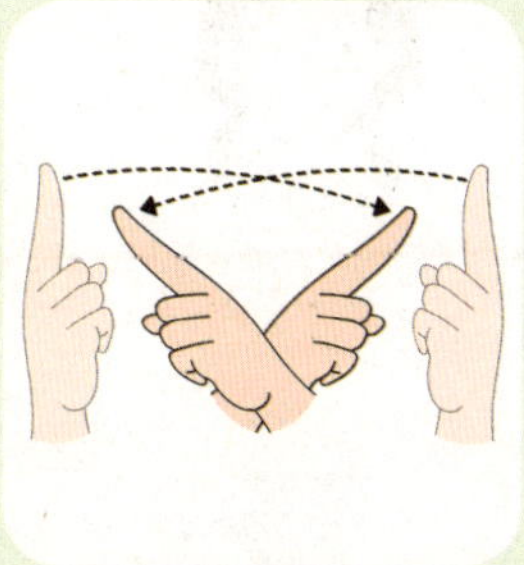

换

双手食指直立，然后左右交叉，互换位置。

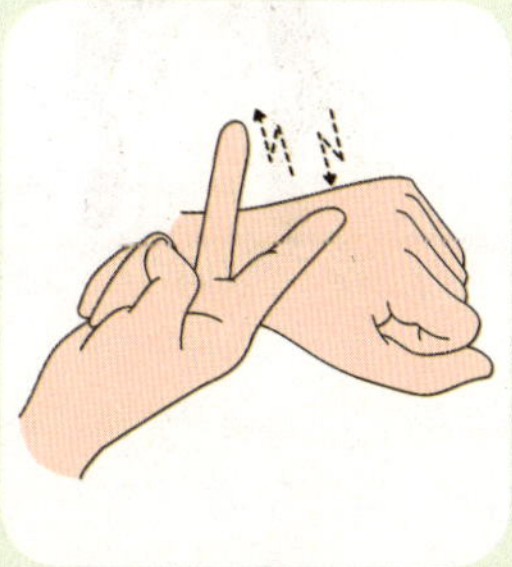

质量

左手握拳；右手食、中指横伸，指背交替弹左手背。

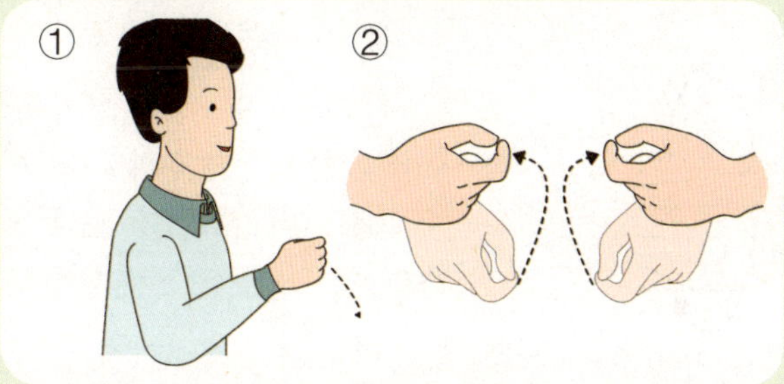

打折

① 一手握拳，向前下方挥动一下。② 双手拇、食指相捏，虎口左右相对，向上掰动一下。

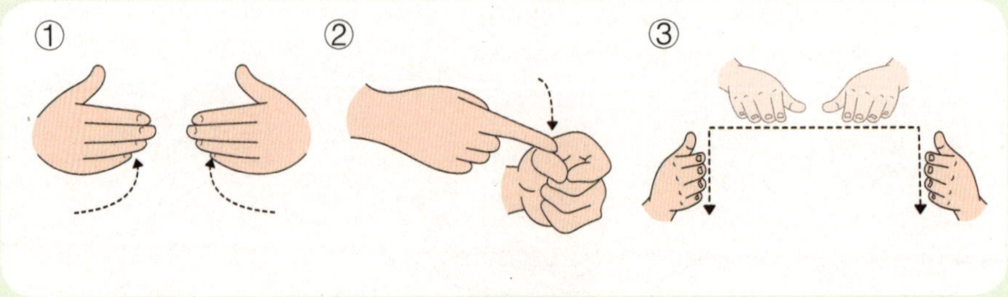

收银台

① 双手横立，掌心向内，五指微曲，从外向内收进。② 左手拇、食指捏成圆形，虎口朝上；右手伸食指，敲一下左手拇指。③ 双手平伸，掌心向下，先从中间向两侧平移，再折而下移成“门”形。

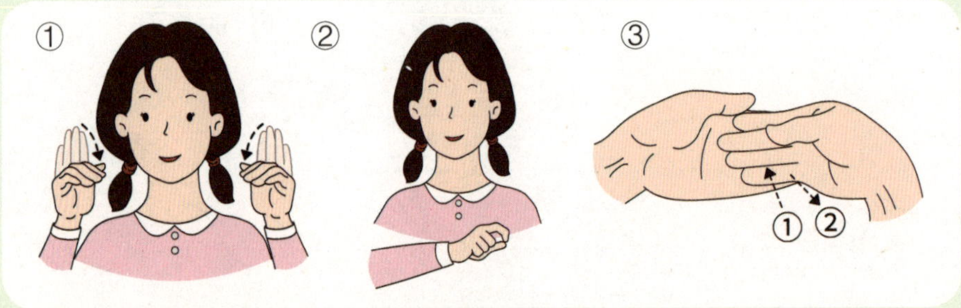

会员卡

① 双手直立，掌心分别向左右斜前方，食、中、无名、小指弯动一下。② 右手拇、食指捏成圆形，虎口朝内，贴于左胸部。③ 左手横立，掌心向内，五指并拢，在前不动；右手五指撮合，指背贴一下左手掌心，然后移开，模仿刷卡的动作。

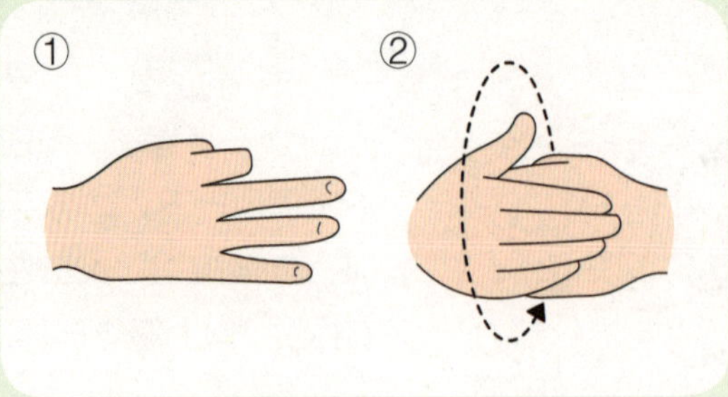

三包

① 一手中、无名、小指横伸分开，手背向外。② 左手握拳，虎口朝上；右手手背拱起，从上向下绕左拳转动半圈。

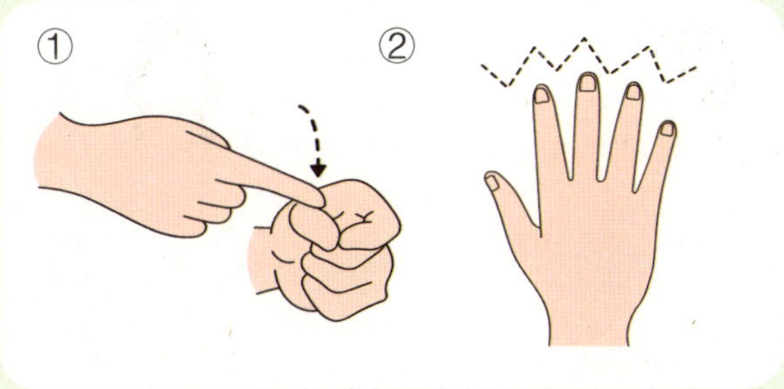

价格

① 左手拇、食指捏成圈形，虎口朝上；右手伸食指，敲一下左手拇指。② 一手直立，掌心向内，五指张开，交替点动几下。

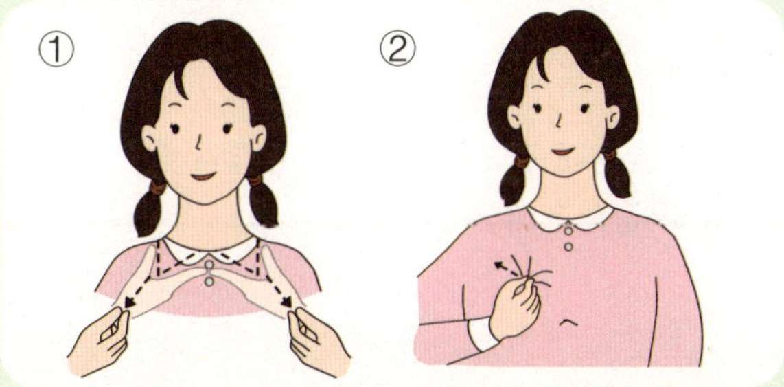

衬衣

① 双手伸拇、食指，指尖朝内，置于衣领，边向前移动边相捏，表示衬衣的领子。② 一手拇、食指揪一下胸前衣服。

裤子

双手拇、食指相捏，在腿部向上提，如穿裤子状。

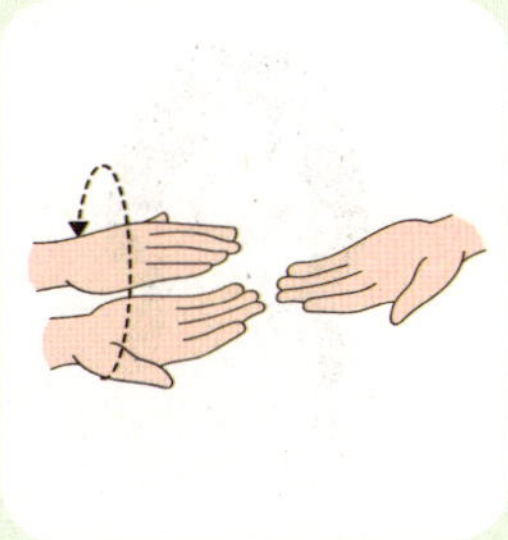

开发票

双手横伸，掌心向上，指尖相对，左手不动，右手向内翻转，如撕发票状。

帽子

一手拇、食指相捏，虎口朝内，从头顶向下移动一下，模仿戴帽子的动作。既表示帽子的名词意思，又表示戴帽子的意思。

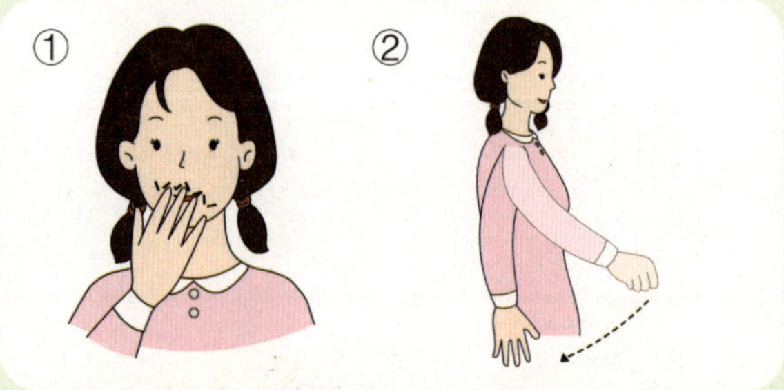

掉色

①一手直立，掌心向内，五指张开，在嘴唇部交替点动。②一手虚握，向身后一甩，五指张开。

裙子

双手拇、食指张开，虎口朝上，置于腰间，然后向斜下方移动，仿裙子的式样。

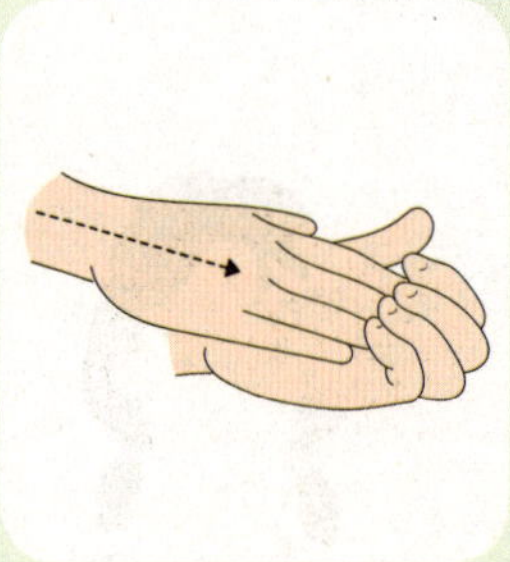

鞋子

左手五指弯曲，掌心向上；右手平伸，掌心向下，指尖朝前，抵于左手。

3 情景对话

（1）您想买什么？

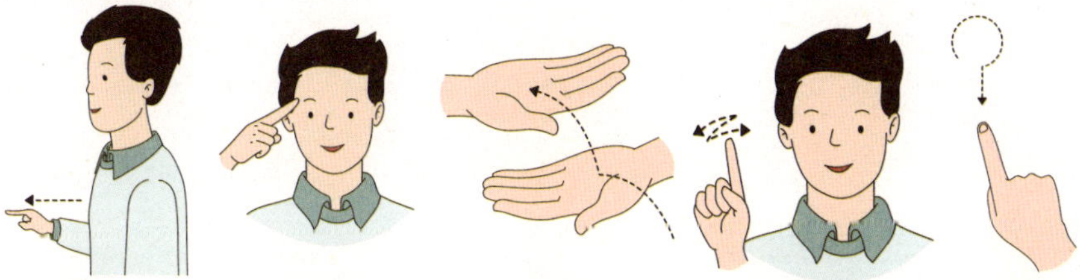

您 想 买 什么 ？

——我随便看看。

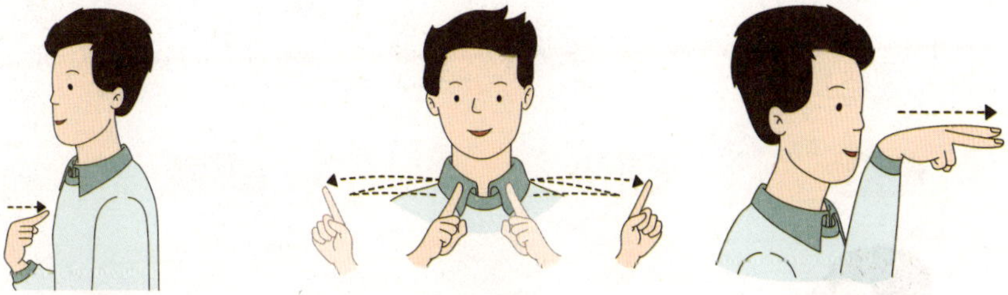

我 随便 看看。

（2）现在有什么优惠吗？

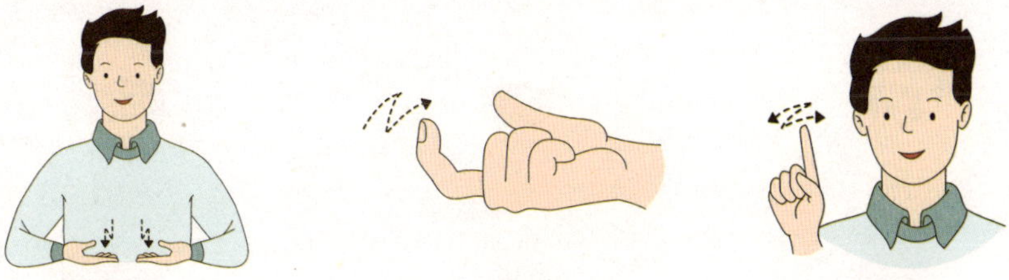

现在 有 什么

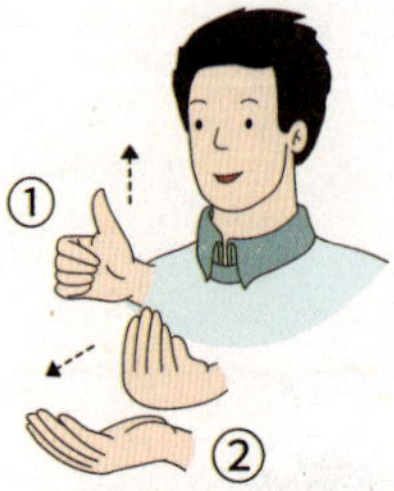

优惠

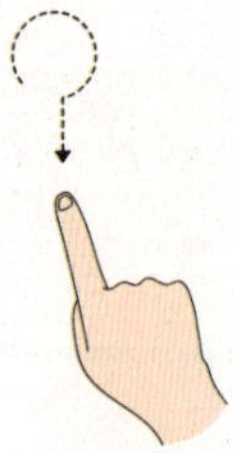

吗?

——今天所有商品打八折。

今天

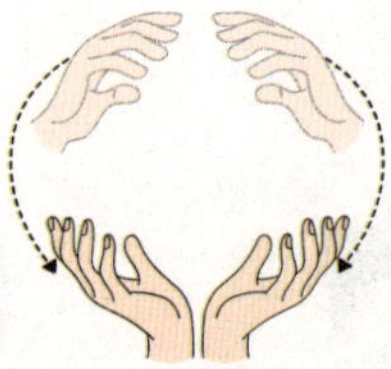

所有

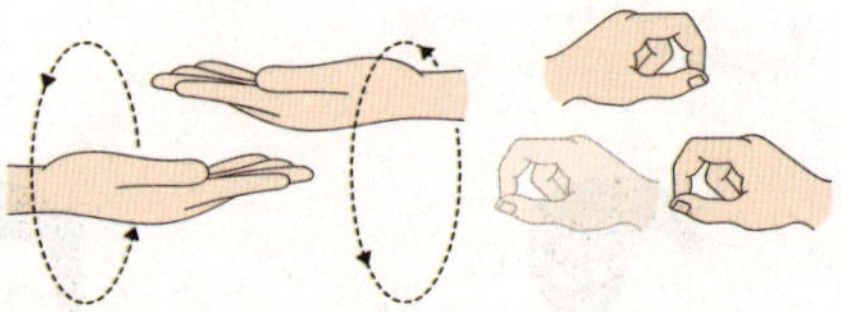

商品

打

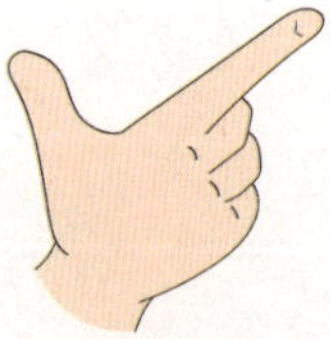

八

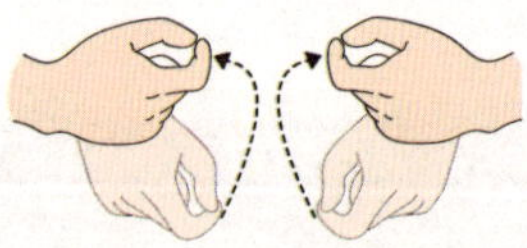

折。

（3）可以试试吗？

可以

试试

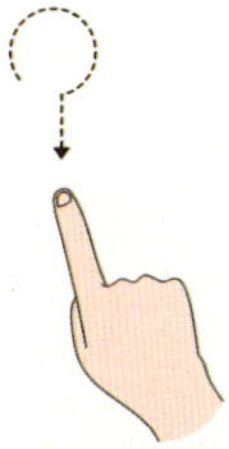

吗？

——随便试穿，试衣间在那边。

穿

试

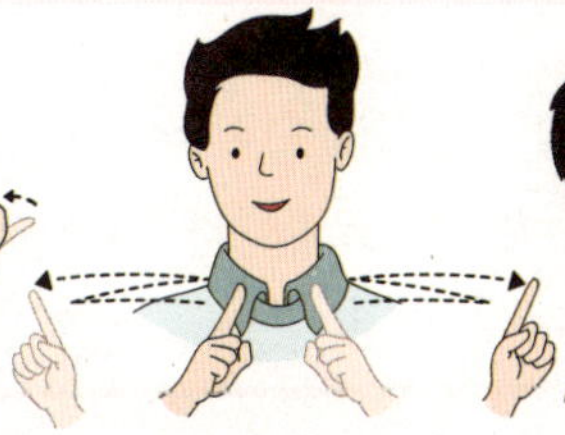

随便，

试

衣

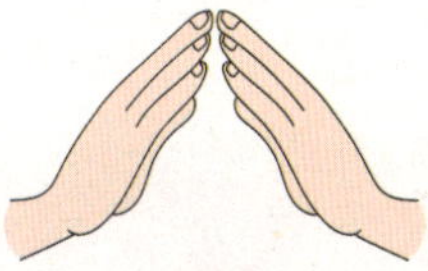

间

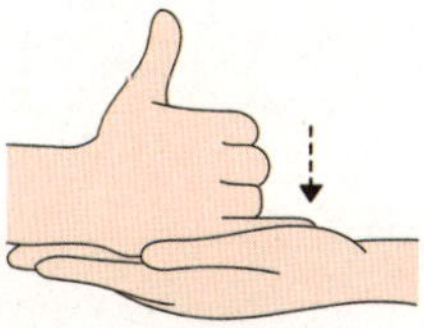

在

那边。

手语小知识

按照习惯，以上两句的手语语序为“试试—可以吗”以及“穿—试—随便”。

（4）多少钱？

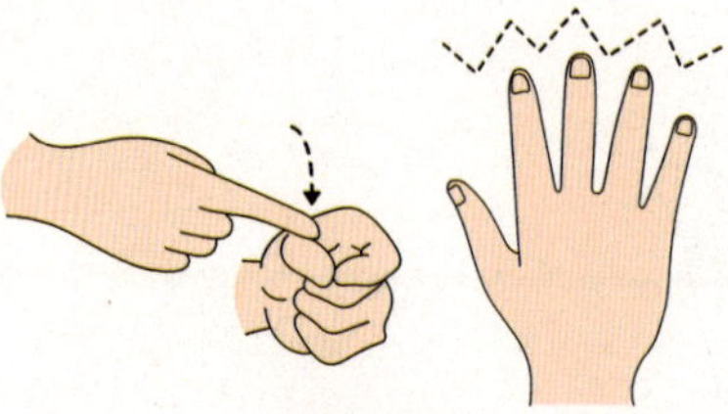

多少钱

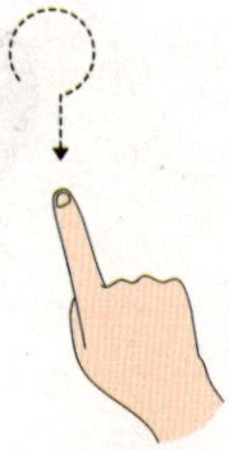

？

手语小知识

按照更加习惯的手势打法，本句为“钱—多少”，面带疑问看向对方。这种打法称为“自然手语”，按一般文法手语原为“多少—钱”。

——一共518元。

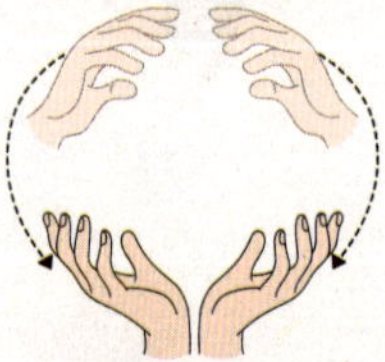

一共

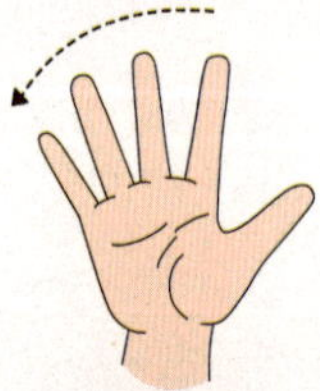

5（“百”）

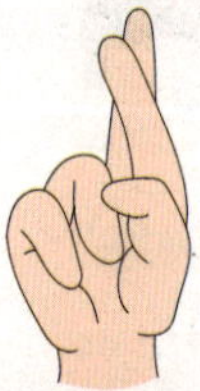

（“十”）

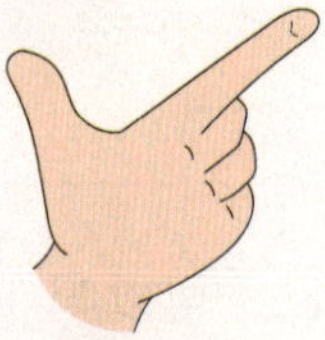

8

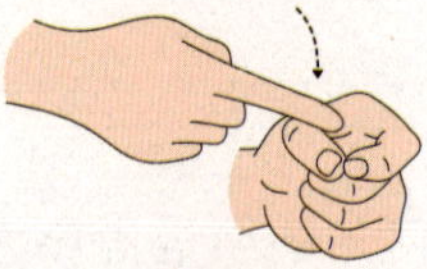

元。

（5）您穿多少号的？

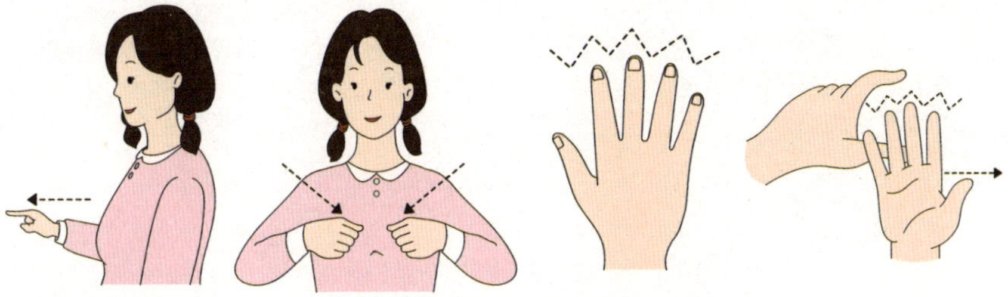

您　　穿　　多少　　号？

（6）要什么颜色的？

要　　什么　　颜色的　　？

专题五

公共交通

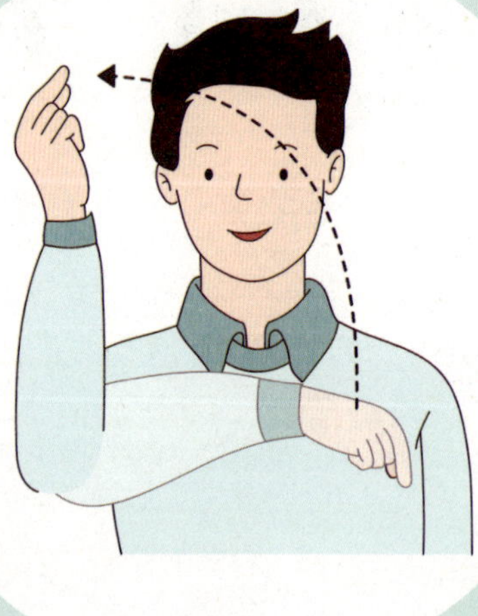

出示

1 常用词

交通	汽车（开车）	地铁	公交车	飞机
桥梁	机场	轮船	隧道	码头
火车	城铁	行李	车站	集中
时刻表	候车室	航站楼	车票	订票
检票	几点	座票	站票	机票
登机牌	进站	出站	硬座	出示
软座	硬卧	软卧	走斑马线	取票
红绿灯	查询	托运	安检	安全带
短途	往返	长途		

2 手语详解

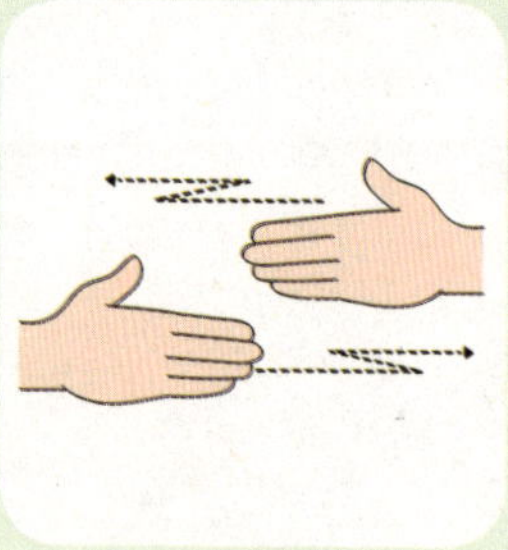

交通

双手横立，掌心向内，从两侧向中间交错移动两下（表示车辆来往，引申为交通）。

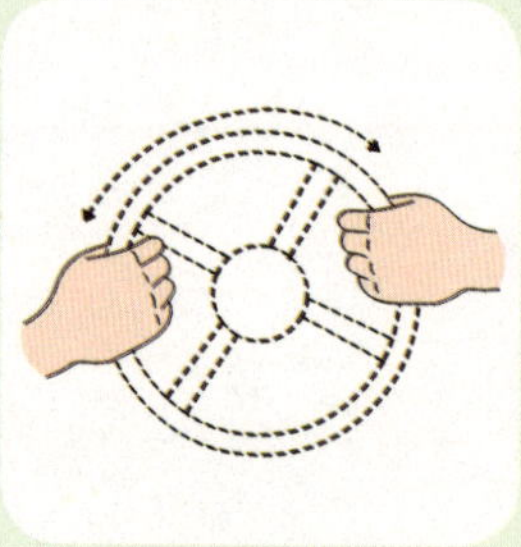

汽车（开车）

双手虚握，左右转动，如操纵方向盘状，既表示汽车的名词意思，又表示开车的意思。

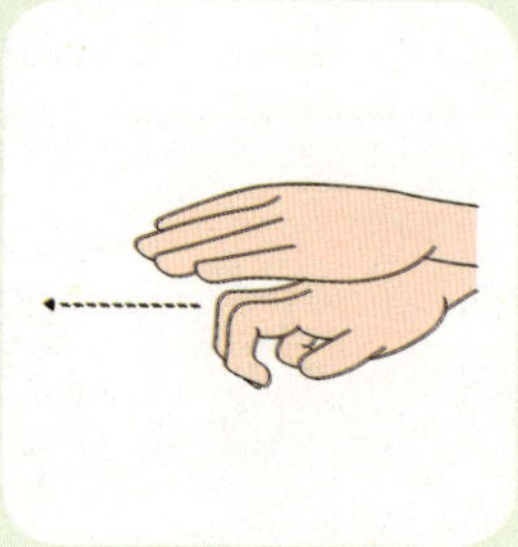

地铁

左手平伸；右手食、中指弯曲，手背向上，置于左手掌心下，并向前移动。

公交车

一手虚握，虎口朝内，前后移动两下，如握公交车上方把手状。

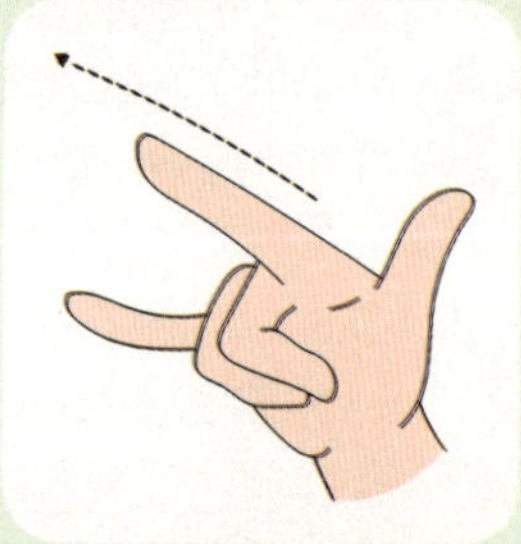

飞机

一手伸拇、食、小指，手背向上，从低向高移动，如飞机起飞状。

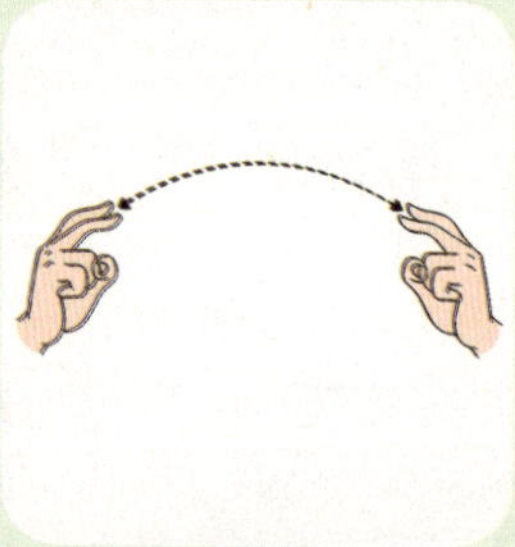

桥梁

双手食、中指微曲分开，指尖相对，指背向上，从中间向两侧下方做弧形移动。

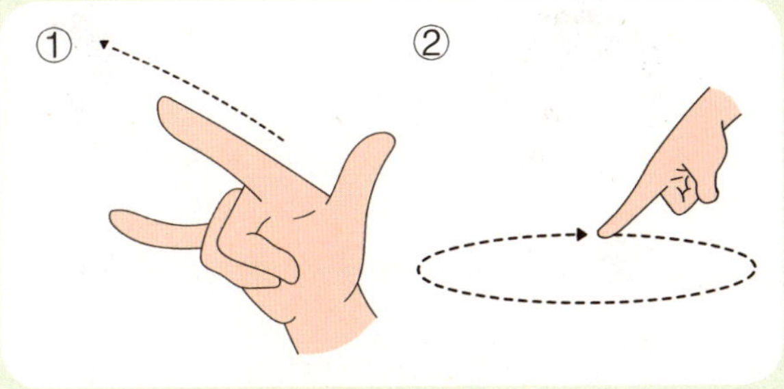

机场

① 一手伸拇、食、小指，手背向上，从低向高移动，如飞机起飞状。② 一手伸食指，指尖朝下划一大圈。

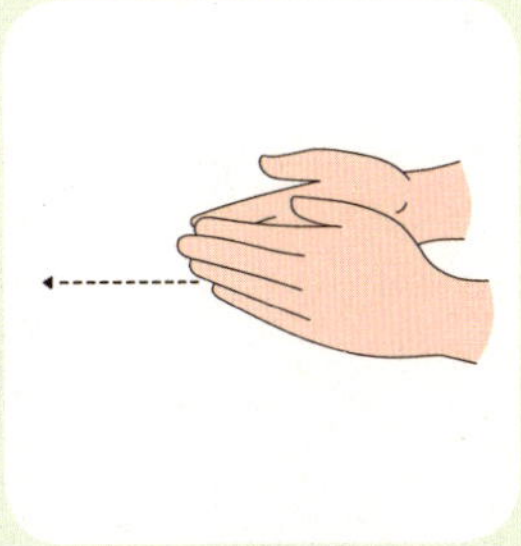

轮船

双手斜立，指尖相抵，向前移动，如船向前行驶状。

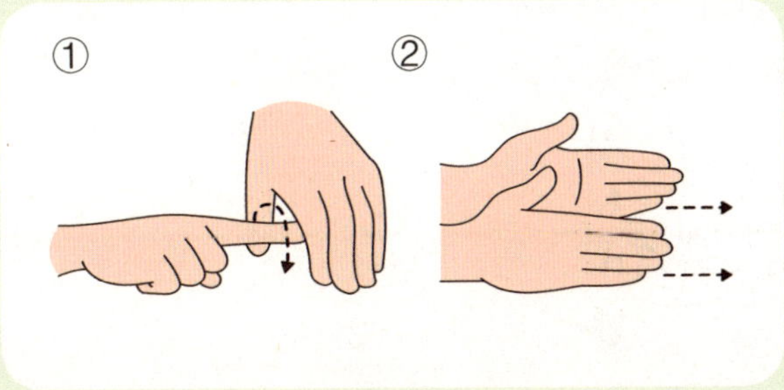

隧道

① 左手五指成空洞，虎口朝内；右手伸食指，指尖朝前，沿左手虎口划一下。② 双手侧立，掌心相对，向前移动。

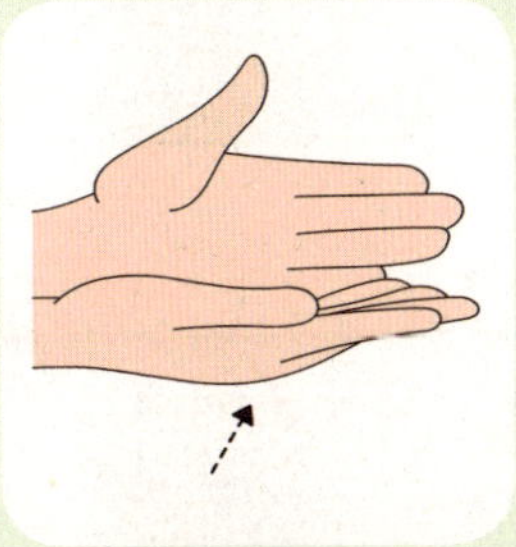

码头

左手侧立；右手平伸，掌心凹进，仿船形，然后缓慢地靠向左手掌心。

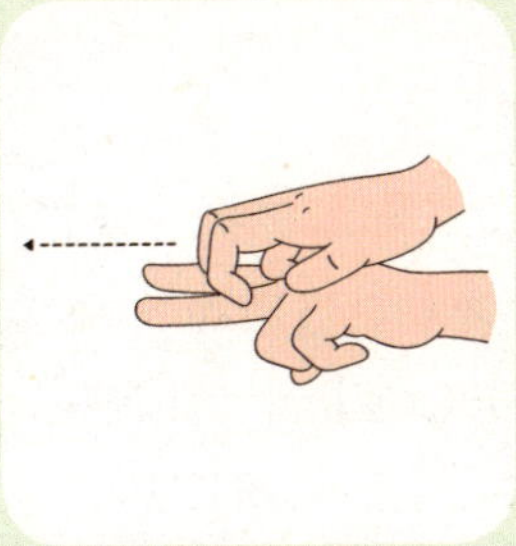

火车

左手食、中指分开，指尖朝前，手背向上；右手食、中指弯曲，指尖抵于左手食、中指上，并向前移动，如火车行驶状。

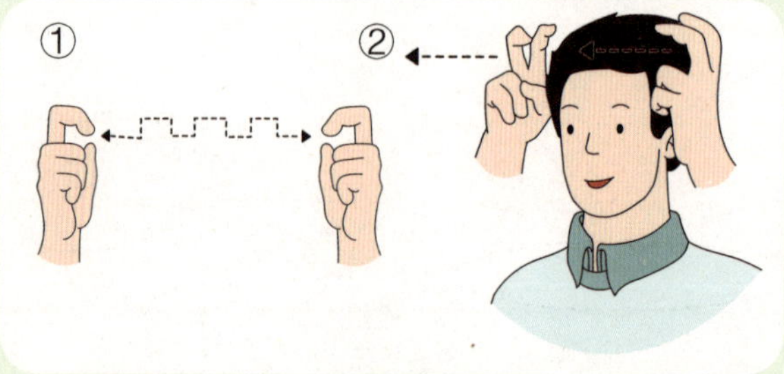

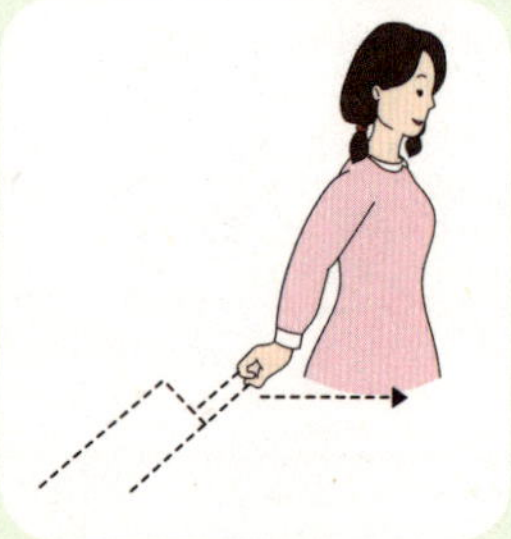

城铁

① 双手食指直立，指面相对，从两间向两侧弯动（或弯动一下），仿城墙形，表示直辖市。② 双手食、中指弯曲，掌心左右相对，从头两侧上方向前移动一下。

行李

一手握拳，手臂伸直，置于身后，然后向前拉动，模仿拉行李箱的动作。

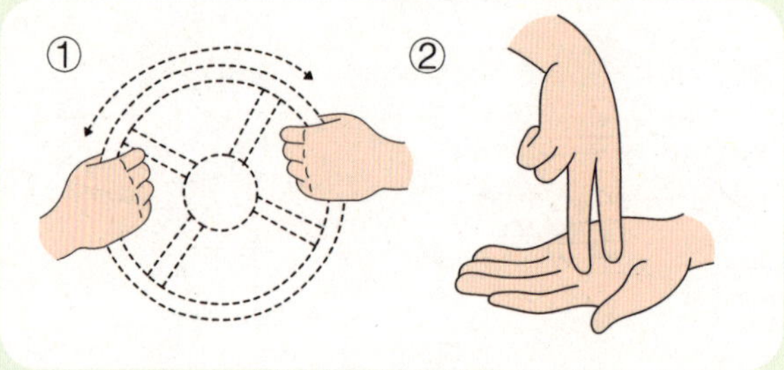

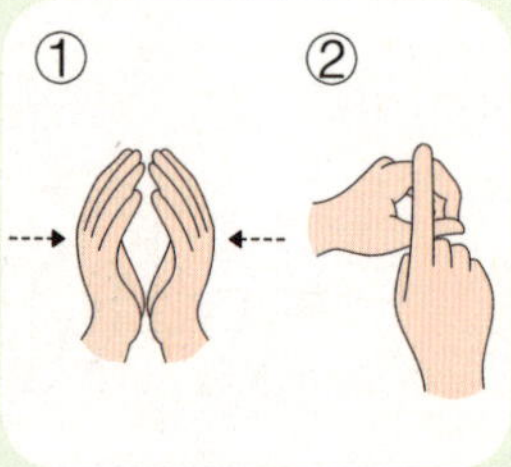

车站

① 双手虚握，左右转动，如操纵方向盘状（表示火车站时，双手打火车的手势）。② 左手横伸；右手食、中指分开，指尖朝下，立于左手掌心上。

集中

① 双手直立，掌心左右相对，五指微曲，从两侧向中间移动。② 左手拇、食指与右手食指搭成“中”字形。

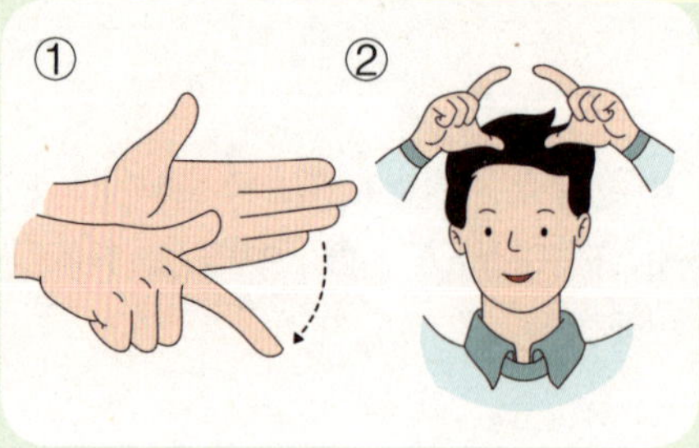

时刻表

① 左手侧立；右手伸拇、食指，拇指尖抵于左手掌心，食指向下转动。② 双手拇、食指成大圆形，虎口朝内，置于头顶上，此手势表示计时的钟。

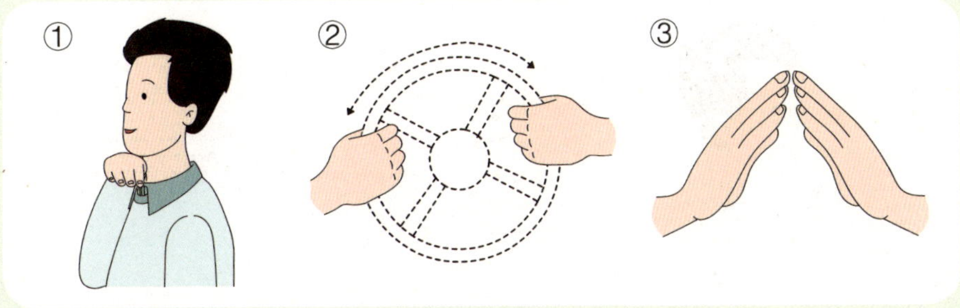

候车室

① 一手横伸，手背贴于颏部下方。② 双手虚握，左右转动，如操纵方向盘状。③ 双手搭成“∧”形，表示房。

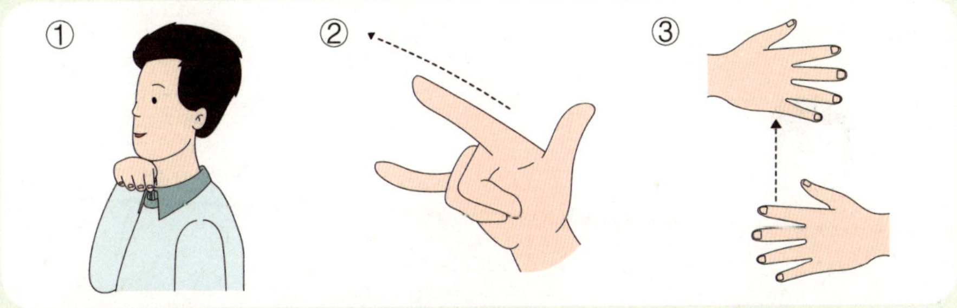

航站楼

① 一手横伸，手背贴于颏部下方。② 一手伸拇、食、小指，手背向上，从低向高移动，如飞机起飞状。③ 双手横立，手背向外，五指张开，左手在下不动，右手向上移动。

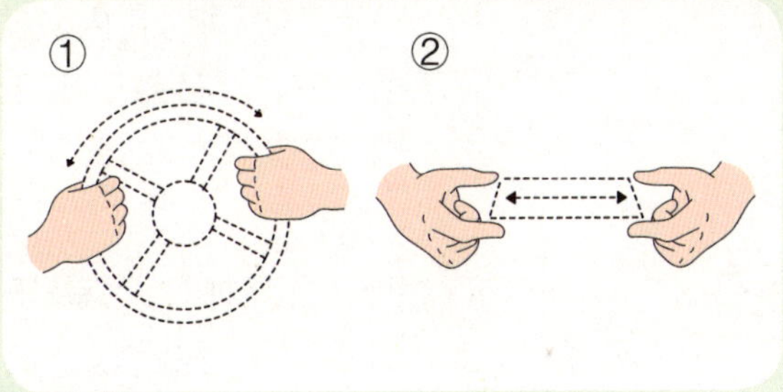

车票

① 双手虚握，左右转动，如操纵方向盘状。② 双手拇、食指张开，指尖相对，虎口朝上，从中间向两侧移动。

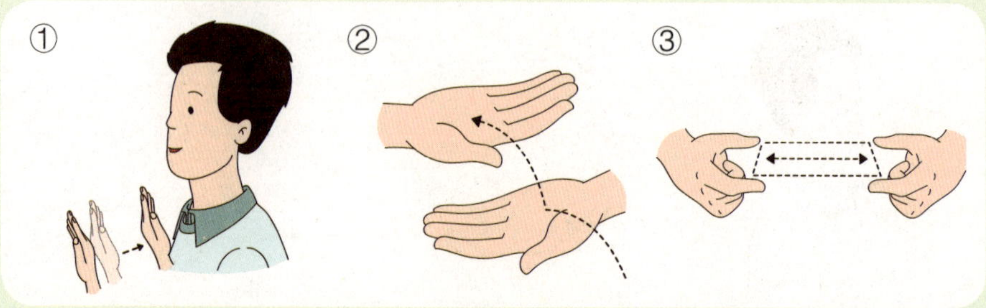

订票

① 双手直立，手背前后相贴，左手在前不动，右手向后移动，动作幅度大些，表示时间提前的意思。② 双手横伸，右手背在左手掌心上拍一下，然后向内移动，表示买进。③ 双手拇、食指张开，指尖相对，虎口朝上，从中间向两侧移动。

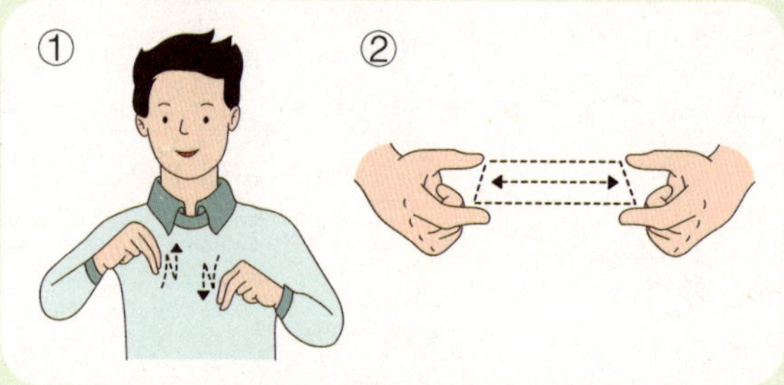

检票

① 双手拇、食、中指捏，指尖朝下，上下交替动两下。② 双手拇、食指张开，指尖相对，虎口朝上，从中间向两侧移动。

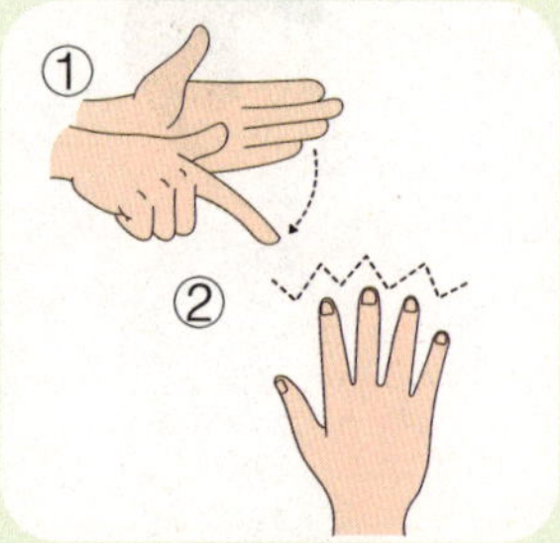

几点

① 左手侧立；右手伸拇、食指，拇指抵于左手掌心，食指向下转动。② 一手直立，掌心向内，五指张开，交替点动几下；也用于表示多少的意思。

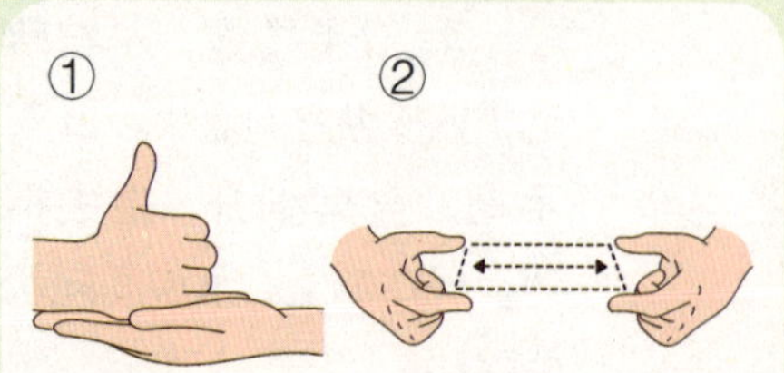

座票

① 左手横伸，右手伸拇、小指置于左手掌心上。② 双手拇、食指张开，指尖相对，虎口朝上，从中间向两侧移动。

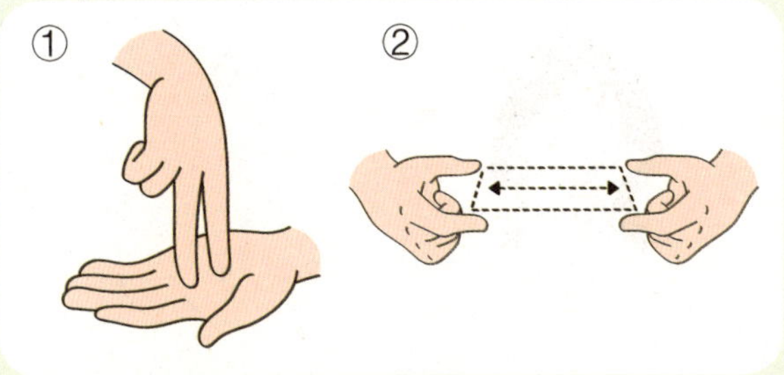

站票

① 左手横伸；右手食、中指分开，指尖朝下，立于左手掌心上。② 双手拇、食指张开，指尖相对，虎口朝上，从中间向两侧移动。

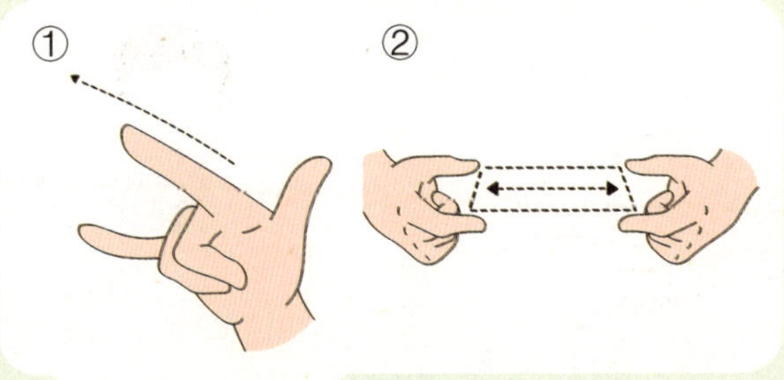

机票

① 一手伸拇、食、小指，手背向上，从低向高移动，如飞机起飞状。② 双手拇、食指张开，指尖相对，虎口朝上，从中间向两侧移动。

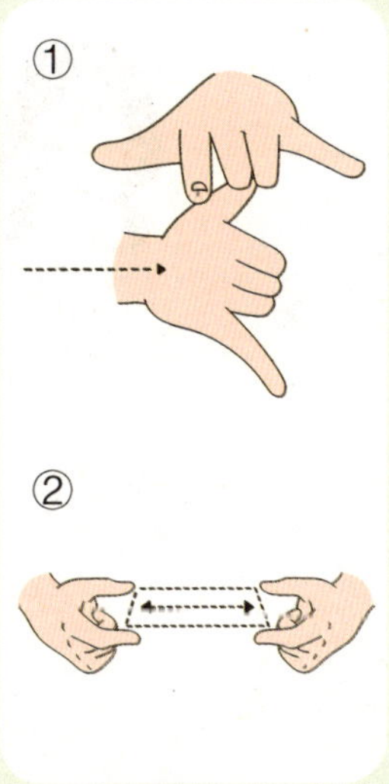

登机牌

① 左手伸拇指、食、小指，指尖朝前，手背向上；右手伸拇、小指，指尖朝左，从右向左移至左手掌心下，表示登机。② 双手拇、食指张开，指尖相对，虎口朝上，从中间向两侧移动。

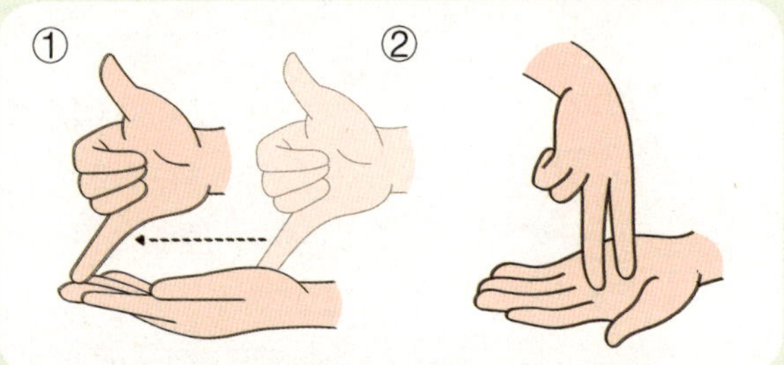

进站

① 左手平伸；右手伸拇、小指，小指尖抵于左手掌心，向前移动。② 左手横伸；右手食、中指分开，指尖朝下，立于左手掌心上。

出站

① 一手伸拇、小指，指尖朝外，从内向外移动。② 一手伸食指，沿嘴部转动一圈，口张开。③ 左手横伸；右手食、中指分开，指尖朝下，立于左手掌心上。

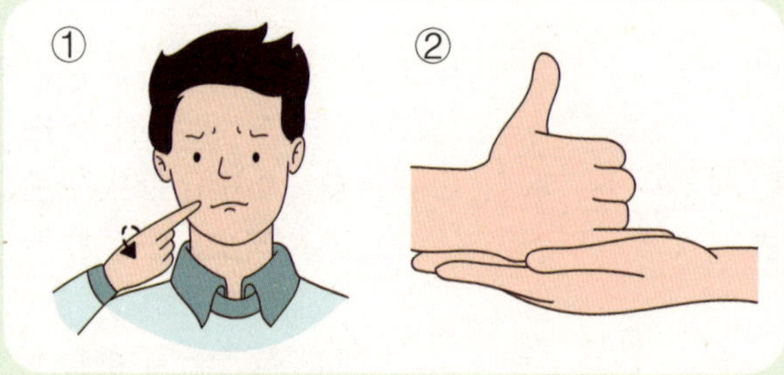

硬座

① 一手食指抵于脸颊，向前微转一下，同时牙关紧咬。② 左手横伸，右手伸拇、小指置于左手掌心上。

出示

右手拇、食指相捏，指尖朝下，置于左胸部，然后向前上方一挥，指尖朝上。

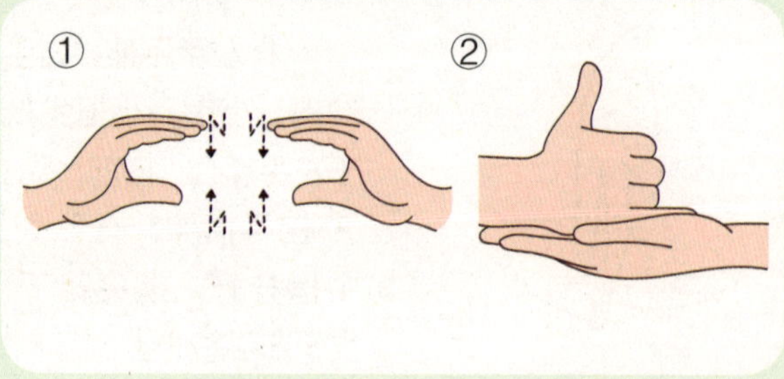

软座

① 双手五指成“[ ]”形，指尖相对，虎口朝内，捏动几下。② 左手横伸，右手伸拇、小指置于左手掌心上。

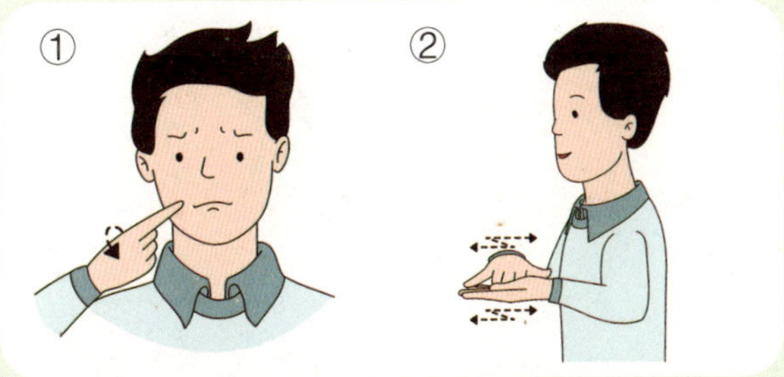

硬卧

① 一手食指抵于脸颊，向前微转一下，同时牙关紧咬。② 左手平伸；右手伸拇、小指，手背向上，置于左手掌心上，双手同时前后移动几下。

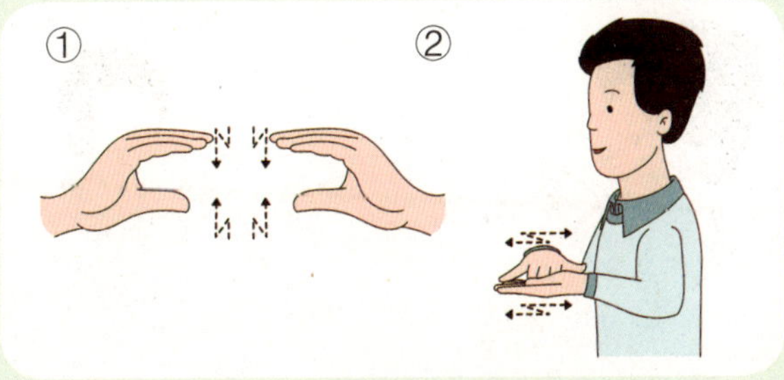

软卧

① 双手五指成“[ ]”形，指尖相对，虎口朝内，捏动几下。② 左手平伸；右手伸拇、小指，手背向上，置于左手掌心上，双手同时前后移动几下。

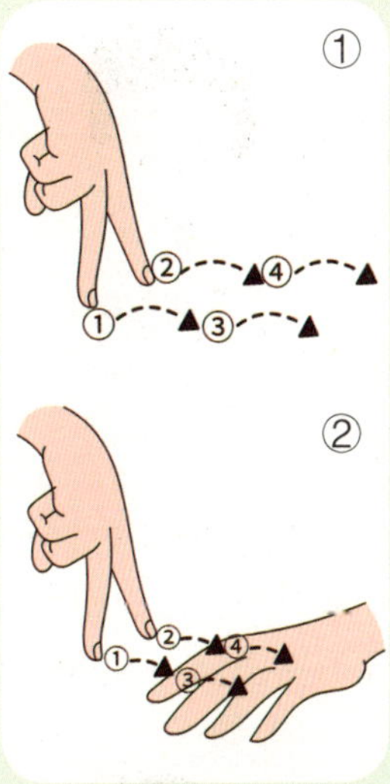

走斑马线

① 一手食、中指分开，指尖朝下，交替向前移动。② 左手横伸，五指张开；右手食、中指分开，指尖向下，交替向前移动，移过左手食、中、无名、小指指背。

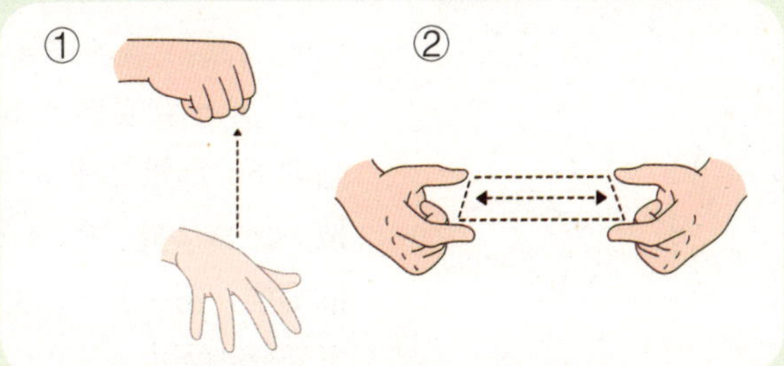

取票

① 一手五指伸开，指尖朝下，边向上移动边握拳，如拿东西状。② 双手拇、食指张开，指尖相对，虎口朝上，从中间向两侧移动。

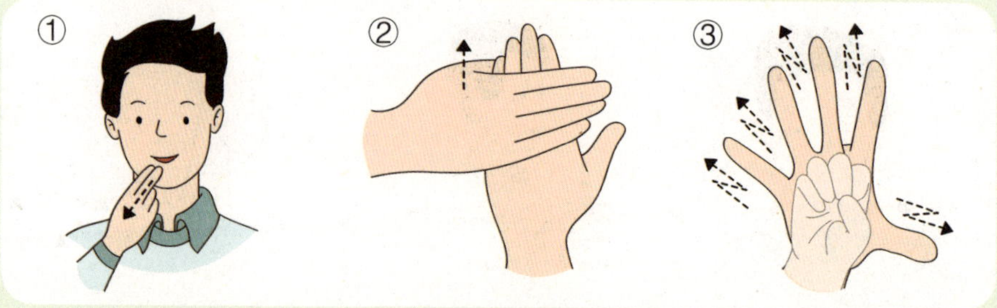

红绿灯

① 一手打手指字母“H”的指式，摸一下嘴唇。② 左手食、中、无名、小指并拢，指尖朝右上方，手背向外；右手五指向上捋一下左手四指。③ 一手五指撮合，指尖朝前，开合几下。

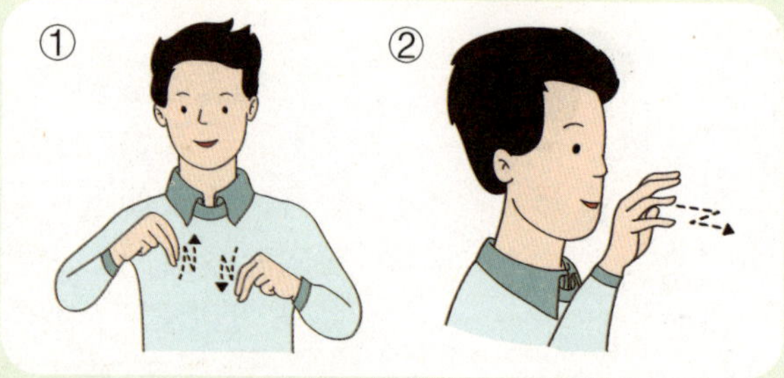

查询

① 双手拇、食、中指相捏，指尖朝下，上下交替动两下。② 一手五指微曲，掌心向外，从嘴前向外微动两下。

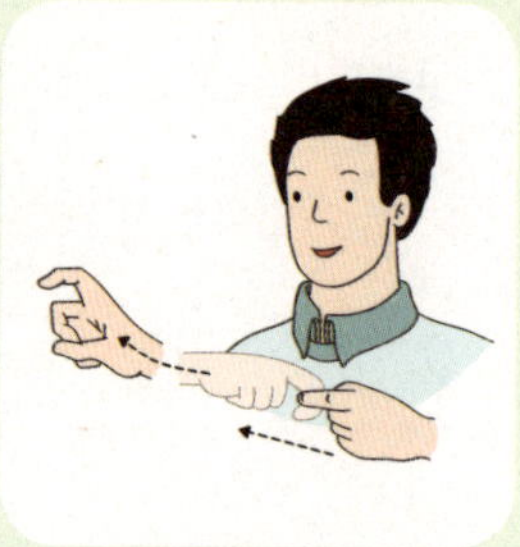

托运

双手食指相勾，边从左下方向右上方移动边松开，代表托运或邮寄包裹物品。

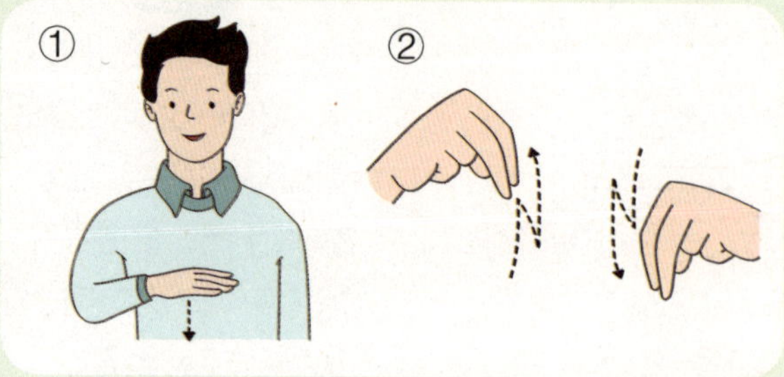

安检

① 一手横伸，掌心向下，自胸部往下一按。② 双手拇、食、中指相捏，指尖朝下，上下交替动两下。

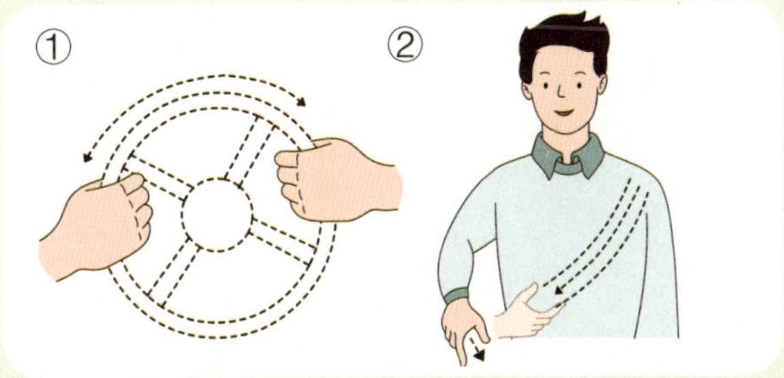

安全带

① 双手虚握，左右转动，如操纵方向盘状。② 一手拇、食指张开，指尖朝内，抵于左肩，然后划至右腰下部，指尖朝下一插（此为汽车安全带，飞机安全带将汽车改为飞机手势即可）。

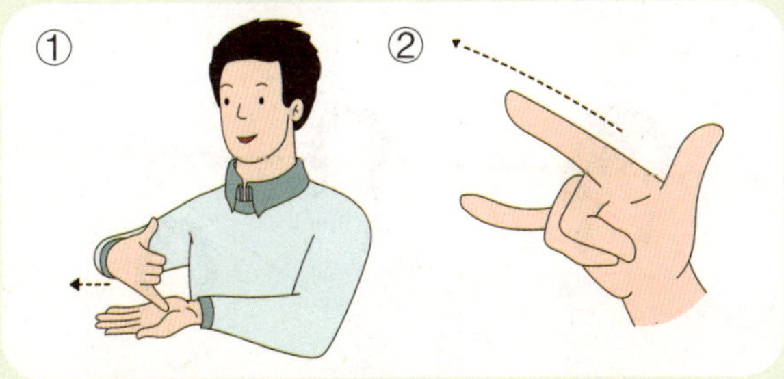

往返

① 左手平伸；右手伸拇、小指，指尖朝内，小指抵于左手掌心，向前移动。② 一手伸拇、食、小指，手背向上，从低向高移动，如起飞状。

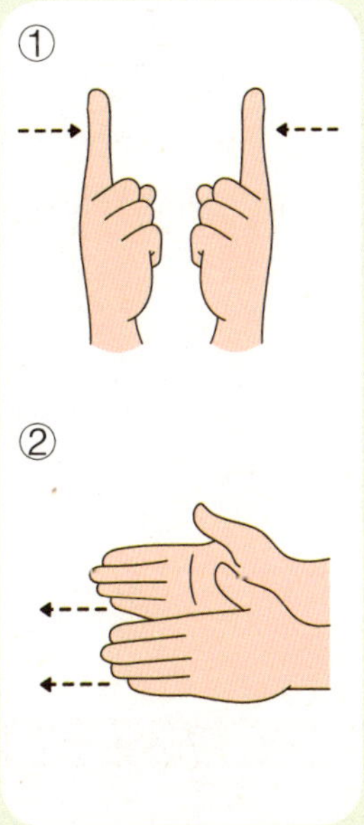

短途

① 双手食指直立，指面相对，从两侧向中间移动。② 双手侧立，掌心相对，向前移动。

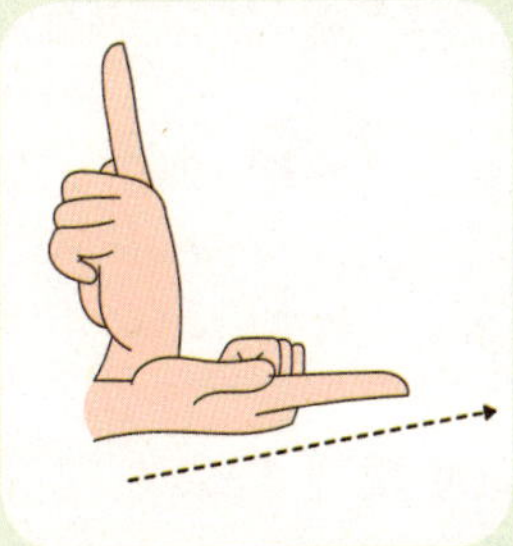

长途

左手食指直立，不动；右手伸食指，指尖朝前，拇指尖按于食指根部，掌心向上，向前移动（如长途汽车等）。

3 情景对话

（1）飞机几点起飞？

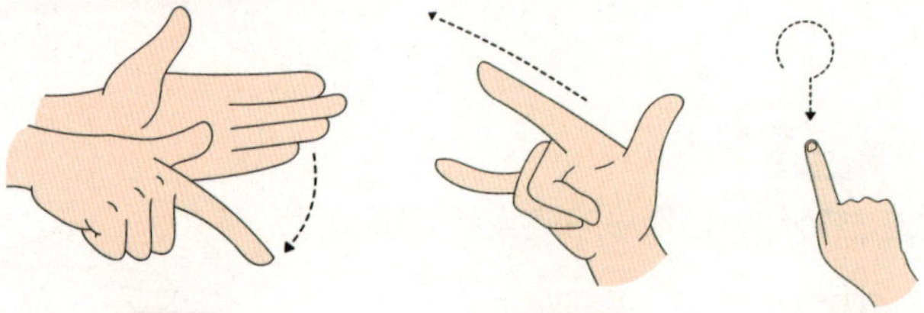

几点　飞机　？

（2）有去北京的飞机票吗？

有　去　北京的

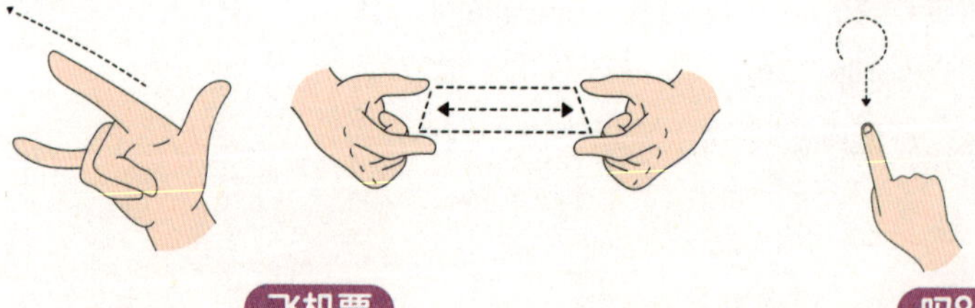

飞机票　吗？

手语小知识

按照自然手语，语序为“有一没有一北京一飞机票”。

（3）请你出示车票。

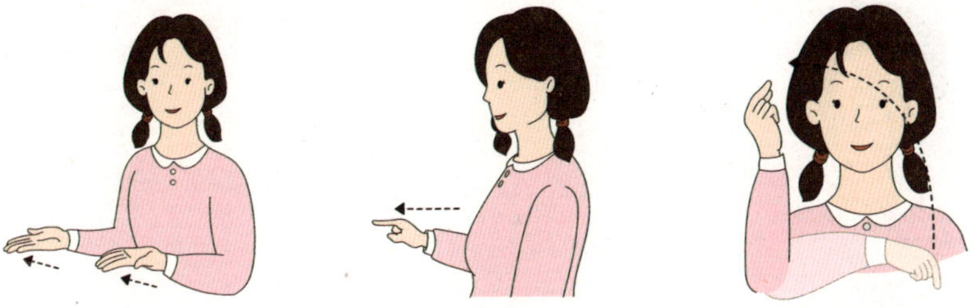

请　　你　　出示

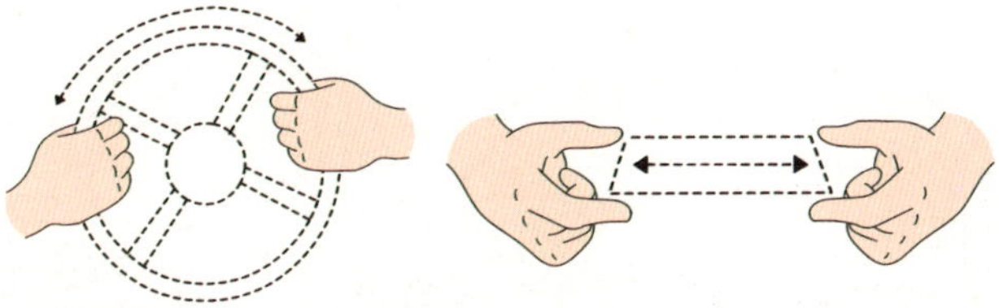

车票。

（4）汽车站怎么走？

汽车站　　怎么　　走　　？

（5）红灯停，绿灯行，行人要在斑马线处等待。

红

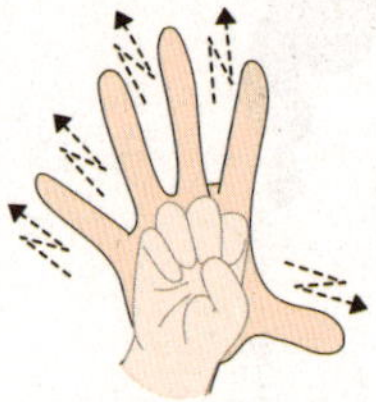
灯

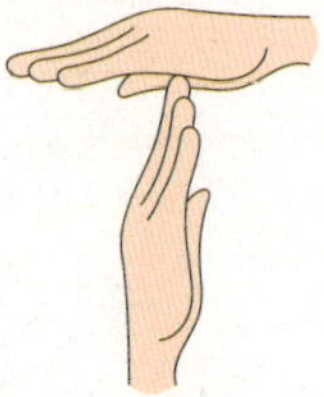
停，

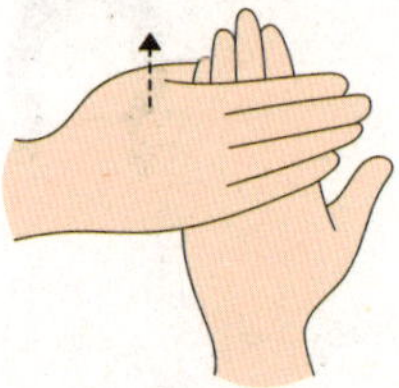
绿

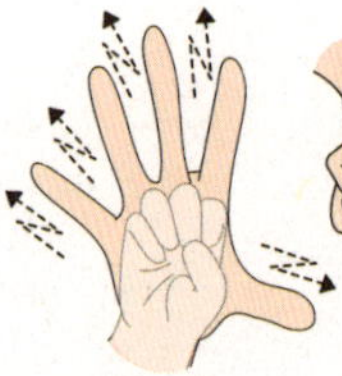
灯

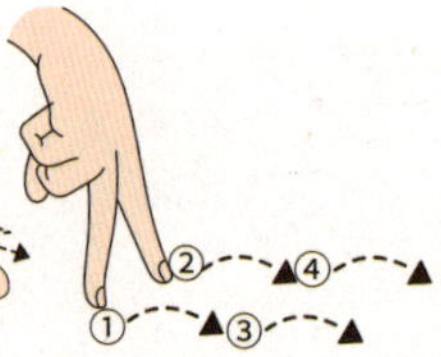

行，

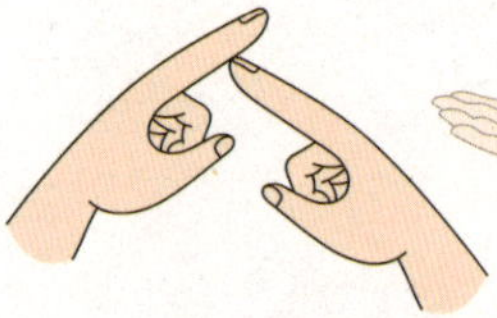
行人

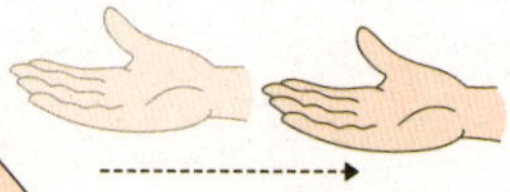
要

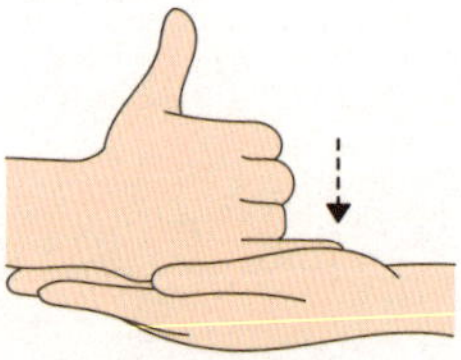
在

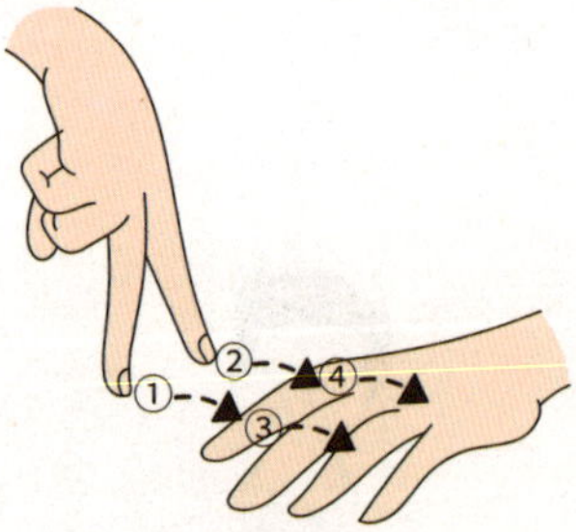

斑马线

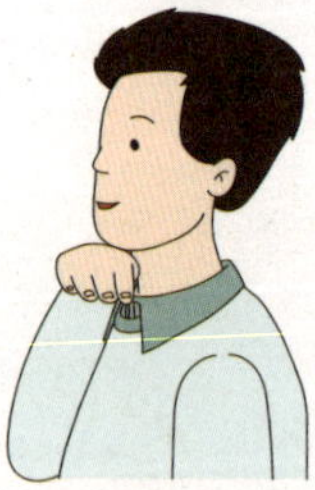
等待。

（6）我们开车时一定要集中注意力。

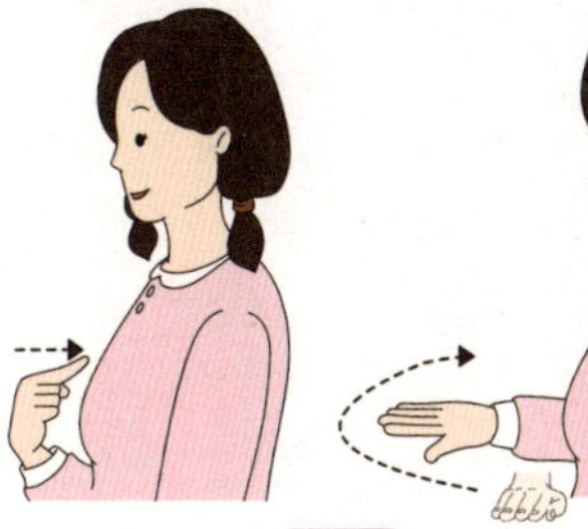

我们

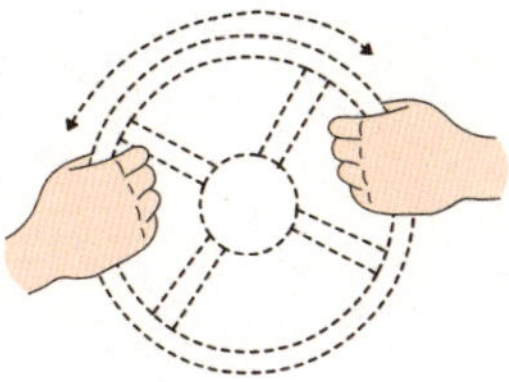

开车

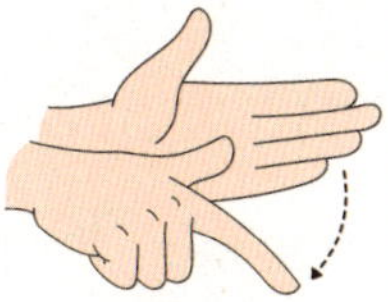

时

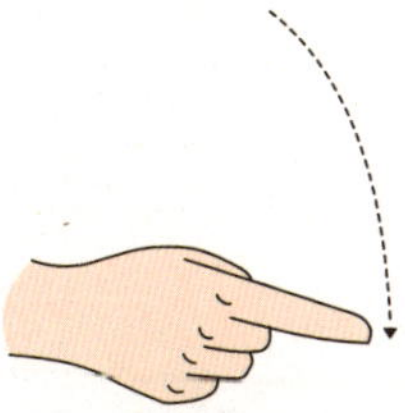

一定

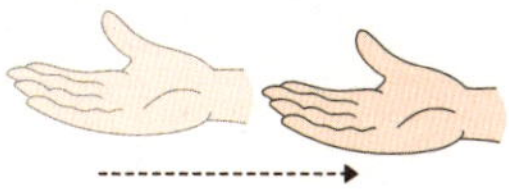

要

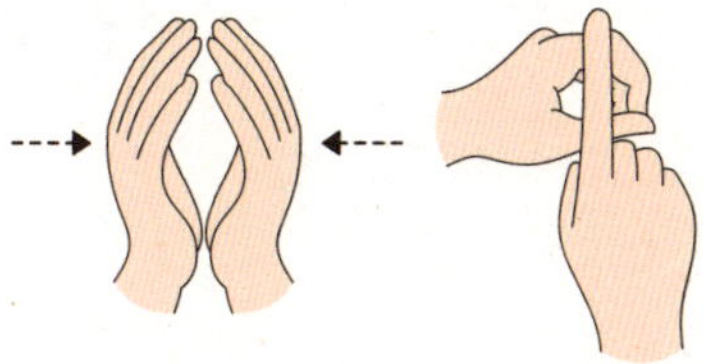

集中

注意（力）。

专题六

休闲旅行

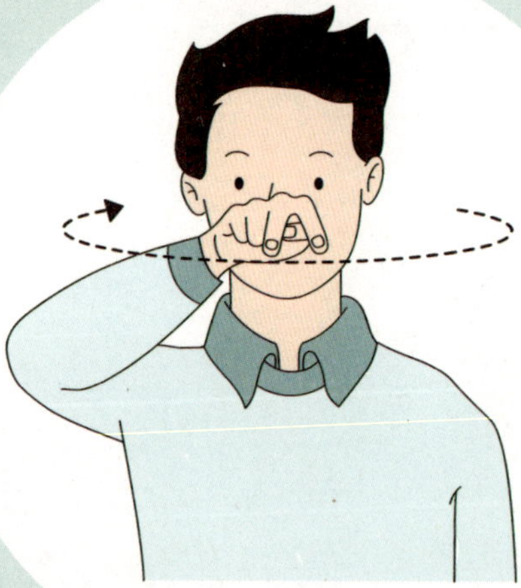
参观

1 常用词

旅游团	旅游	旅客	参观	东、西、南、北
自助游	半价	山	门票	星期一
参加	泰山	喷泉	黄山	瀑布
长城	丝绸之路	天安门	天坛	水立方
龙门石窟	故宫	桂林山水	少林寺	哪儿（什么）
可能	天涯海角	布达拉宫	去（到）	乐山大佛
日月潭	或者	鸟巢	是（还是……）	

2 手语详解

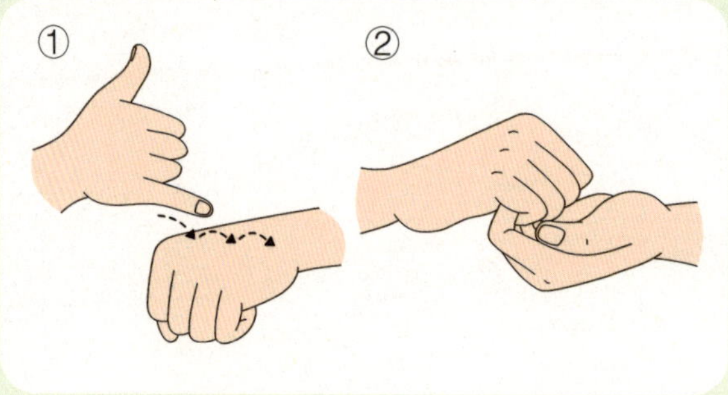

旅游团

① 左手握拳；右手伸拇、小指，小指在左手背上随意点几下，表示到世界各地旅游。② 双手五指弯曲，相互握住。

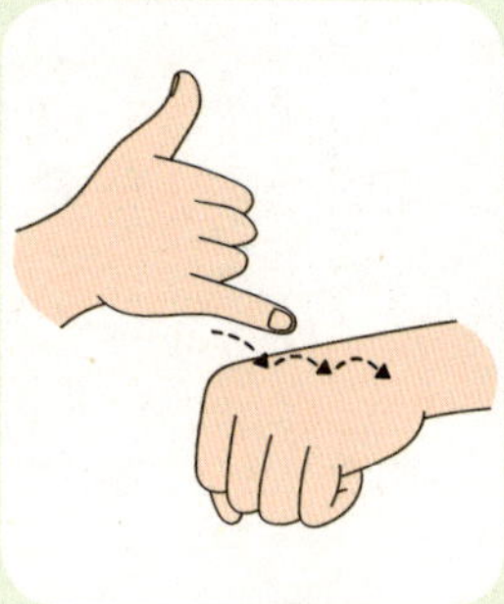

旅游

左手握拳；右手伸拇、小指，小指在左手背上随意点几下，表示到世界各地旅游。

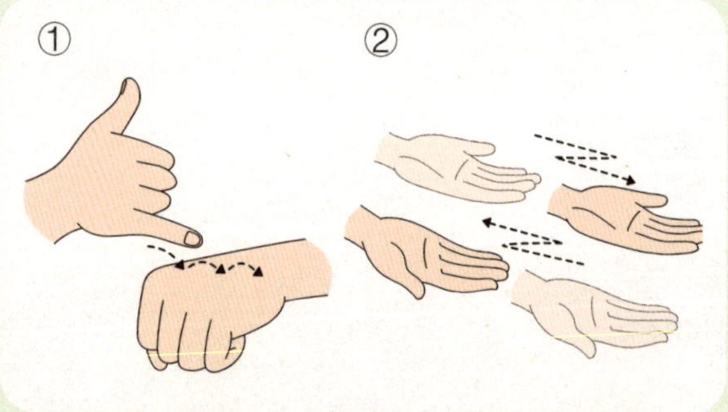

旅客

① 左手握拳；右手伸拇、小指，小指在左手背上随意点几下，表示到世界各地旅游。② 双手平伸，掌心向上，前后交替移动两下。

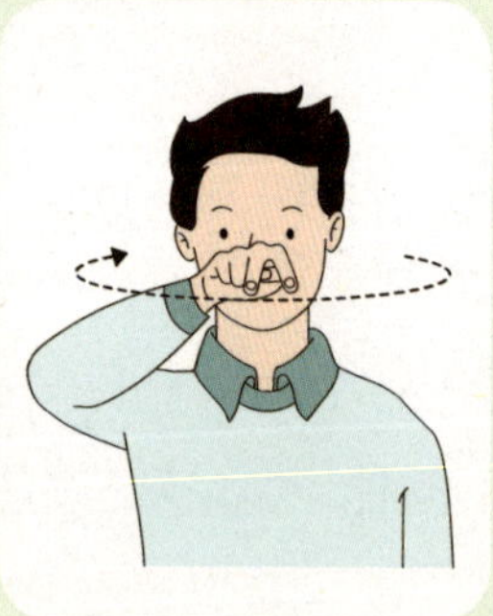

参观

一手食、中指分开，指尖朝前，手背向上，在面前转动半圈，目光随之移动。

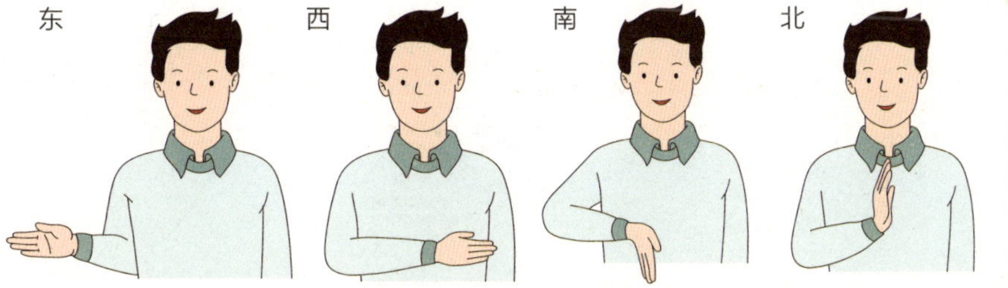

东、西、南、北

① 右手横立，指尖朝右。② 右手横立，指尖朝左。③ 右手五指并拢，指尖朝下，掌心向左，置于身前正中。④ 右手直立，掌心向左，置于身前正中。

手语小知识

东西南北以打手势人的方向为基准，上北下南左西右东。

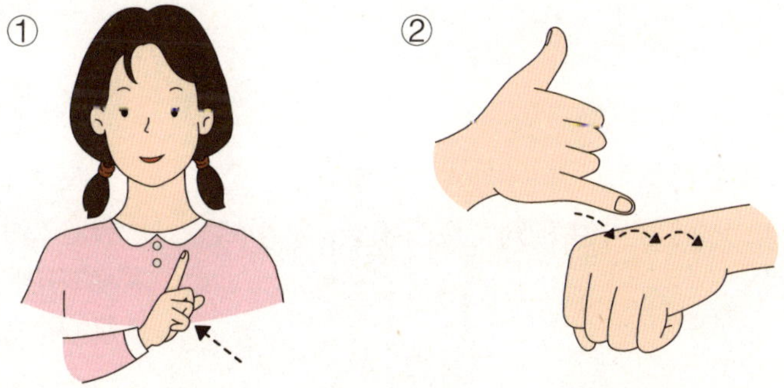

自助游

① 右手食指直立，虎口朝内，贴向左胸部。② 左手握拳；右手伸拇、小指，小指在左手背上随意点几下，表示到世界各地旅游。

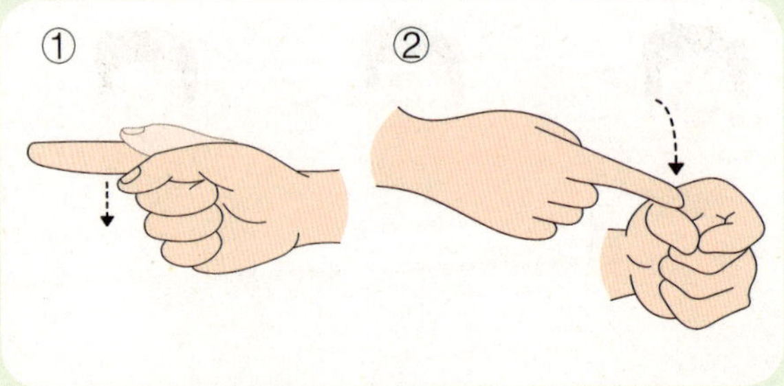

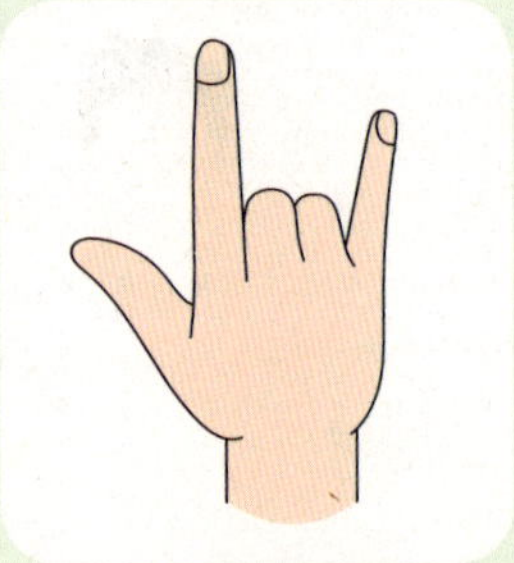

半价

① 一手食指横伸，手背向外，拇指在食指中部划一下。② 左手拇、食指捏成圈形，虎口朝上；右手伸食指，敲一下左手拇指。

山

一手拇、食、小指直立，手背向外，仿“山”字形。

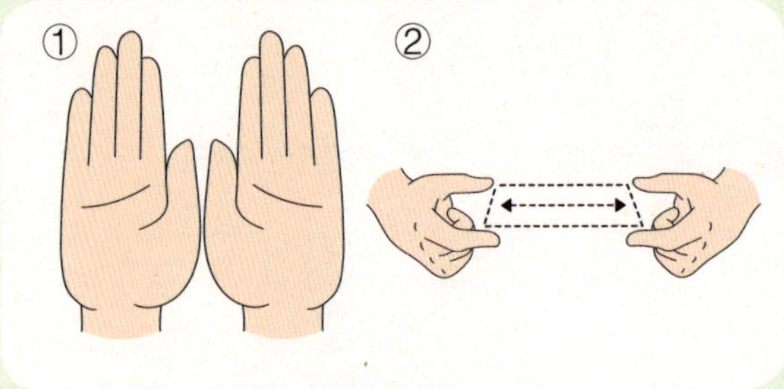

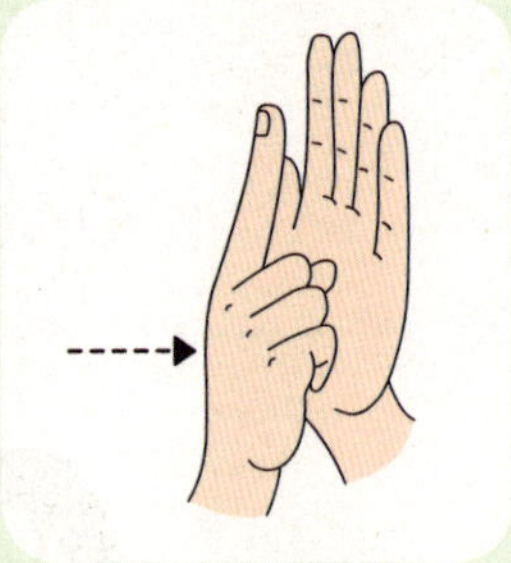

门票

① 双手并排直立，掌心向外，五指并拢。② 双手拇、食指张开，指尖相对，虎口朝上，从中间向两侧移动。

星期一

左手直立，掌心向外；右手食指直立，掌心向内，碰一下左手掌心，表示星期一。

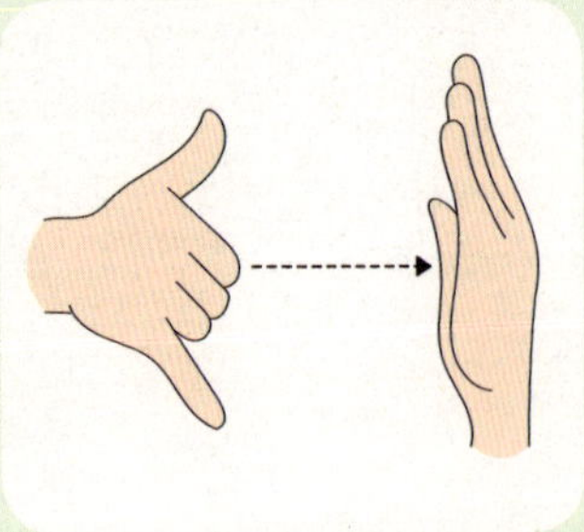

参加

左手直立，掌心向右；右手伸拇、小指，移至左手掌心。

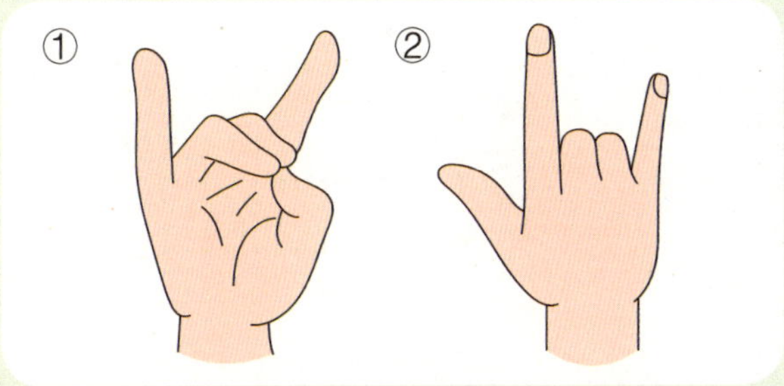

泰山

① 右手拇、中、无名指尖相抵，食、小指直立，掌心向前偏左。② 一手拇、食、小指直立，手背向外，仿“山”字形。

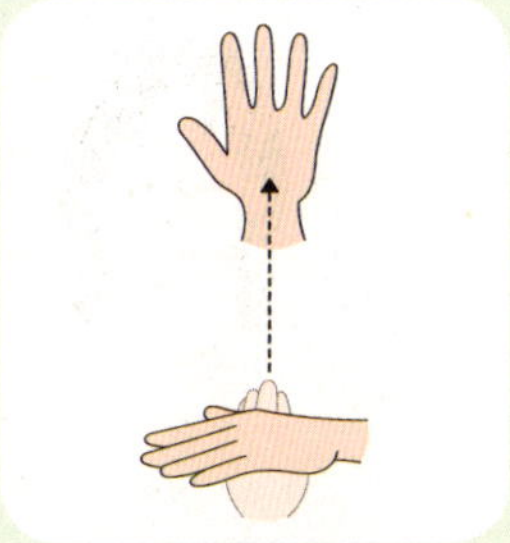

喷泉

左手横伸，掌心向下；右手五指撮合，指尖朝上，手背向外，边从左手内侧向高处移动边张开。

黄山

① 一手打手指字母“H”的指式，摸一下脸颊。② 一手拇、食、小指直立，手背向外，仿“山”字形。

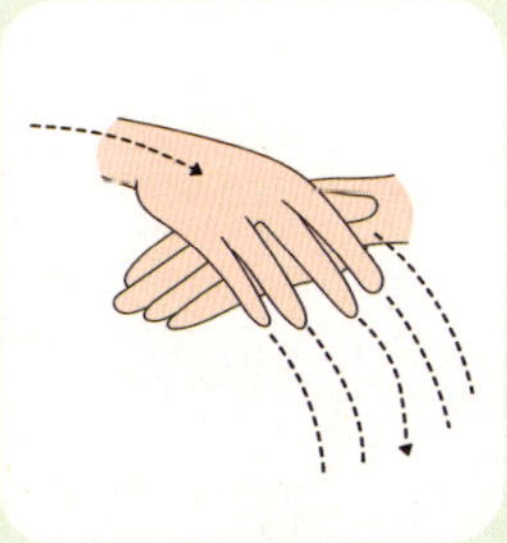

瀑布

左手横伸；右手平伸，掌心向下，五指张开，沿左手背向外快速下降，如瀑布飞泻状。

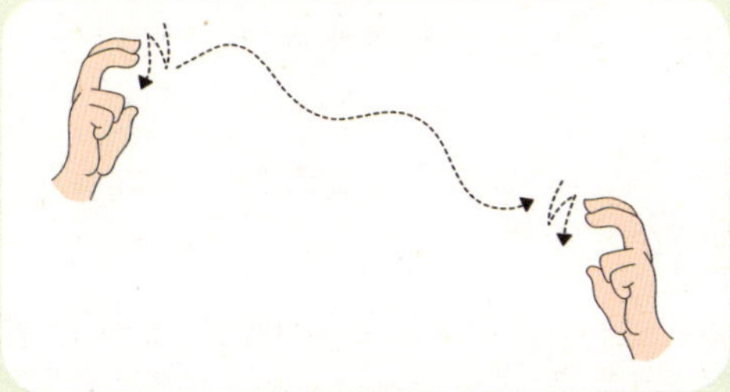

长城

双手食、中指弯曲，边弯动边从中间向两侧做一高一低的起伏状移动，表示绵延起伏的长城形状。

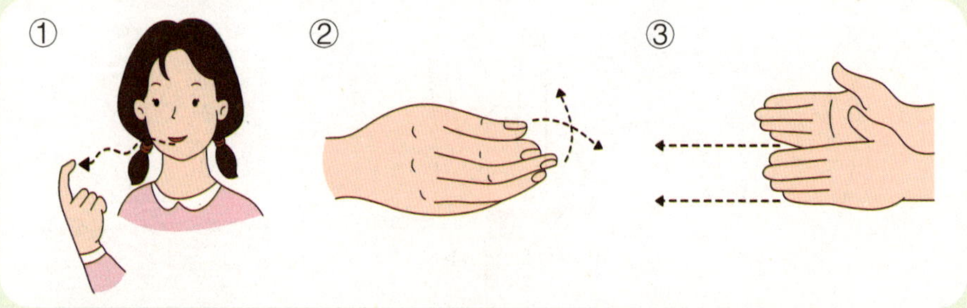

丝绸之路

① 一手伸食指，指尖朝内，从嘴部向外做波纹状移动，表示蚕丝。② 右手五指撮合，指尖朝左，互捻几下，如用手感受丝绸的光滑度状。③ 双手侧立，掌心相对，向前移动。

天安门

① 一手食指直立，在头一侧上方转动一圈。② 一手横伸，掌心向下，自胸部向下一按。③ 双手并排直立，掌心向外，五指并拢。

天坛

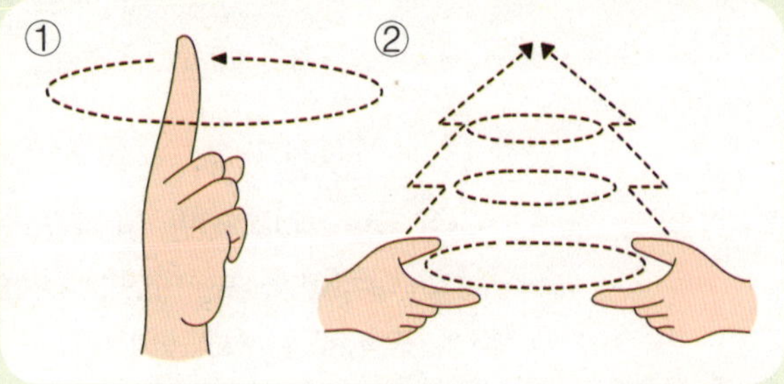

① 一手食指直立，在头一侧上方转动一圈。② 双手拇、食指成大圆形，虎口朝上，从下到上移动两下，圆形随之缩小，仿天坛祈年殿造型。

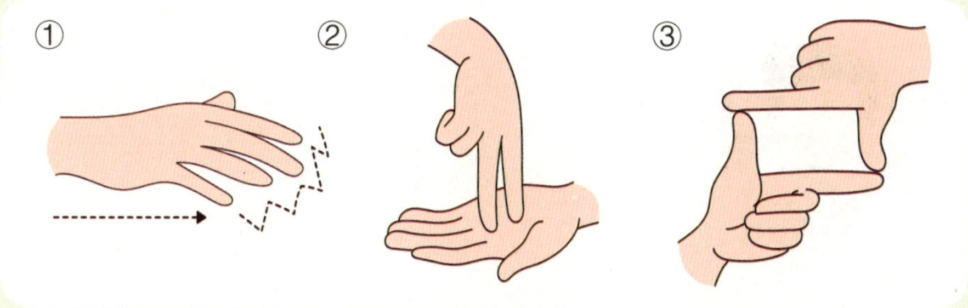

水立方

① 一手横伸，掌心向下，五指张开，边交替点动边向一侧移动。② 左手横伸，掌心向上；右手食、中指分开，指尖朝下，立于左手掌心上。③ 双手拇、食指搭成“口”形。

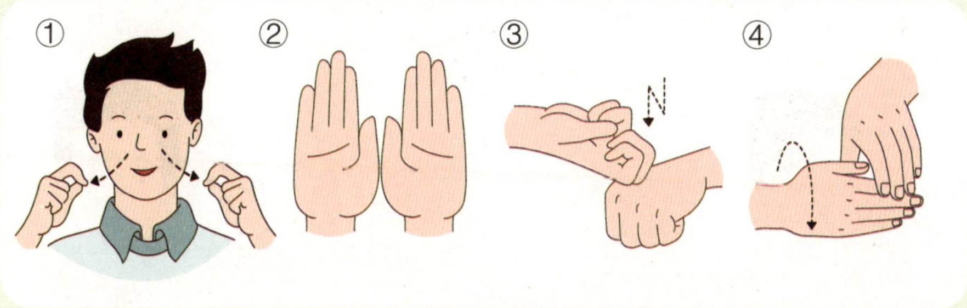

龙门石窟

① 双手拇、食指相捏，从鼻下向两侧斜前方拉出，表示龙的两条长须。② 双手并排直立，掌心向外，五指并拢。③ 左手握拳，右手食、中指弯曲，以指背关节在左手手背上敲两下。④ 左手五指成“∩”形，虎口朝右；右手五指并拢，在左手下做弧形移动，仿洞口开状（可根据实际表示山洞）。

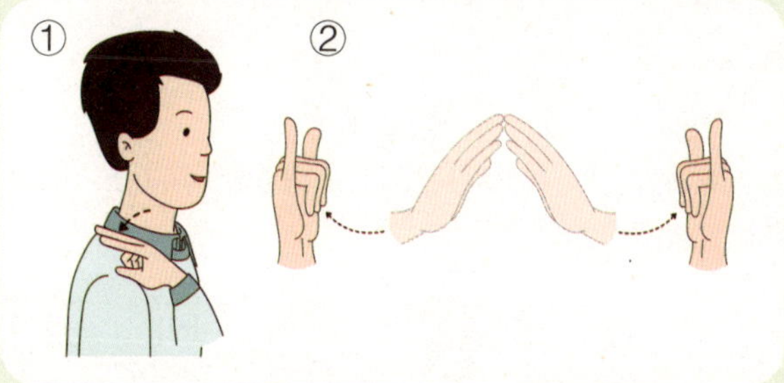

故宫

① 一手食、中指相叠，指尖朝后点一下。② 双手搭成“∧”形，然后左右分开并伸出拇、小指，指尖朝上，仿宫殿翘起的飞檐。

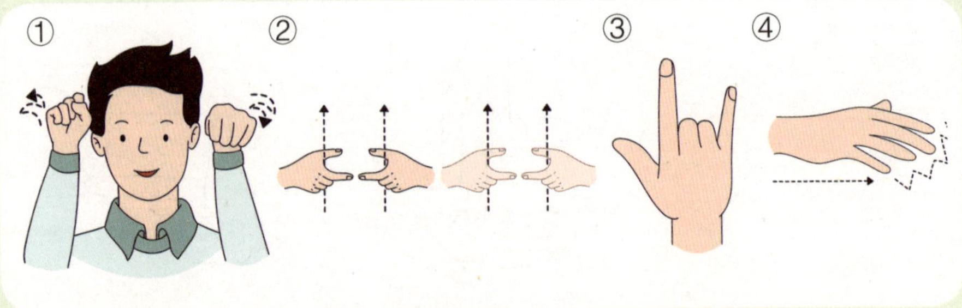

桂林山水

① 双手虚握，虎口左右相对，置于头两侧，前后交替拧动两下。② 双手拇、食指成大圆形，虎口朝上，在不同位置向上移动两下。③ 一手拇、食、小指直立，手背向外，仿“山”字形。④ 一手横伸，掌心向下，边交替点动边向一侧移动，表示数量较多或面积较大的水，如江水。

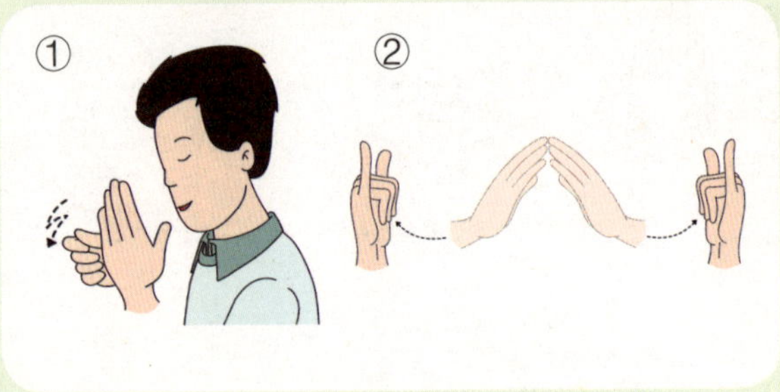

少林寺

① 左手直立，掌心向右；右手虚握，做敲木鱼的动作。② 双手搭成“∧”形，然后左右分开并伸出拇、小指，指尖朝上，仿宫殿翘起的飞檐。

哪儿（什么）

一手食指直立，掌心向外，左右晃动几下，面露疑问的表情。

可能

双手平时，掌心向上，上下交替微动几下，面露疑问的表情。

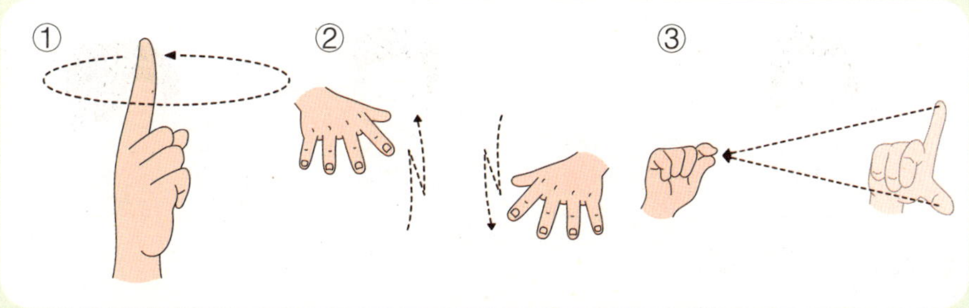

天涯海角

① 一手食指直立，在头一侧上方转动一圈。② 双手平伸，掌心向下，五指张开，上下交替移动，表示起伏的波浪。③ 一手伸拇、食指，虎口朝内，置于眼前，边向前移动边相捏。

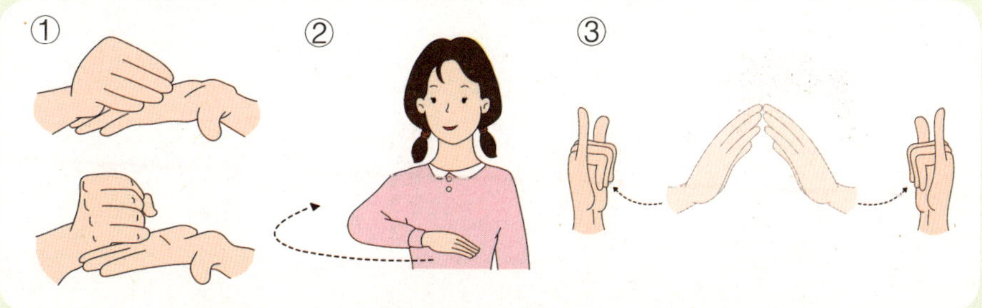

布达拉宫

① 左手横伸；右手在左手掌心上模仿做糌粑的动作。② 一手横伸，掌心向下，五指并拢，齐胸部从一侧向另一侧做大范围的弧形移动。③ 双手搭成“∧”形，然后左右分开并伸出拇、小指，指尖朝上，仿宫殿翘起的飞檐。

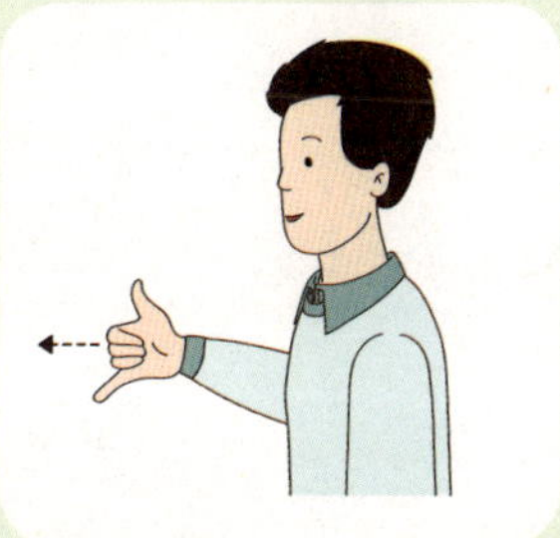

去（到）

一手伸拇、小指，指尖朝外，从内向外移动。

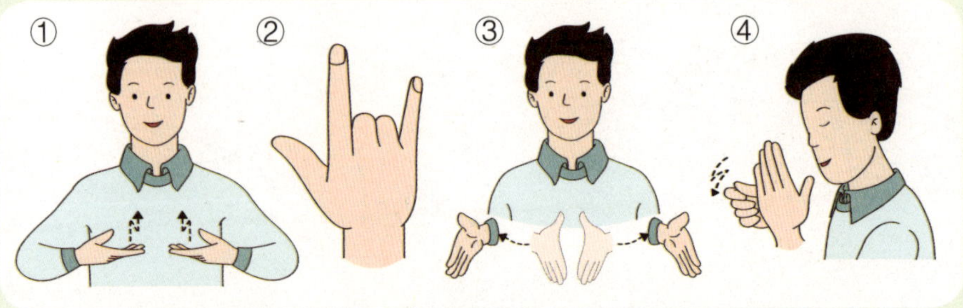

乐山大佛

① 双手横伸，掌心向上，在胸前同时向上移动两下，面带笑容。② 一手拇、食、小指直立，手背向外，仿“山”字形。③ 双手侧立，掌心相对，同时向两侧移动，幅度要大些。④ 左手直立，掌心向右；右手虚握，做敲木鱼的动作。

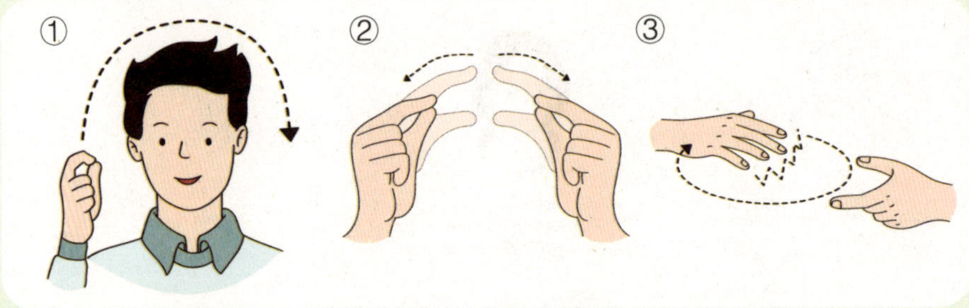

日月潭

① 右手拇、食指捏成圆形，虎口朝内，从右向左做弧形移动，越过头顶。② 双手拇、食指张开，指尖相对，虎口朝内，边从中间向两侧做弧形移动边相捏，如弯月状。③ 左手拇、食指成半圆形，虎口朝上；右手横伸，掌心向下，五指张开，边交替点动边在左手旁顺时针转动一圈。

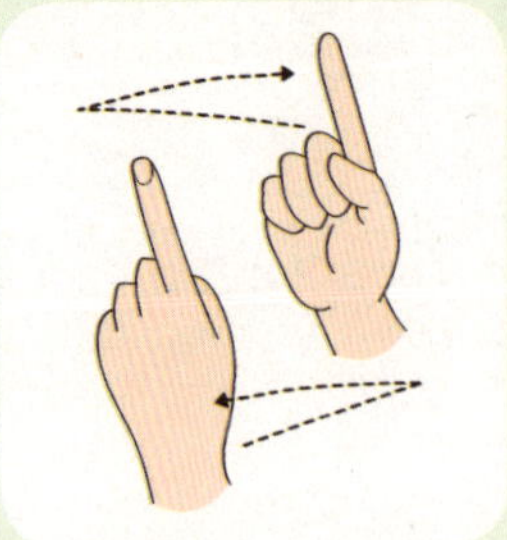

或者

双手食指直立，手腕前后交替转动两下。

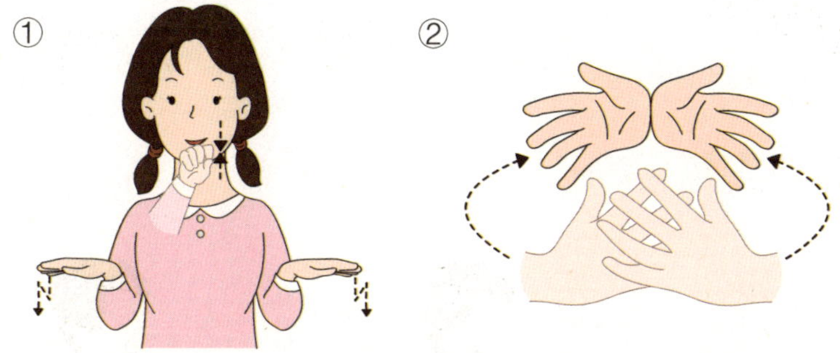

鸟巢

① 一手手背贴于嘴部，拇、食指先张开再相捏，然后双手侧伸，掌心向下，扇动几下。② 双手五指张开，手背向外，交叉相搭，向后做弧形移动，手腕靠拢，如鸟窝样子；专用于表示鸟类、昆虫住的地方。

是……还是……

① 头偏向右侧；右手食、中指相叠，指尖朝右上方，向下一顿。② 头偏向左侧；右手拇、食指相捏，手背向外，边向左移动边食、中指相叠，指尖朝左前方。

手语小知识

询问地点表示哪里。询问人和事情表示什么。

3 情景对话

（1）星期一你去哪儿玩？

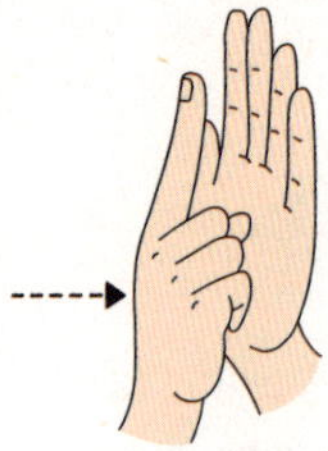
星期一

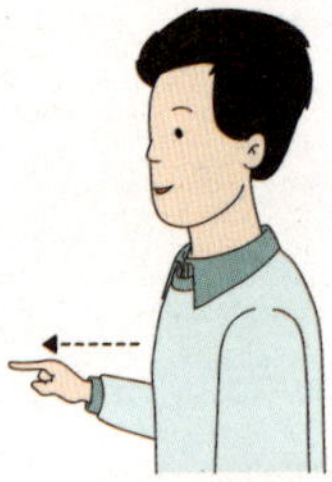
你

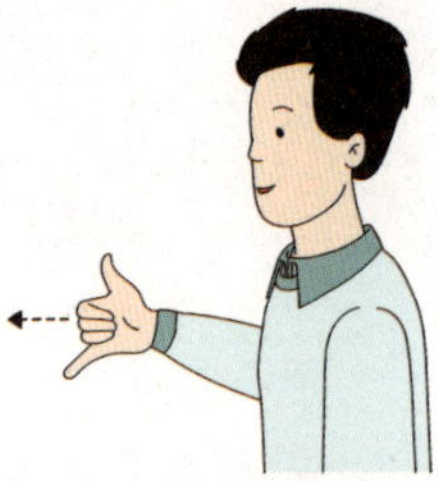
去

哪

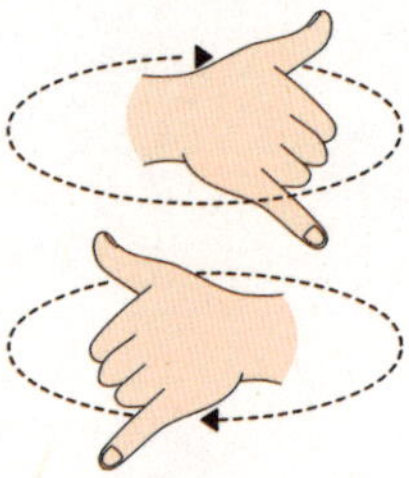
玩

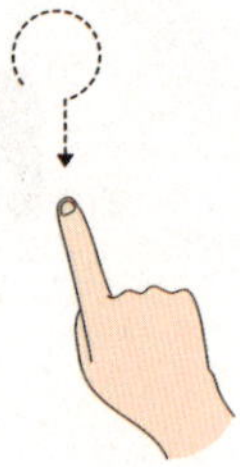
？

——我想去天安门，你呢？

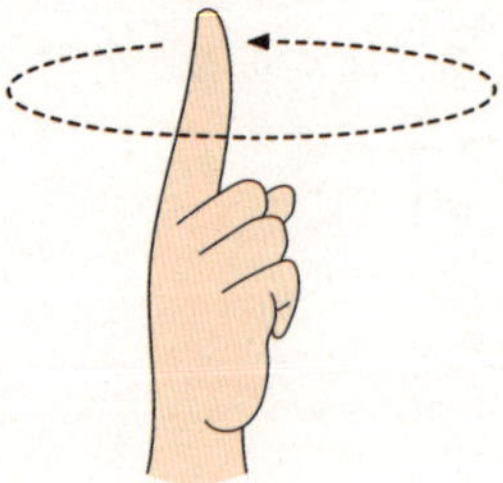

天安门

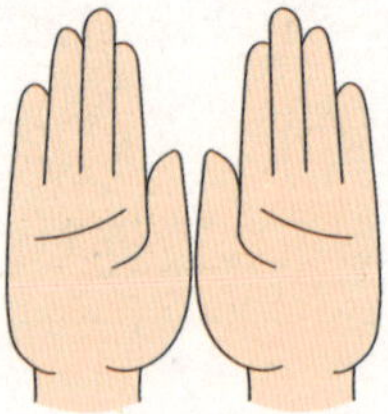

我

想

去

你

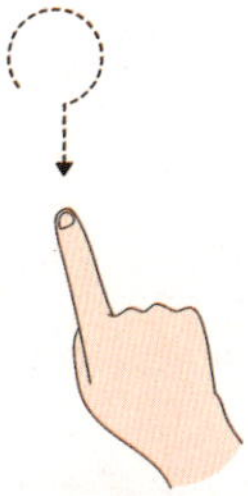

呢?

——我可能去长城或泰山。

长城

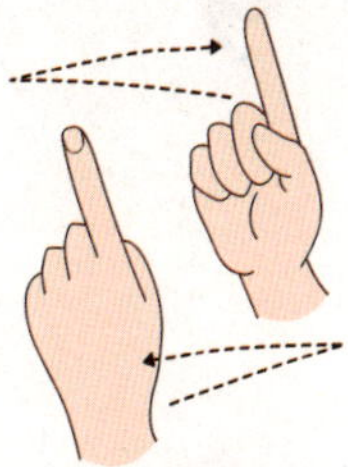

或者

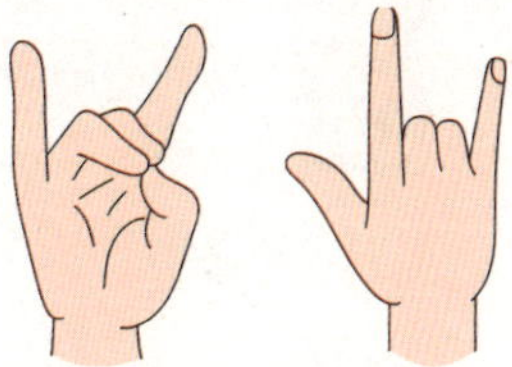

泰山

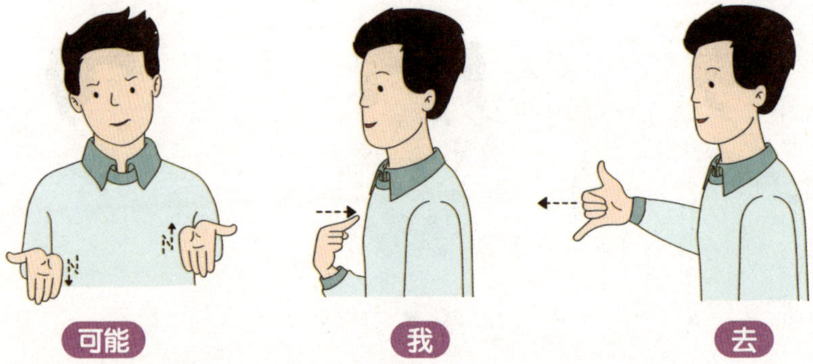

手语小知识

“我可能去长城或者泰山”在手语中一般会把“可能”放在最后，即“我—去—长城—或者—泰山—可能”

——祝你旅途愉快。

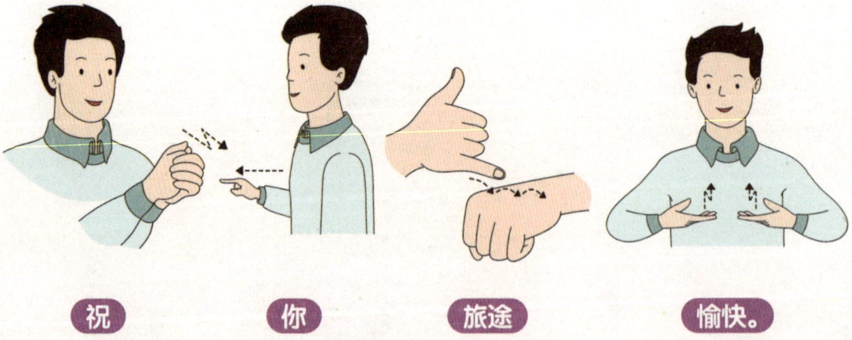

（2）自助游还是参加旅行团?

自助游

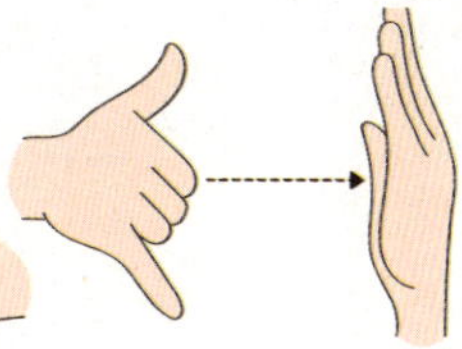

参加

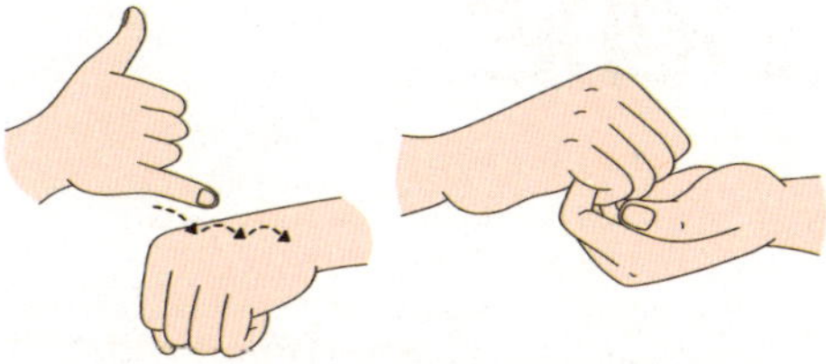

旅行团

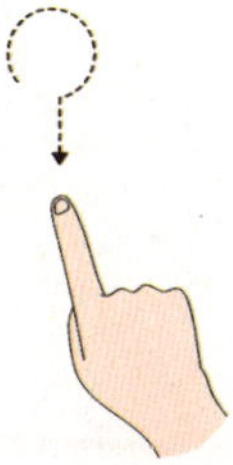

?

——自驾游。

自

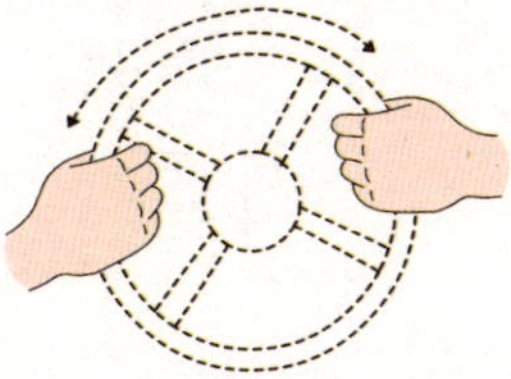

驾

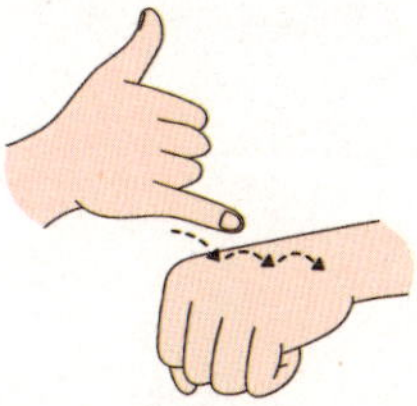

游。

专题七

入住酒店

洗澡

1 常用词

标准间	住（住宿）	豪华间	第二	单人间
内	外	牙刷	洗头	牙膏
洗澡	沐浴露	供应	吹风机	洗发露
一天	热水	小时	先、后	填表
办理	护照	给	身份证	残疾人证
老年人证	房卡	床位	押金	贵重物品
登记表	就	前台	放	保管

2 手语详解

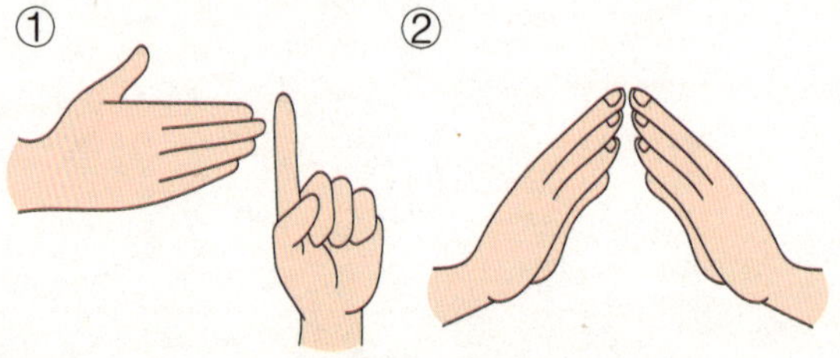

标准间

① 左手食指竖立，右手侧立，指向左手食指（也用于表示规范的名词意思）。② 双手搭成“∧”形，表示家。

住（住宿）

一手手掌贴于脸部，头微侧，闭眼，如睡眠状。

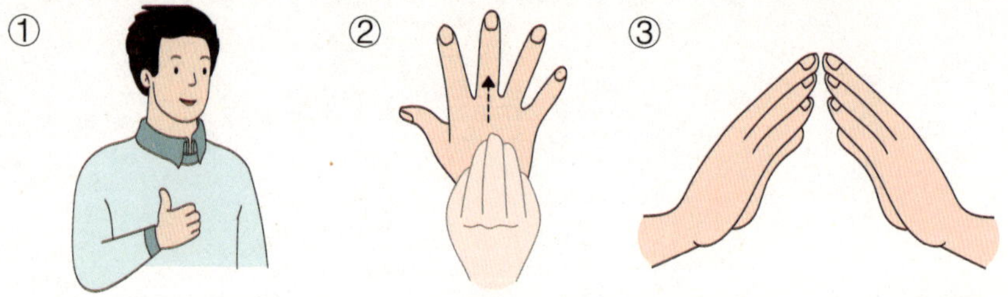

豪华间

① 一手伸拇指，指尖抵于胸部一侧，身体向上一挺。② 一手五指撮合，指尖朝上，边向上移动边张开。③ 双手搭成“∧”形，表示家。

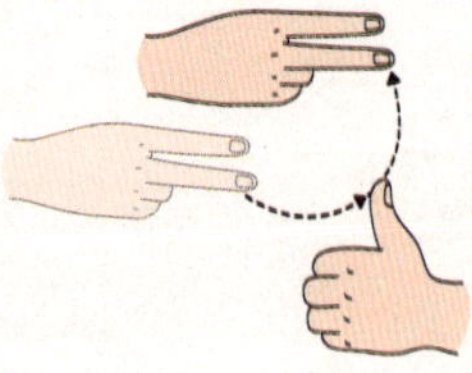

第二

左手伸拇指；右手食、中指横伸分开，手臂向外，先碰一下左手拇指，再向上移动。

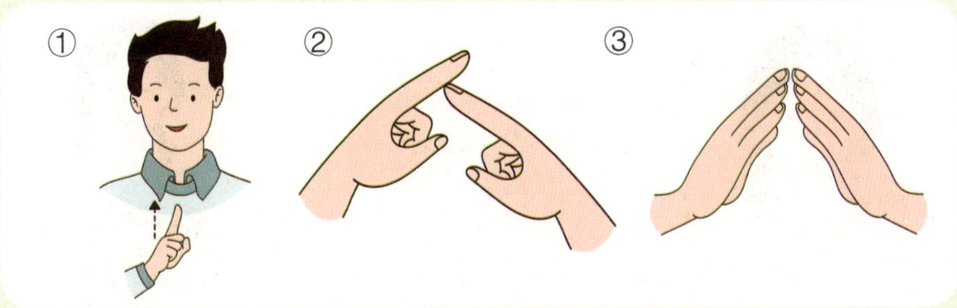

单人间

① 一手食指直立，虎口贴于胸部，向上移动少许。② 双手食指搭成“人”字形。③ 双手搭成“∧”形，表示家。

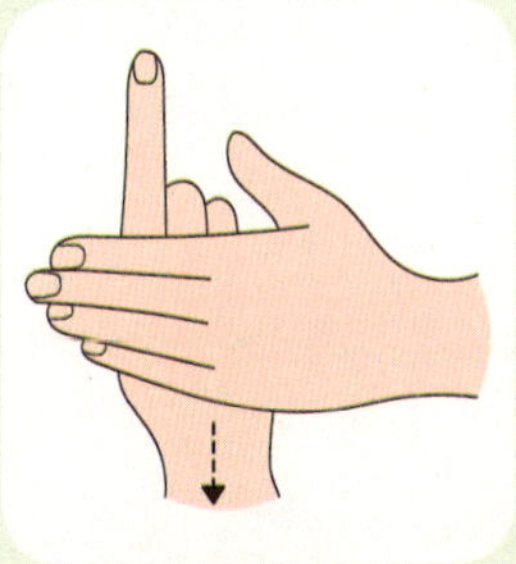

内

左手横立；右手食指直立，在左手掌心内从上向下移动。

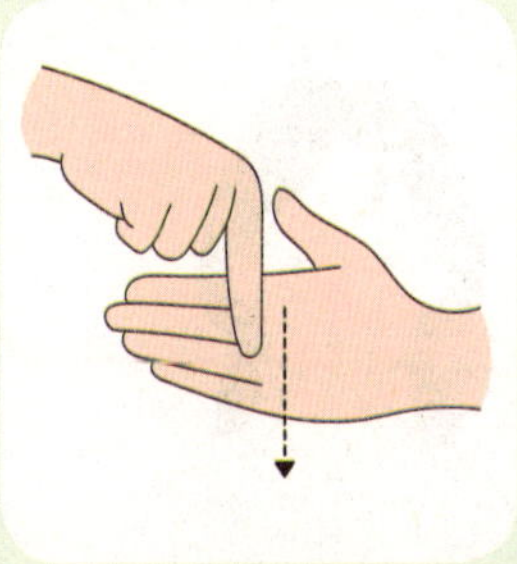

外

左手横伸；右手伸食指，指尖向下，在左手背外向下指。

牙刷

一手食指横伸，手背向外，在嘴部上下移动，模仿刷牙的动作。

洗头

一手（或双手）五指张开，掌心向下，在头发上随意转动几下，头微低，模仿洗头的动作。

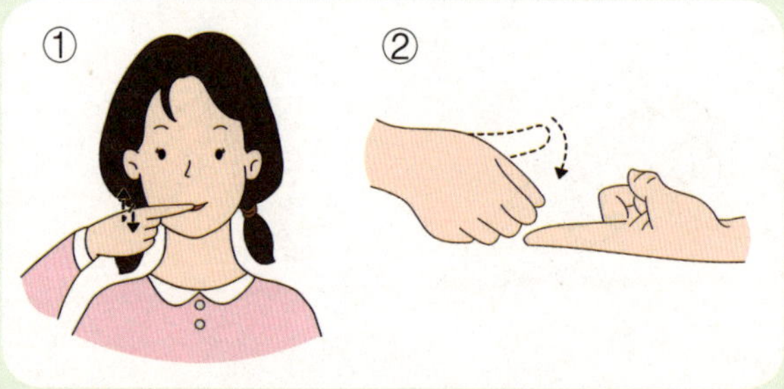

牙膏

① 一手食指横伸，手背向外，在嘴部上下移动，模仿刷牙的动作。② 左手食指横伸，掌心向上；右手如持牙膏状，向左手食指做挤牙膏的动作。

洗澡

双手五指张开，掌心贴于胸部，上下交替移动几下。

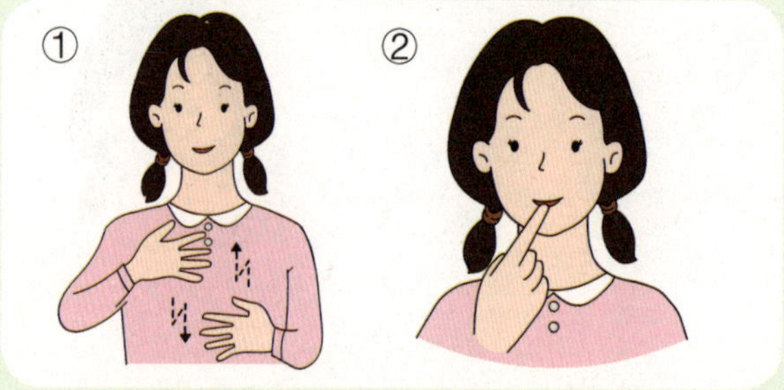

沐浴露

① 双手五指张开，掌心贴于胸部，上下交替移动几下。② 一手伸食指，指尖贴于下嘴唇，表示数量较少或面积较少的水。

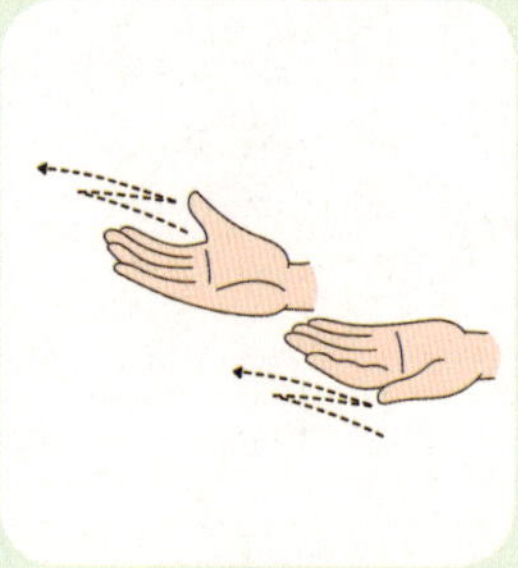

供应

双手平伸，掌心向上，五指微曲，一前一后，同时向前移动两下，表示物品源源不断地向前供应。

吹风机

一手拇、食指成“ㄴ”形，食指尖在头一侧转动几圈，嘴同时做吹气的动作。

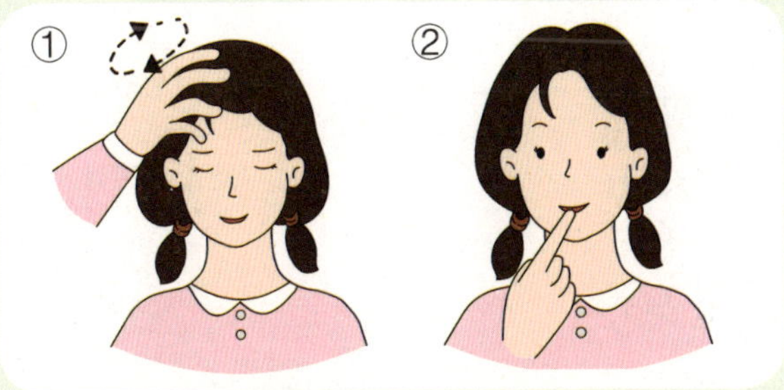

洗发露

① 一手在头发上转动，作洗发的动作。② 一手伸食指，指尖贴于下嘴唇，表示数量较少或面积较少的水。

一天

右手食指横伸，指尖朝右，指尖向上，向左做弧形。

热水

① 双手横伸，掌心向上，五指微曲，从腹部慢慢上移。② 一手伸食指，指尖贴于下嘴唇。

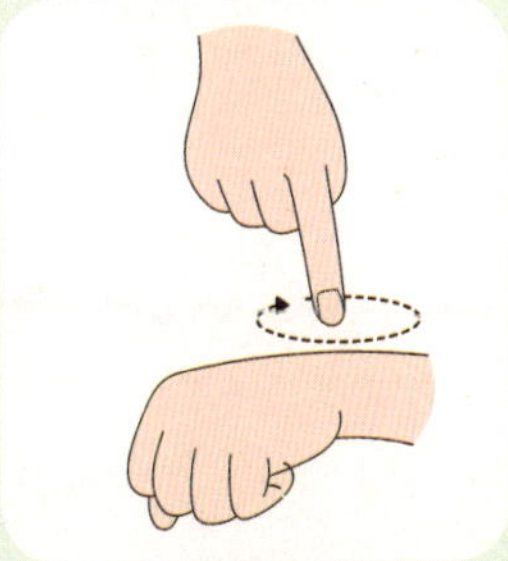

小时

左手握拳，手背向上；右手伸食指，指尖朝下，在左手腕顺时针转动一圈。

先、后

左手拇、食指伸出，手背向外；右手伸食指，先碰一下左手拇指，再碰一下左手食指。

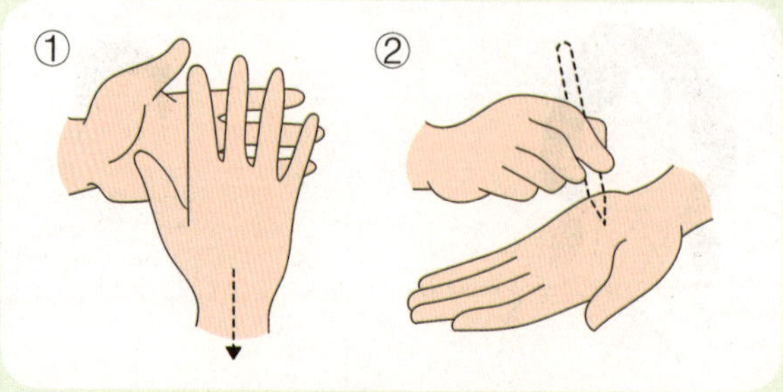

填表

① 双手五指张开，一横一竖搭成方格型，然后左手不动，右手向下移。② 左手横伸；右手如执笔状，在左手掌心上做写字的动作。

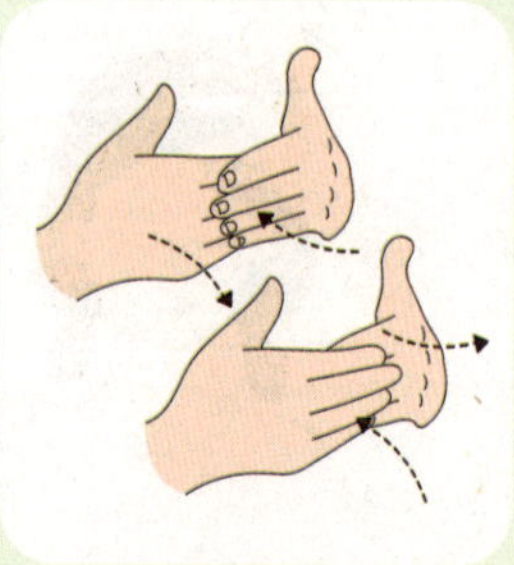

办理

双手横立，掌心向内，互拍手背。

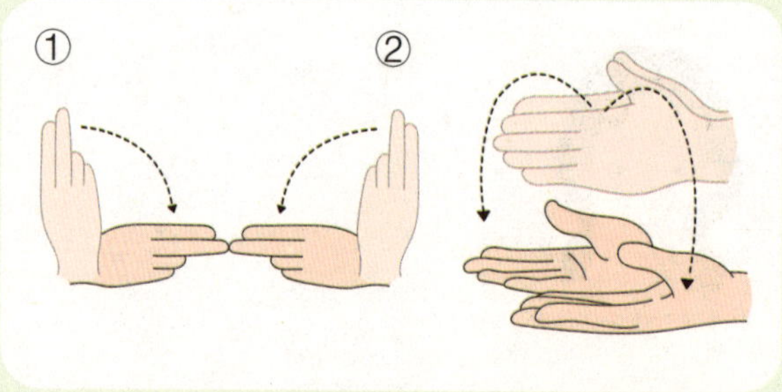

护照

① 双手食、中指直立并拢，手背向外，然后转腕，指尖相对。② 双手侧立，掌心相贴，然后向两侧打开。

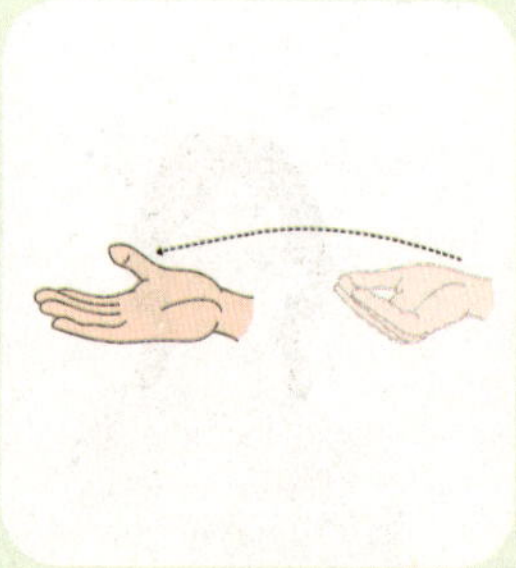

给

一手五指撮合，掌心向上，边向外移动边变为手平伸，如给别人东西状。

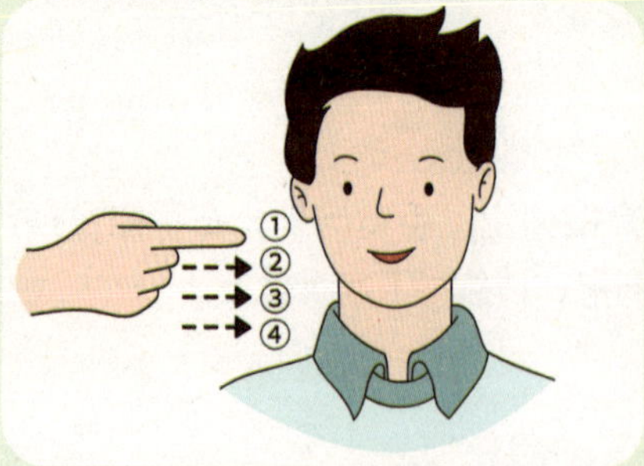

身份证

一手握拳，手背向外，虎口朝上，置于头一侧，然后依次伸出食、中、无名、小指。

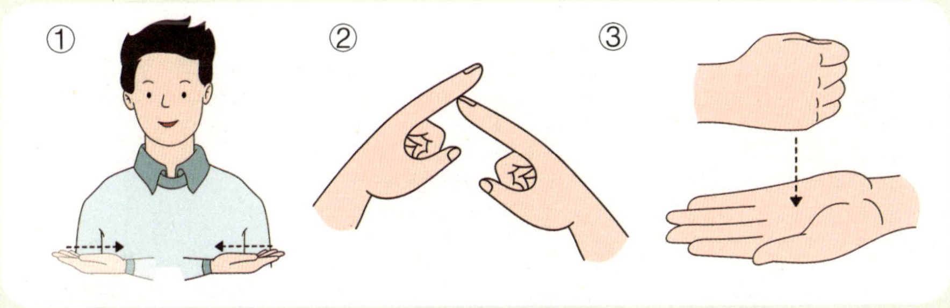

残疾人证

① 双手横伸，掌心向上，交替在对侧上臂划一下，表示肢体不健全。② 双手食指搭成“人”字形。③ 左手横伸；右手虚握，虎口朝上，在左手掌心上敲一下，如盖章状。

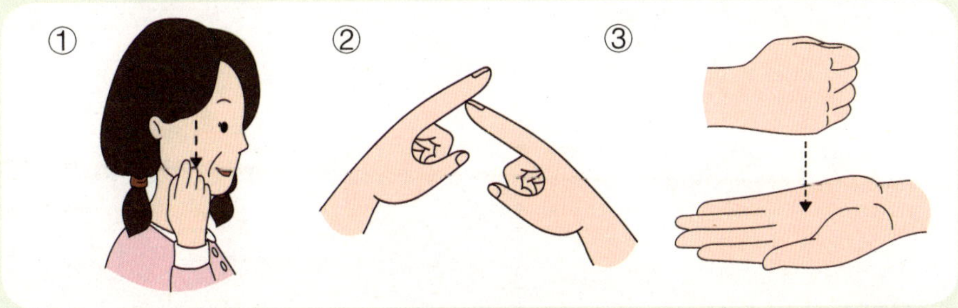

老年人证

① 一手五指微曲，食、中、无名、小指指背贴于脸颊，从上向下移动，表示脸的皱纹。② 双手食指搭成“人”字形。③ 左手横伸；右手虚握，虎口朝上，在左手掌心上敲一下，如盖章状。

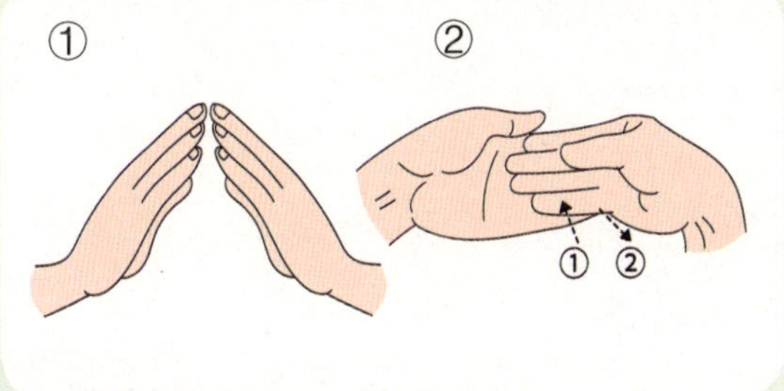

房卡

① 双手搭成“∧”形，表示家。② 左手横立，掌心向内，五指并拢，在前不动；右手五指撮合，指背贴一下左手掌心，然后移开，模仿刷卡的动作。

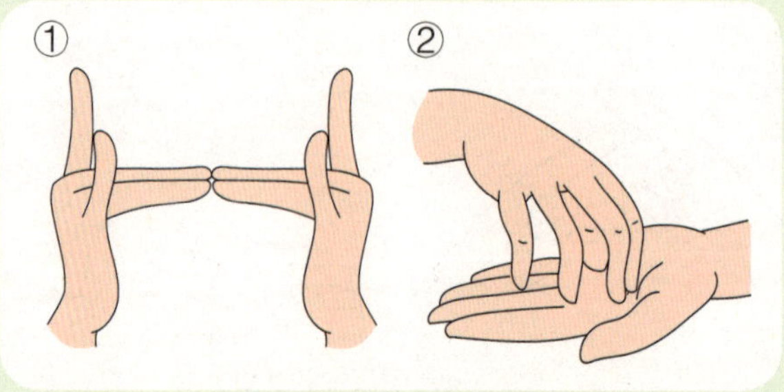

床位

① 双手食、小指直立，中、无名指与手掌成直角，指尖相抵，拇指贴于食指，仿床的形状。② 左手横伸；右手五指弯曲，指尖朝下，置于左手掌心上，表示物体的位置。

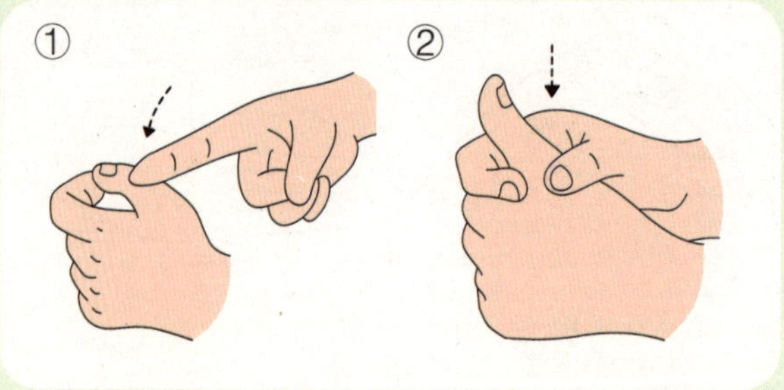

押金

① 左手拇、食指捏成圆形，虎口朝上；右手伸出食指，点一下左手拇指。② 左手伸拇指；右手拇、食指成半圆形，从上向下套向左手拇指。

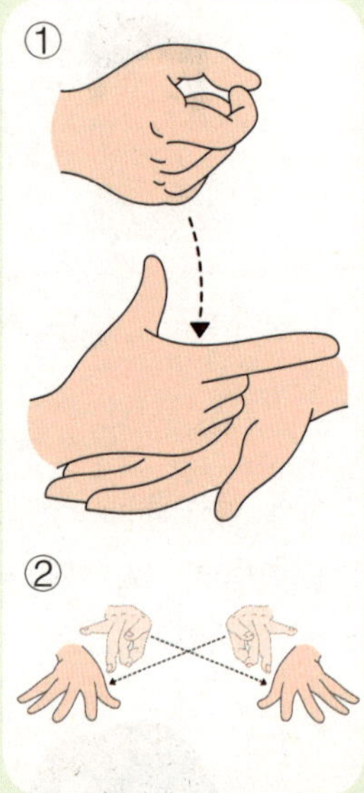

贵重物品

① 左手横伸，掌心向上；右手拇，食指相捏，边砸向左手掌心边张开，食指尖朝左前方，表示钱多。② 双手拇、中指相捏，食、无名、小指伸出，指尖朝前，手背向上，边互碰一下边拇、中指弹开。

手语小知识

在手语中，费、款、押金的手势与“钱”相同。

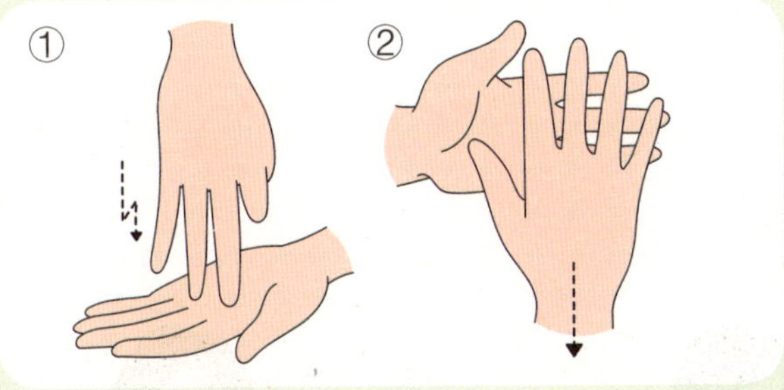

登记表

① 左手横伸，右手伸中、无名、小指，指尖朝下，在左手掌心上点两下。② 左右手五指张开，一横一竖搭成方格型，然后左手不动，右手向下移。

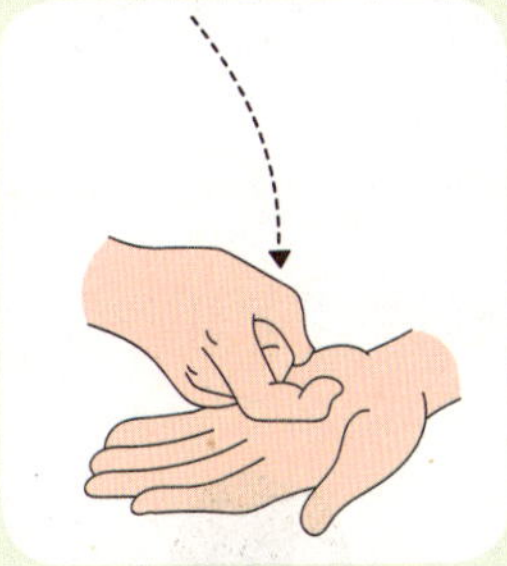

就

左手横伸；右手打手指字母“J”的指式，然后贴向左手掌心。

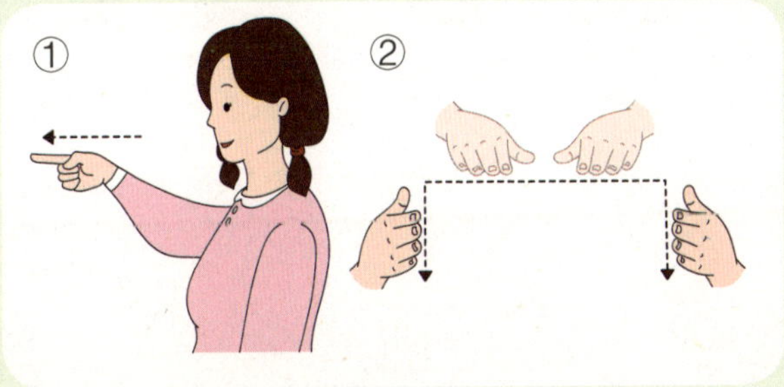

前台

① 一手伸食指，朝前一指。② 双手平伸，掌心向下，先从中间到两侧平移，再折而下移成“⊓”形。

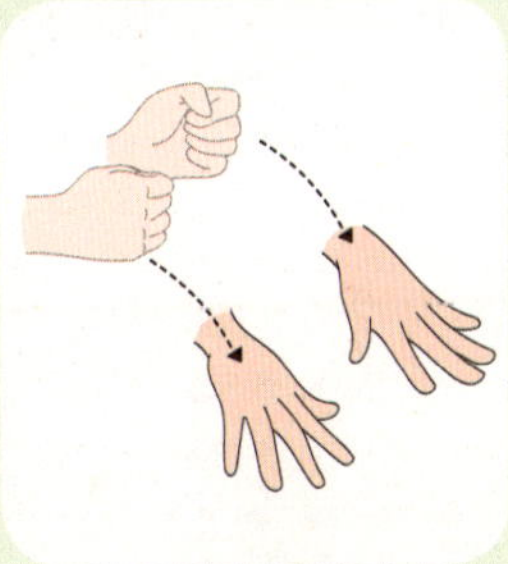

放

双手（或一手）虚握，虎口朝上，边向下移动边张开五指。

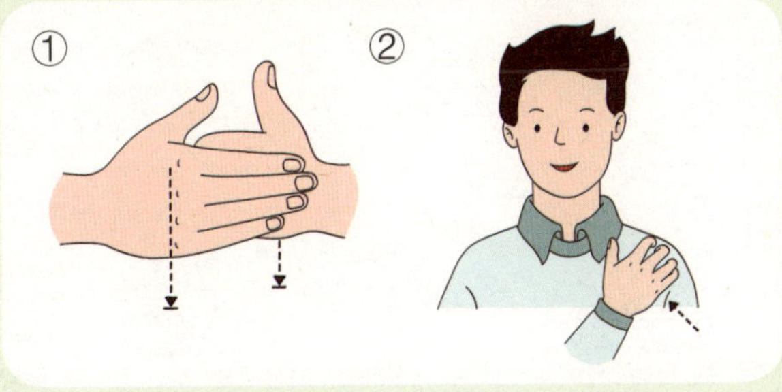

保管

① 左手伸拇指；右手横立，掌心向内，五指微曲，置于左手前，然后双手同时向下一顿。② 右手五指微曲，指尖朝内，按向左肩。

3 情景对话

（1）我们要住宿，有房间吗？

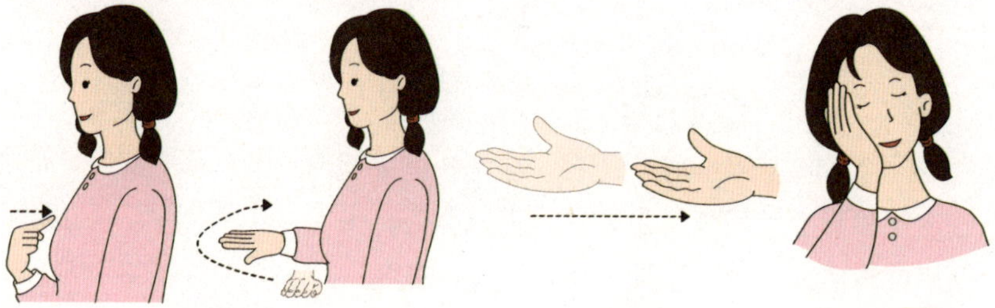

我们　要　住宿，

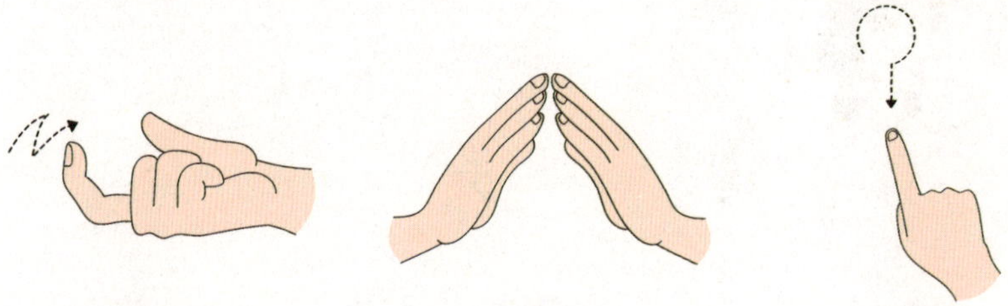

有　房间　吗？

——有标准间和单人间。

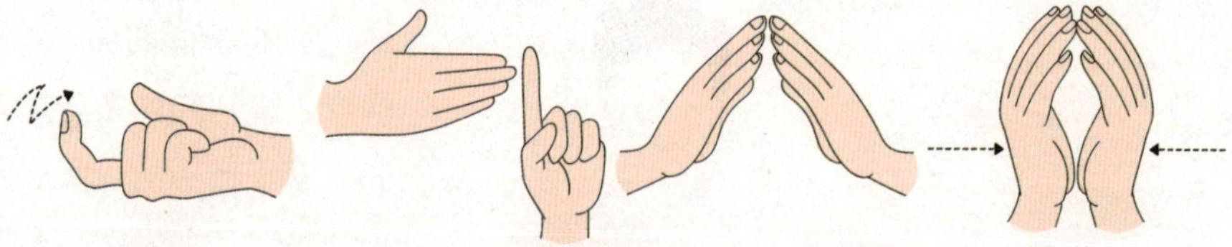

有　标准间　和

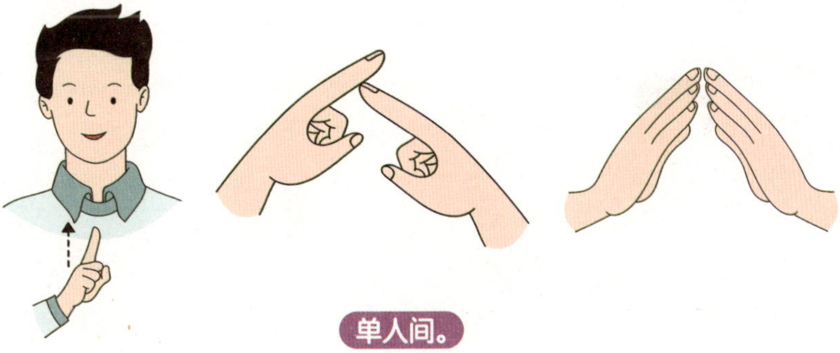

单人间。

——单人间（就）可以了。

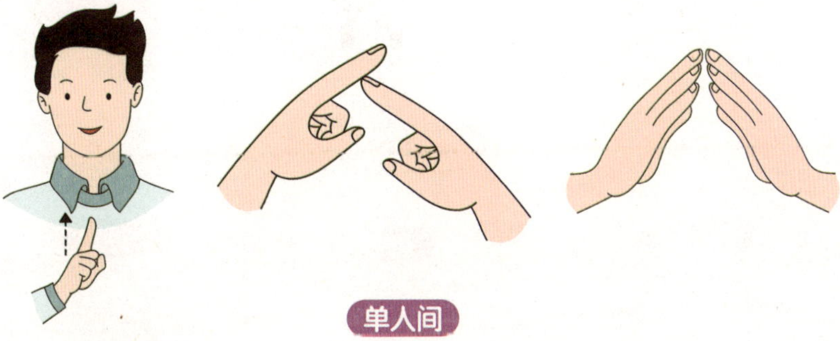

单人间

可以（了）。

——一天 200 元，先交押金 100 元。

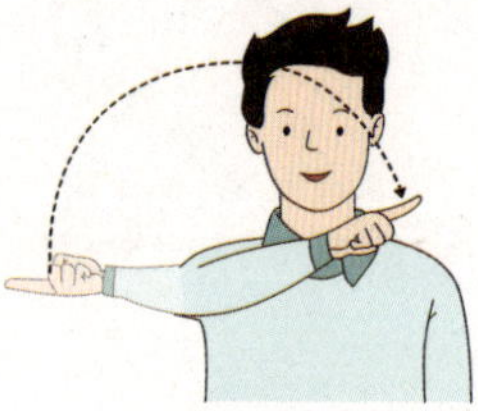

一天

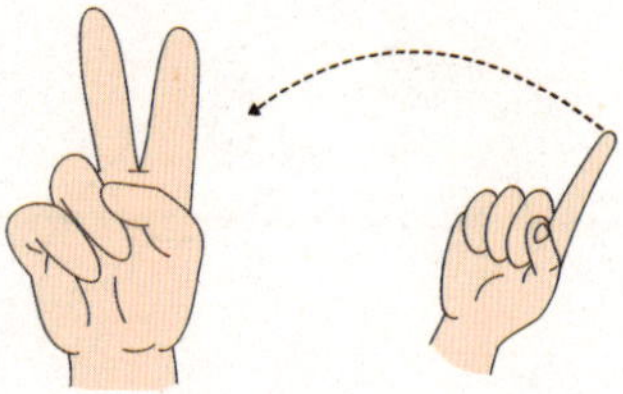

200

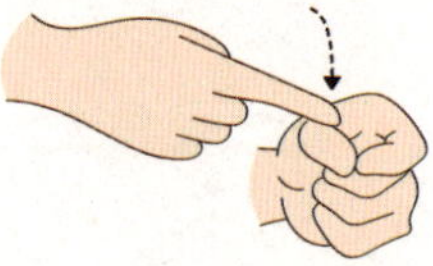

元

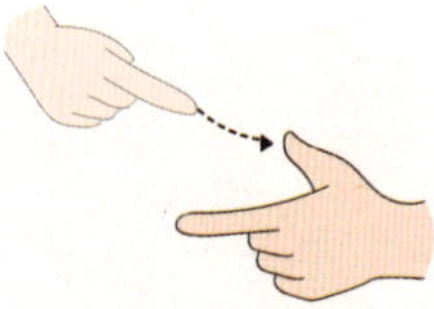

先

交

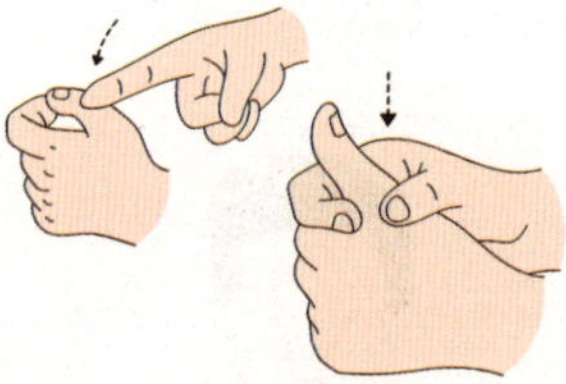

押金

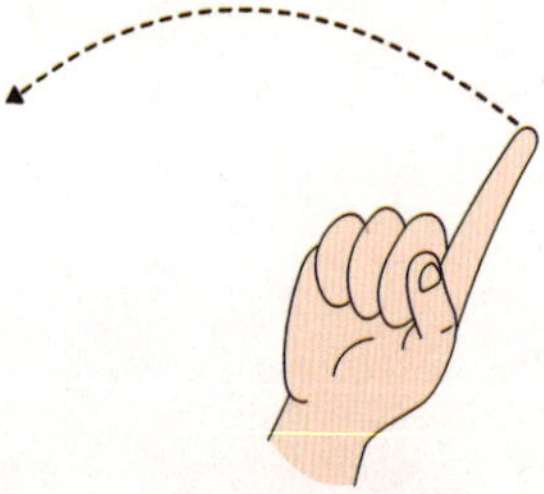

100（元）。

（2）这是房卡，退房请在第二天中午 12 点前办理。

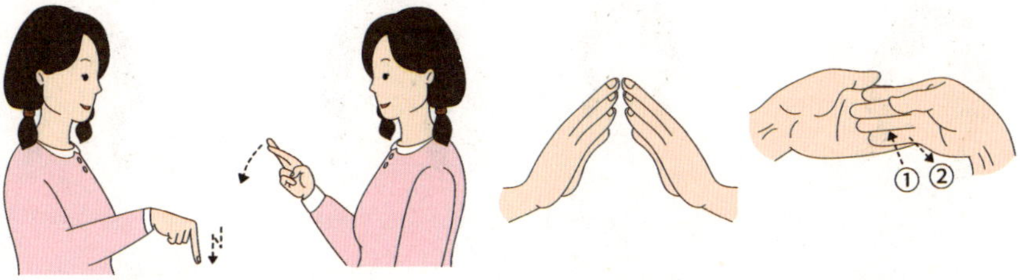

这　是　房　卡，

退　房　请　在

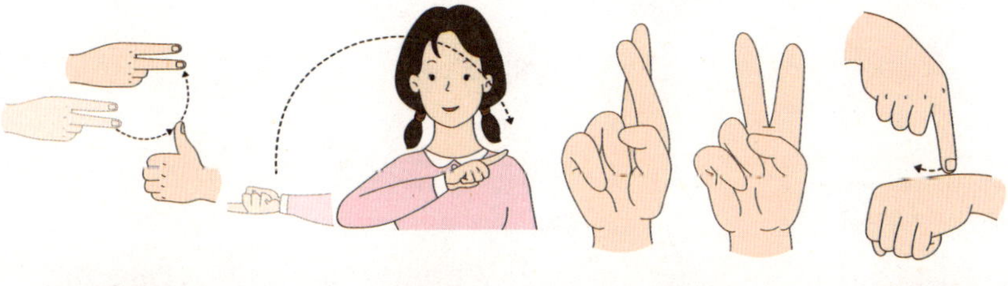

第二　天　12　点

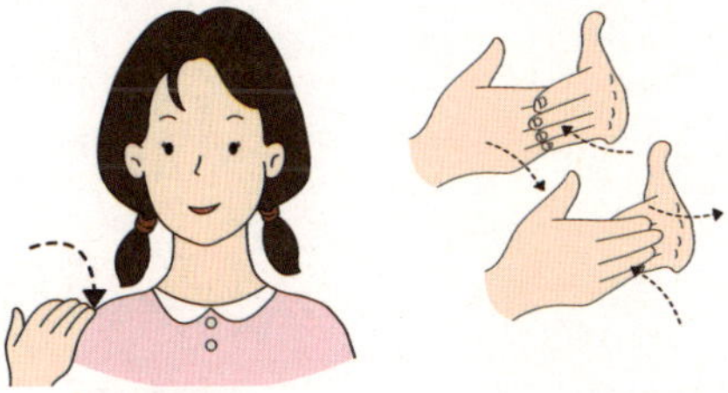

以前　办理。

（3）住宿请出示身份证，填写登记表。

住宿　　请　　出示　　身份证，

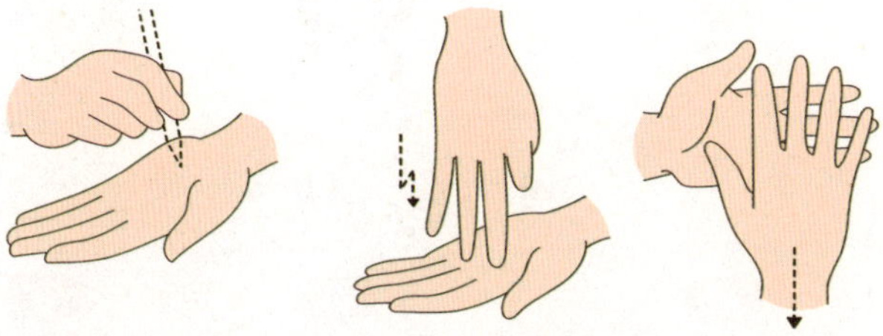

填写　　登记表。

（4）房内有空调。

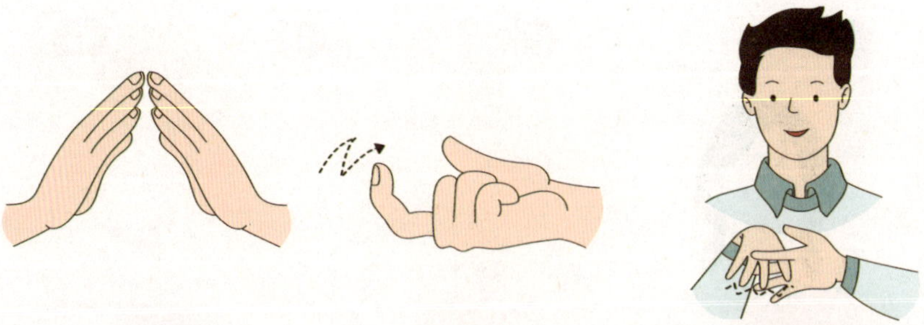

房内　　有　　空调。

（5）贵重物品可以放在前台保管。

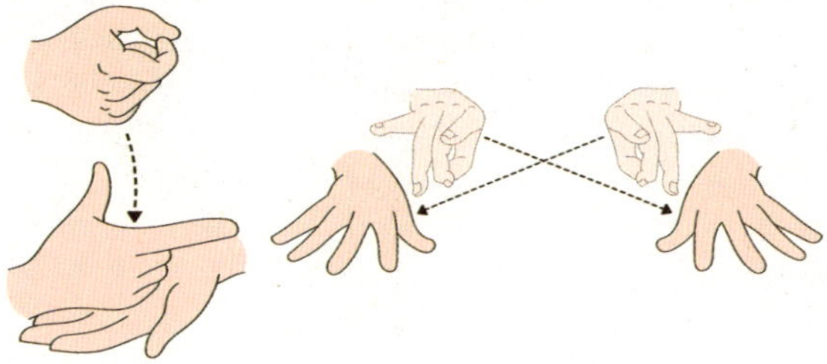

贵重物品

可以

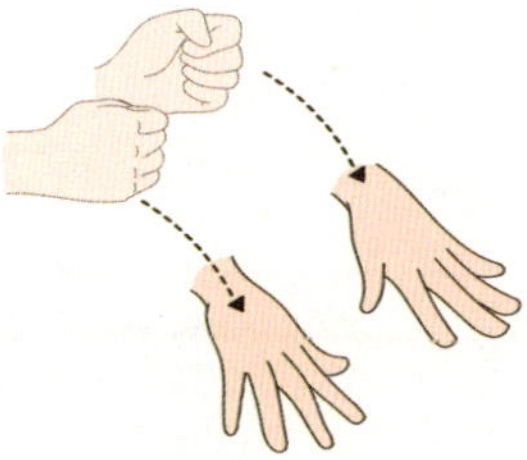

放

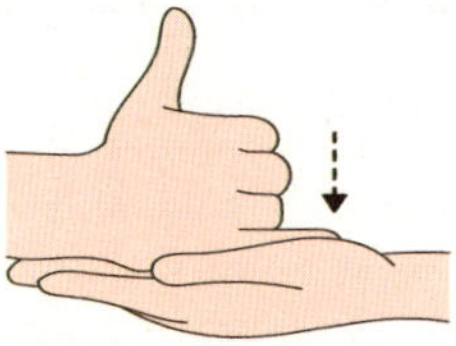

在

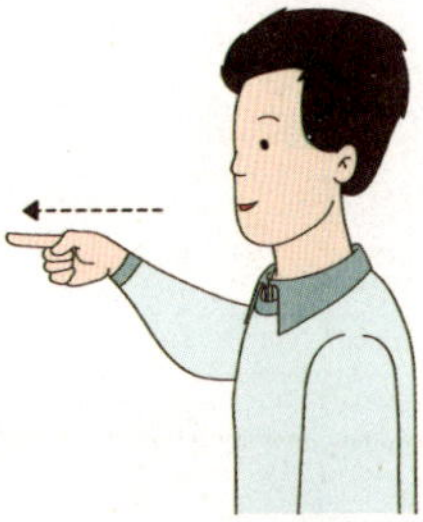

前

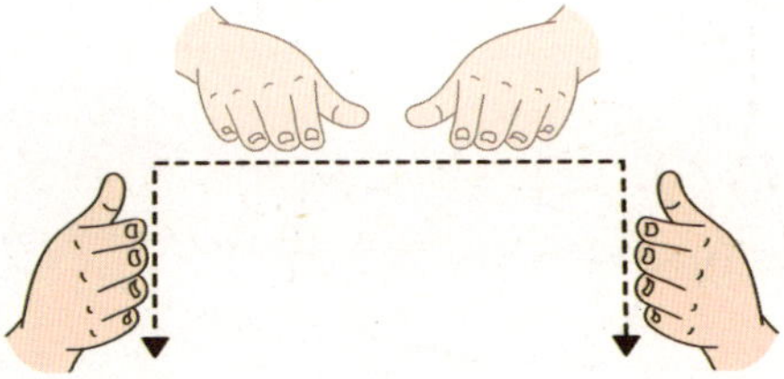

台

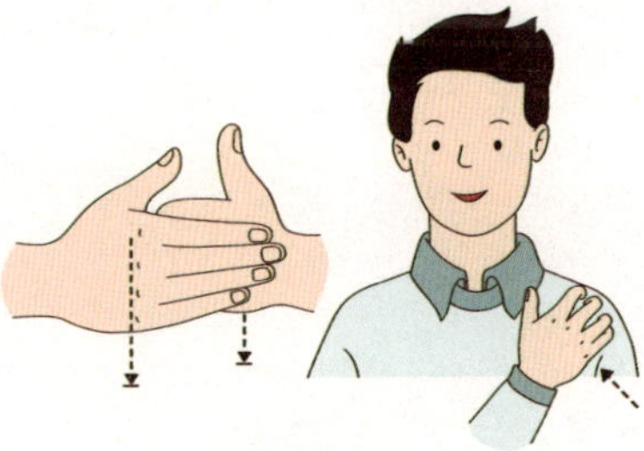

保管。

专题八

银行业务

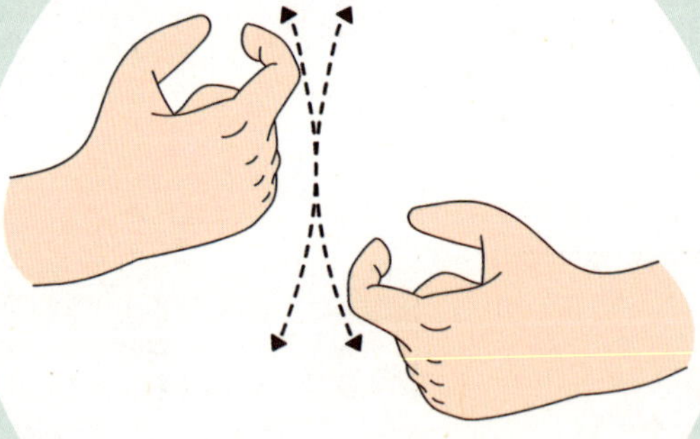

银行

1 常用词

业务	银行	取号	利息	定期
存款	活期	取款	排队	开户
存折	挂失	等候	销户	汇款
查询	核对	支票	余额	转账
缴费	确认	密码	新卡	签字
信用卡	网银	窗口	美元	人民币
日元	欧元	个人信息	理财	按照
国债	基金	兑换	自助取款机（ATM）	刷卡
区				

2 手语详解

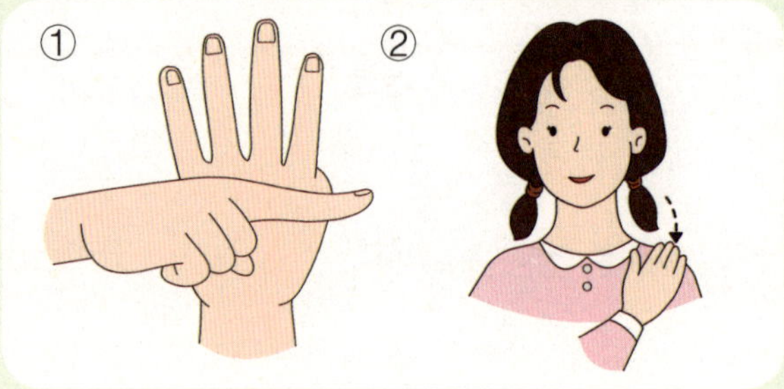

业务

① 左手食、中、无名、小指直立分开，手背向外；右手食指横伸，置于左手四指根部，仿“业”字形。② 右手拍一下左肩。

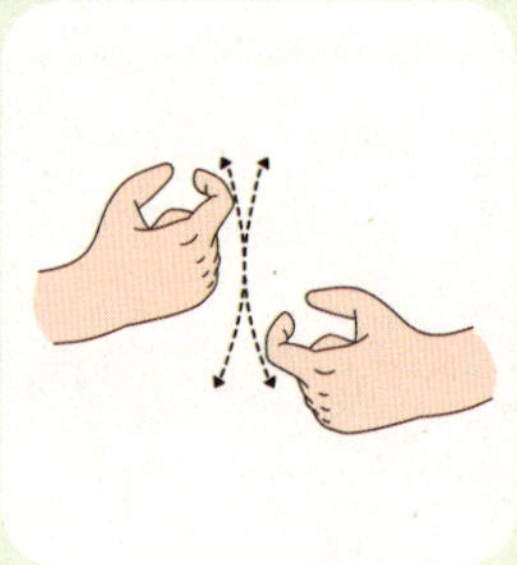

银行

双手拇、食指成圆形，指尖稍分开，虎口朝上，食指上下交替互碰几下。

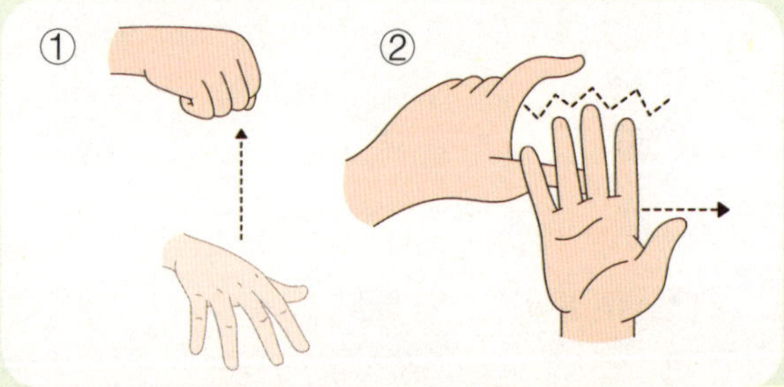

取号

① 一手五指张开，指尖朝下，边向上移动边握拳，如拿东西状。② 左手拇、食指成“匚”，虎口朝内；右手直立，手背向外，五指张开，在左手“匚”形内边从左向右移动边连续点动，表示一串数码。

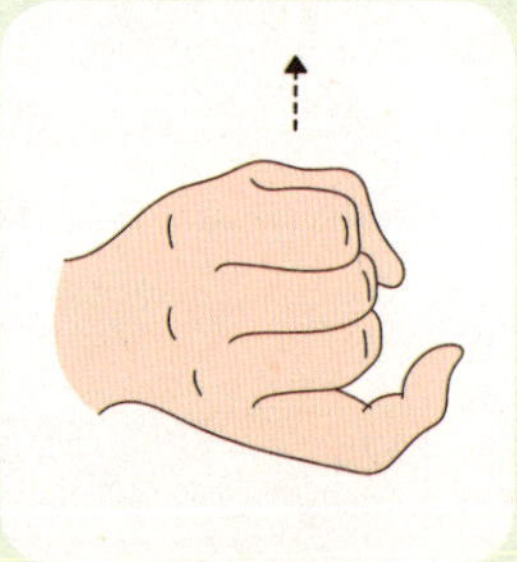

利息

一手小指弯曲，指尖朝上，向上微动一下。

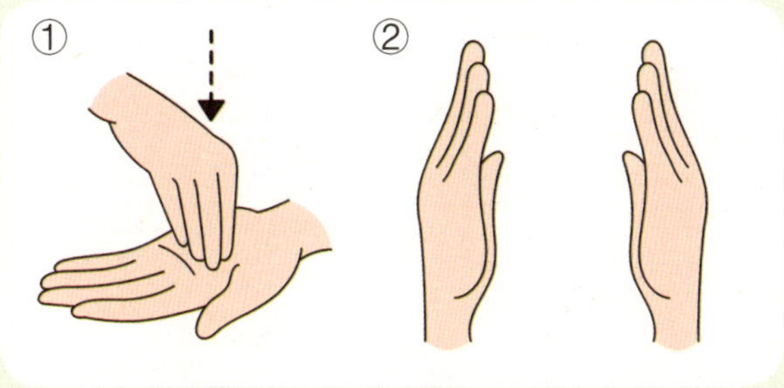

定期

① 左手横伸；右手五指撮合，指尖朝下，按向左手掌心。② 双手直立，掌心左右相对。

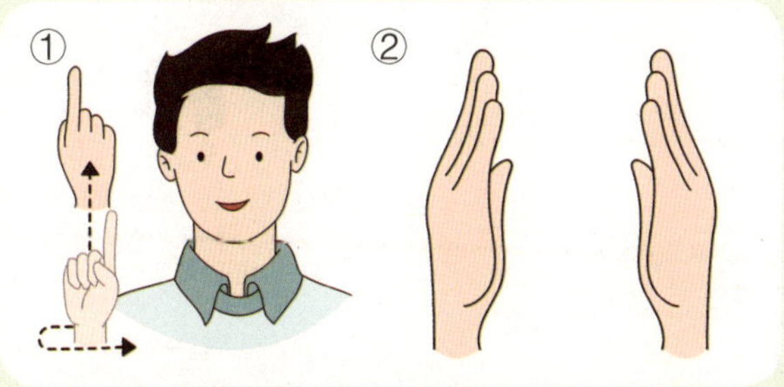

活期

① 一手食指直立，边转动手腕边向上移动。② 双手直立，掌心左右相对。

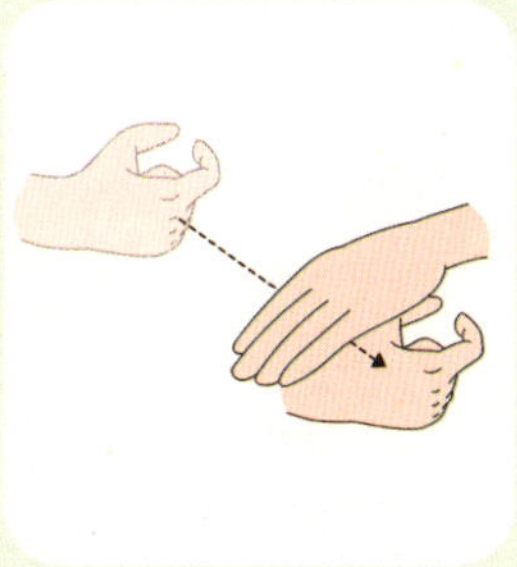

存款

左手横伸；右手拇、食指捏成圆形，虎口朝上，从后向前移入左手掌心下。

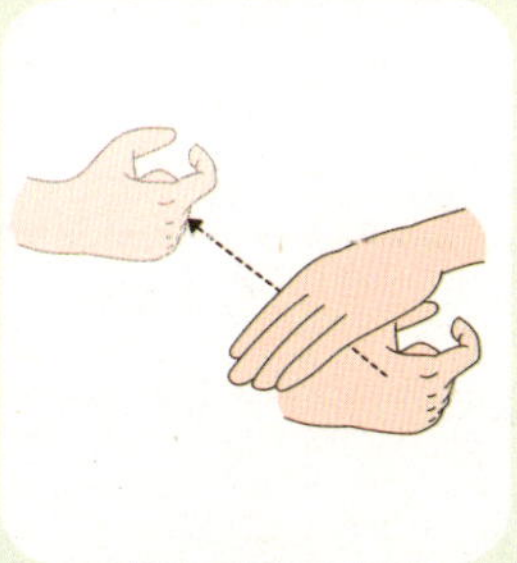

取款

左手横伸，右手拇、食指捏成圆形，虎口朝上，从左手掌心下向后移出。

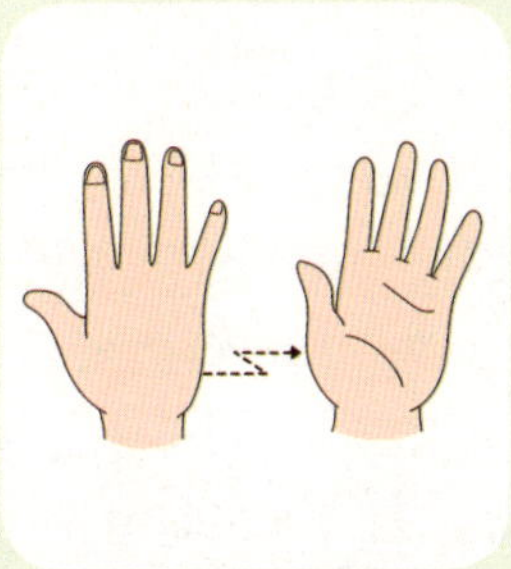

排队

双手直立，五指张开，排成一列，左手在前不动，右手小鱼际外侧碰两下左手拇指背。

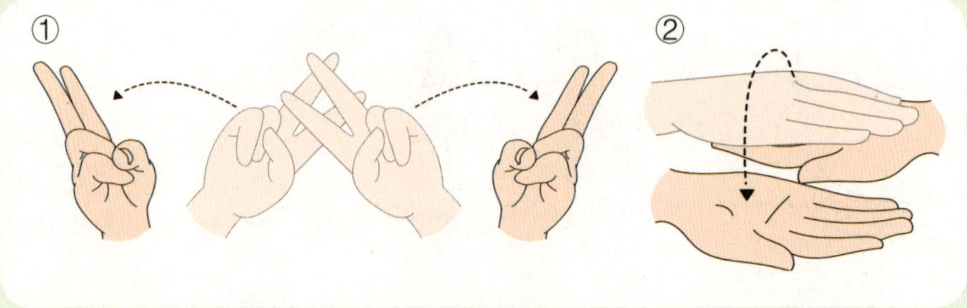

开户

① 双手食、中指分开，掌心向外，交叉搭成“开”字形，置于身前，然后向两侧打开，掌心向斜上方。② 双手横伸，掌心相贴，然后右手做向上打开的动作。

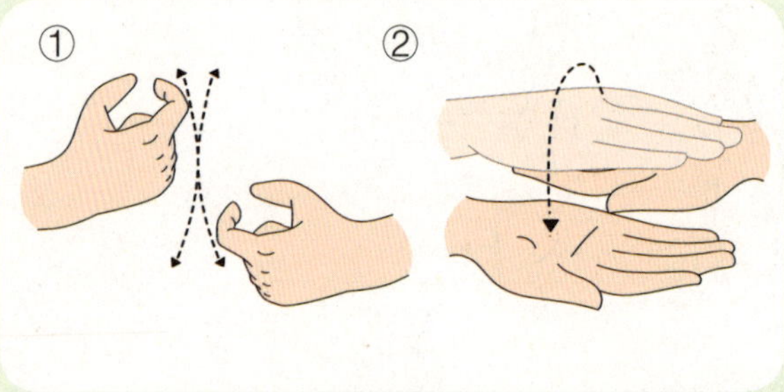

存折

① 双手拇、食指捏成圆形，指尖稍分开，虎口朝上，食指上下交替互碰两下。② 双手横伸，掌心相贴，然后右手做向上打开的动作。

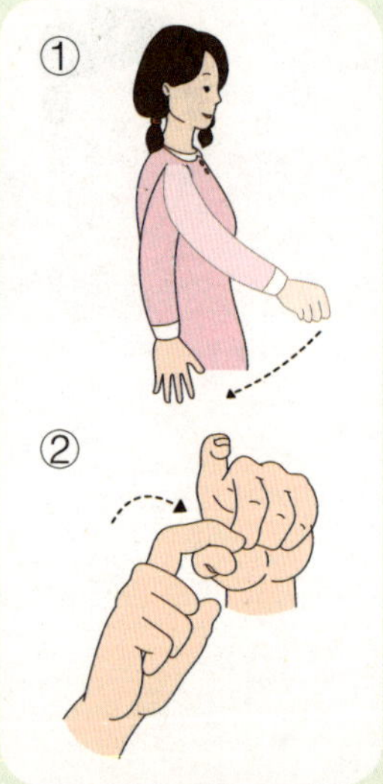

挂失

① 一手虚握，向身后一甩，五指张开。② 左手拇、食指张开，虎口朝内；右手食指弯曲，挂在左手拇指上。

等候

一手横伸，手背贴于颏部下方。

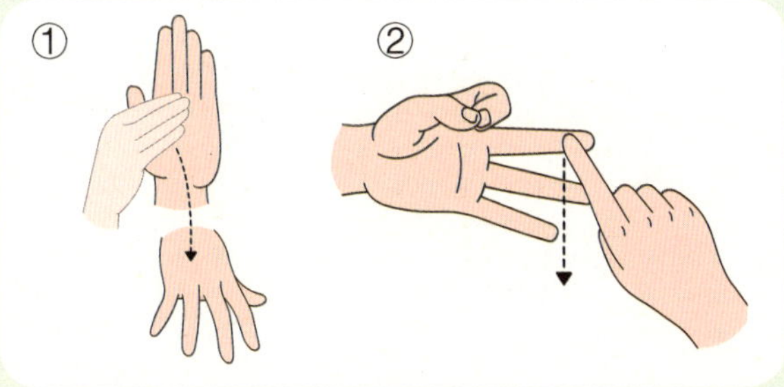

销户

① 左手直立，掌心向右；右手五指在左手掌心上抓一下，然后向下一甩。② 左手中、无名、小指横伸分开，掌心向内；右手伸食指，自左手中指尖向下划动。

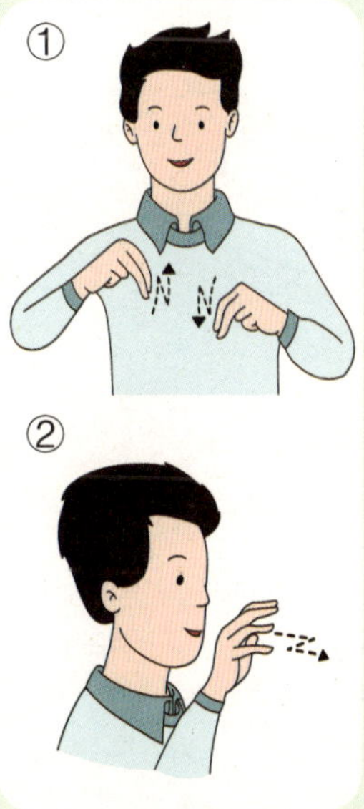

查询

① 双手拇、食、中指相捏，指尖朝下，上下交替动两下。② 一手五指微曲，掌心向外，从嘴前向外微移两下。

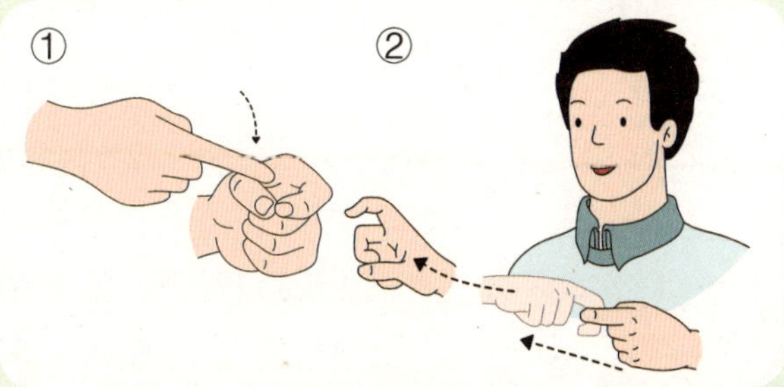

汇款

① 左手拇、食指捏成圈形，虎口朝上；右手伸食指，敲一下左手拇指。② 双手食指相勾，边从左下方向右上方移动边松开。

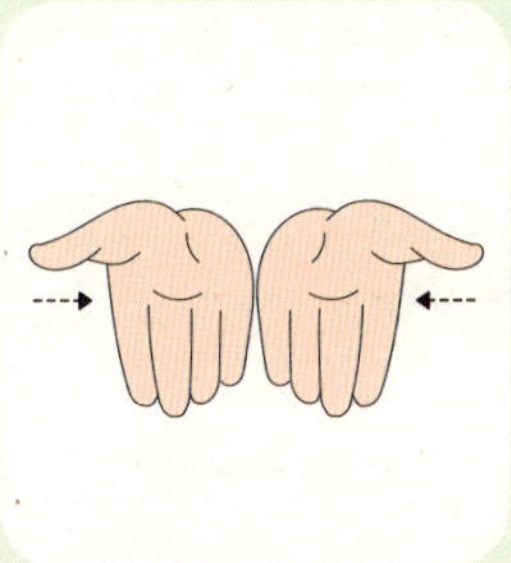

核对

双手平伸，掌心向上，从两侧向中间移动并互碰，表示证明的动词意思和名词意思。

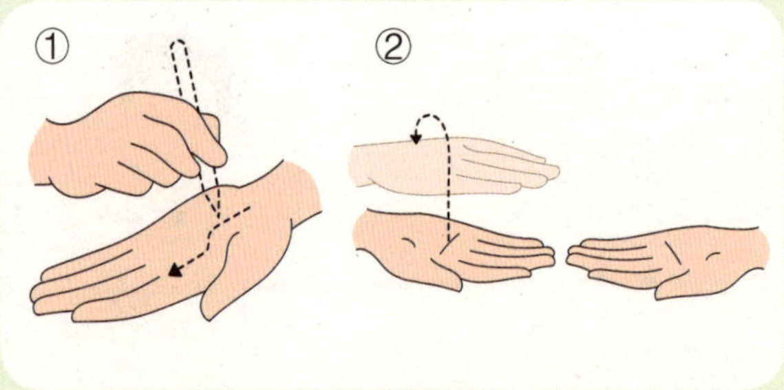

支票

① 左手横伸；右手如执笔状，在左手掌心上做写字的动作。② 双手横伸，掌心向上，指尖相对，左手不动，右手向内翻转，如撕支票状。

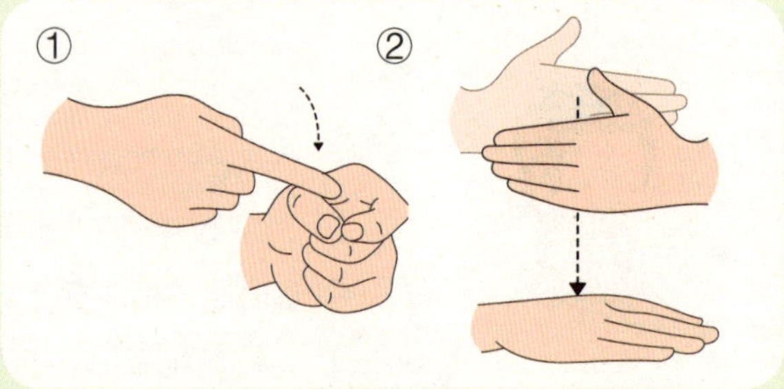

余额

① 左手拇、食指捏成圆形，虎口朝上；右手伸食指，敲一下左手拇指。② 双手横立，左手在前不动，右手边在左手掌心内向下刮一下边转腕，掌心向下，表示剩余的东西。

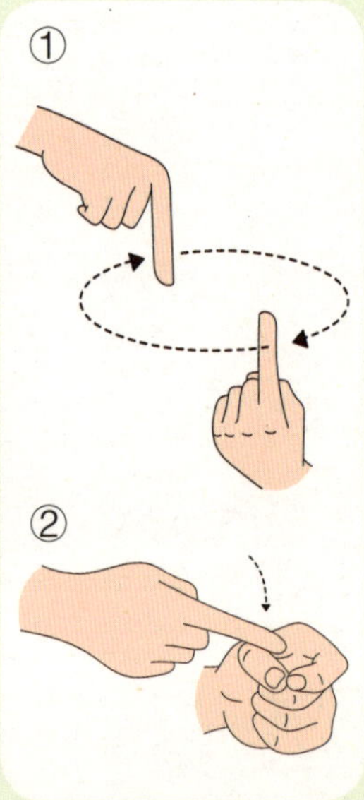

转账

① 双手伸食指，指尖上下相对，交替平行转动两圈。② 左手拇、食指捏成圆形，虎口朝上；右手伸食指，敲一下左手拇指。

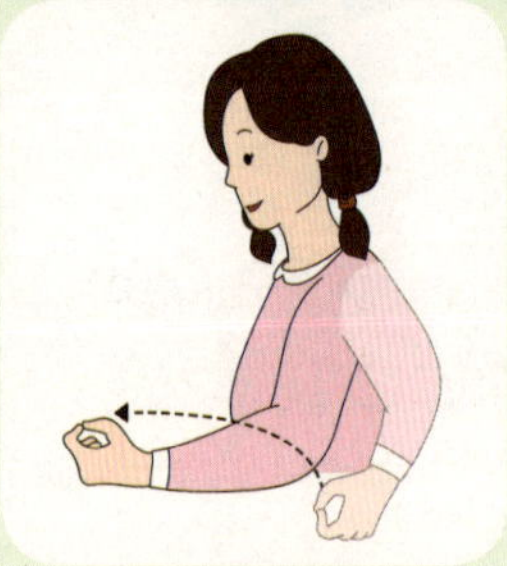

缴费

一手拇、食指捏成圆形，虎口朝前上方，从腰部向前移出，表示掏钱；也用于表示姓氏“费”。

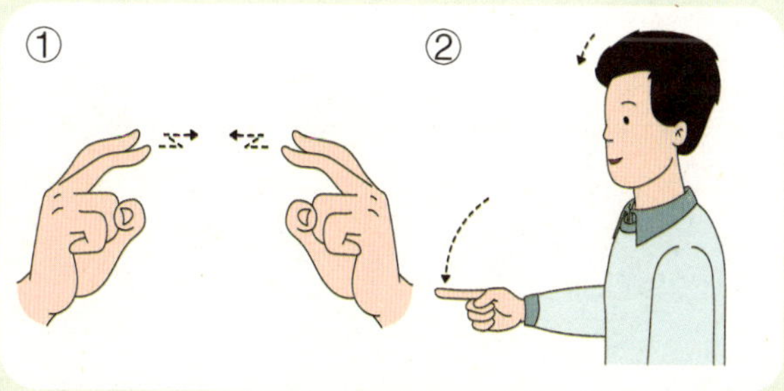

确认

① 双手食、中指微曲，指尖左右相对，从两侧向中间移动两下。② 一手食指直立，向下挥动，同时点头。

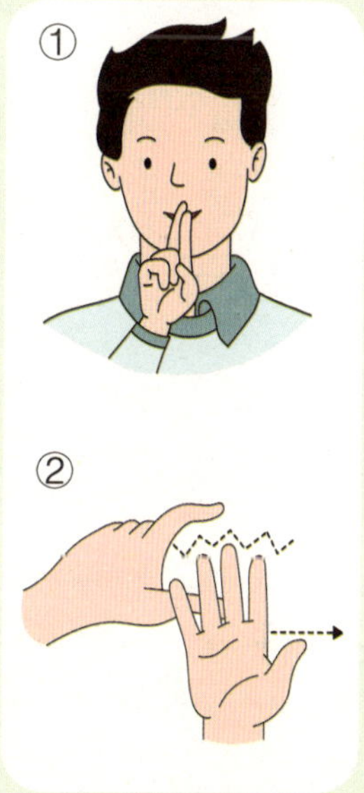

密码

① 一手食、中指直立相叠，手背向斜后方，贴于唇部，嘴闭拢。② 左手拇、食指成“匚”形，虎口朝内；右手直立，手背向外，五指张开，在左手“匚”形内边从左向右移动边连续点动，代表一串数码。

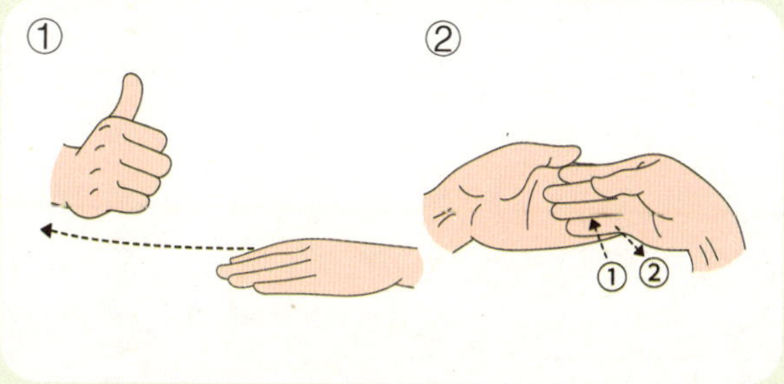

新卡

① 左手横伸；右手伸拇指，在左手手背上从左向右划出。② 左手横立，掌心向内，五指并拢，在前不动；右手五指撮合，指背贴一下左手掌心，然后移开，模仿刷卡的动作。

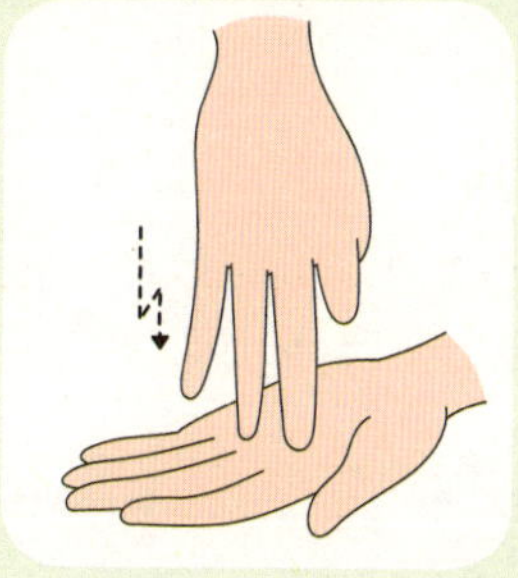

签字

左手横伸；右手伸中、无名、小指，指尖朝下，在左手掌心上点两下。

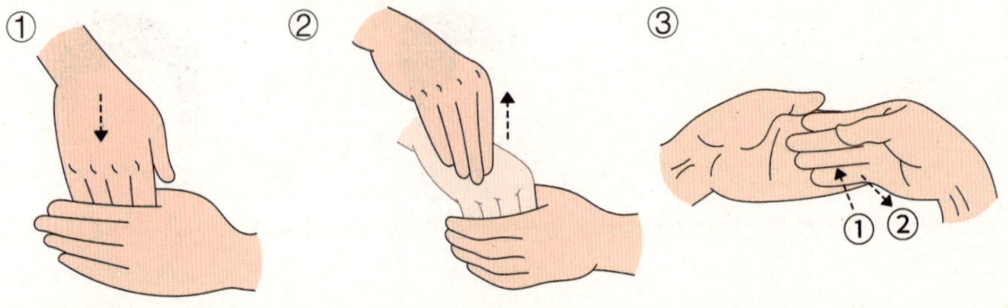

信用卡

① 左手五指成“匚”形，虎口朝上；右手五指并拢，指尖朝下，插入左手虎口内。② 左手五指成“匚”形，虎口朝上；右手五指撮合，指尖朝下，从左手虎口内抽出。③ 左手横立，掌心向内，五指并拢，在前不动；右手五指撮合，指背贴一下左手掌心，然后移开，模仿刷卡的动作。

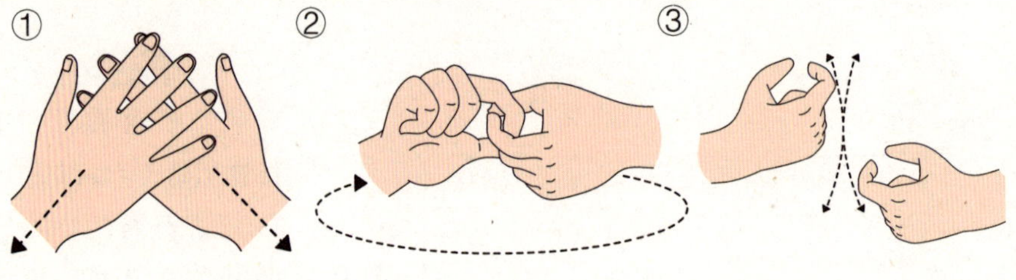

网银

① 双手五指张开，手背向外，交叉相搭，向两侧斜下方移动。② 双手拇、食指套环，顺时针平行转动一圈。③ 双手拇、食指成圆形，指尖稍分开，虎口朝上，食指上下交替互碰几下。

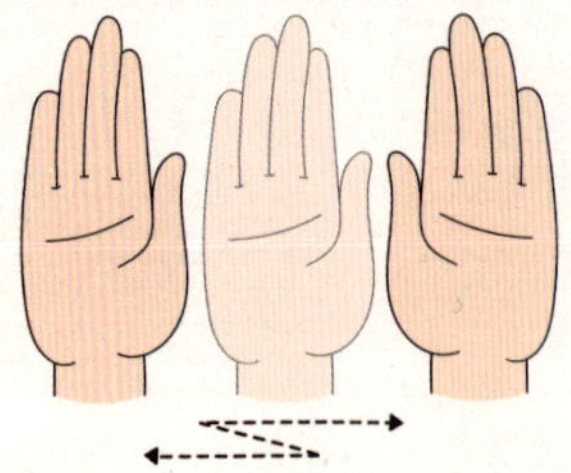

窗口

双手并排直立，掌心向外，左手不动，右手左右移动两下，如开关推拉窗状。

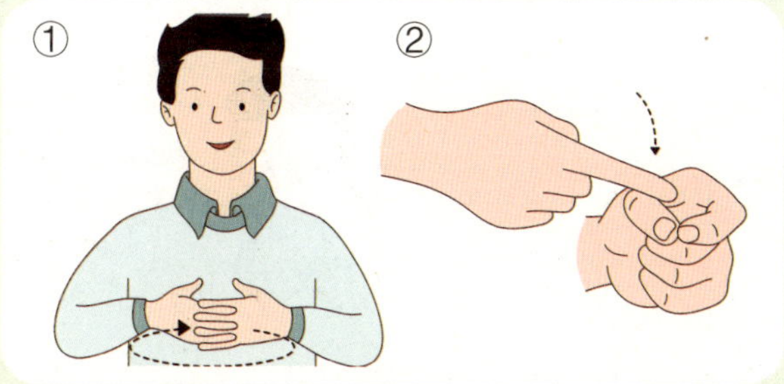

美元

① 双手斜立，五指张开，交叉相搭，顺时针平行转动一圈。② 左手拇、食指捏成圆形，虎口朝上；右手伸食指，敲一下左手拇指。

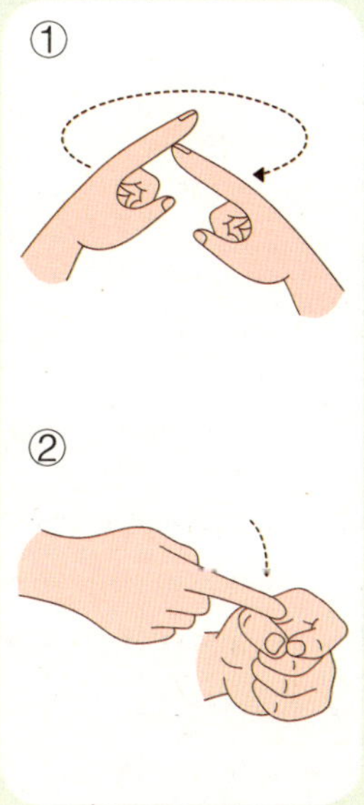

人民币

① 双手食指搭成人字形，顺时针平行转动一圈，代表人多的意思。② 左手拇、食指捏成圆形，虎口朝上；右手伸食指，敲一下左手拇指。

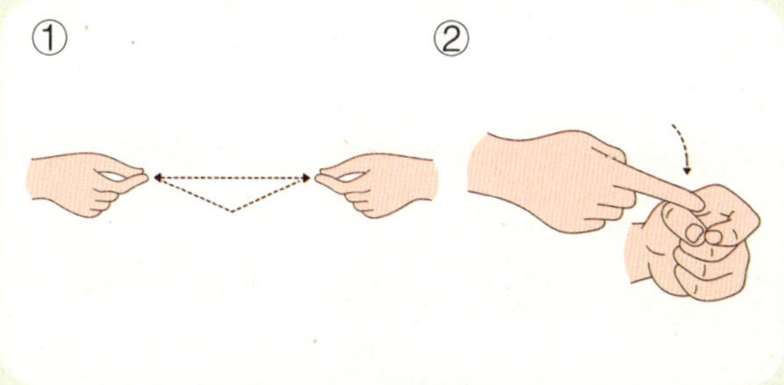

日元

① 双手拇、食指张开，边向两侧做弧形边相捏，表示日本版图。② 左手拇、食指捏成圆形，虎口朝上；右手伸食指，敲一下左手拇指。

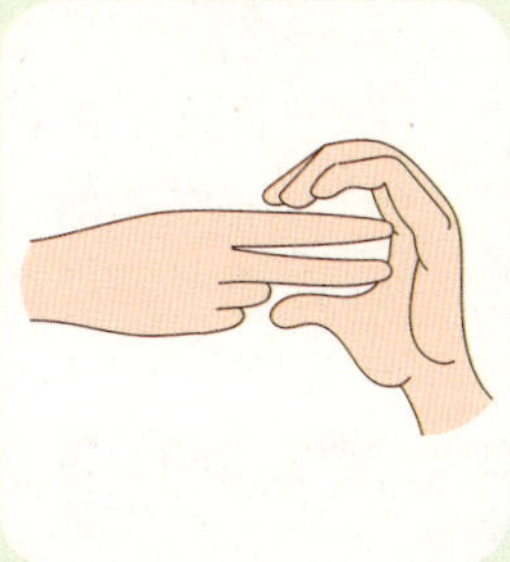

欧元

左手五指成半圆形，虎口朝内；右食指、中指横伸，手背向外，置于左手虎口中间，仿欧元符号“€”的形状。

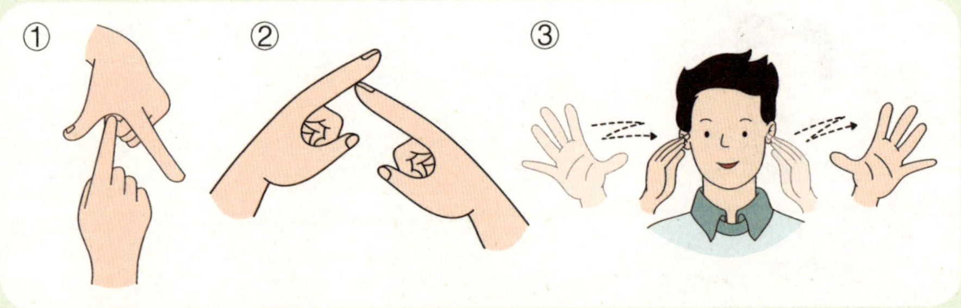

个人信息

① 左手伸拇、食指，虎口朝外，与右手食指搭成“个”字形。② 双手食指搭成“人”字形。③ 左手五指撮合，指尖抵于左耳，右手五指张开，掌心向外，然后左手向左移动并张开，掌心向外，右手同时向右耳移动并撮合，指尖抵于右耳，双手重复一次。

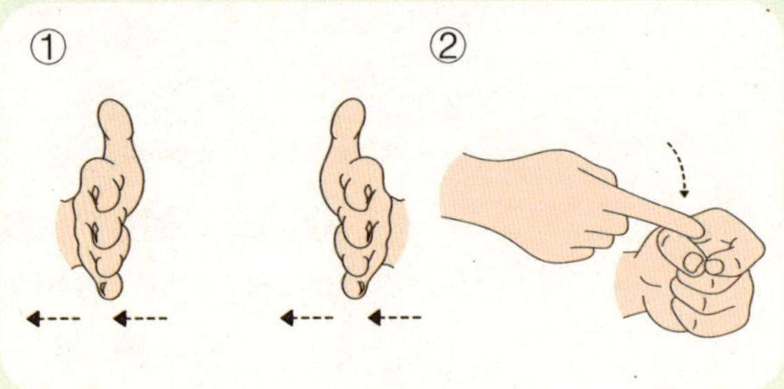

理财

① 双手侧立，掌心相对，从一侧一顿一顿移动几下。② 左手拇、食指捏成圆形，虎口朝上；右手伸食指，敲一下左手拇指。

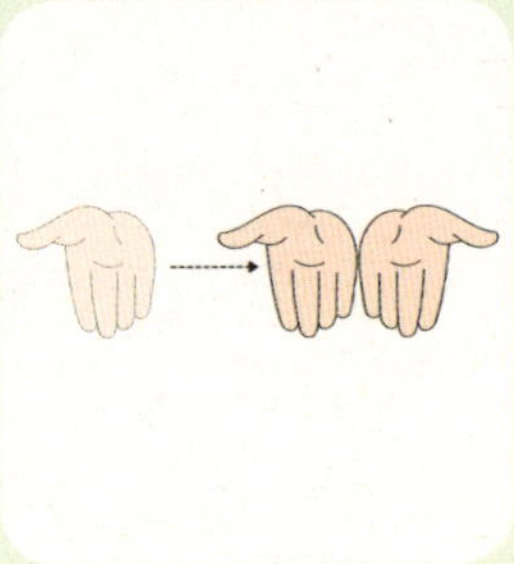

按照

双手平伸，掌心向上，左手不动，右手移向左手并相碰。

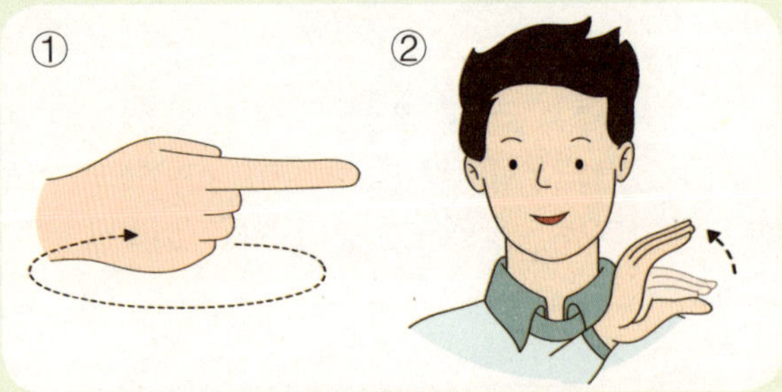

国债

① 一手打手指字母“G”的指式，顺时针平行转动一圈。② 右手五指撮合，置于左肩上，然后张开，表示负债。

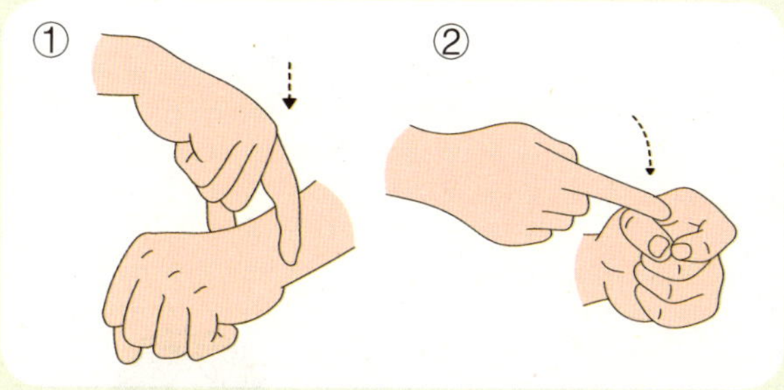

基金

① 左手握拳，手背向上；右手拇、食指张开，指尖朝下，插向左手腕两侧。② 左手拇、食指捏成圆形，虎口朝上；右手伸食指，敲一下左手拇指。

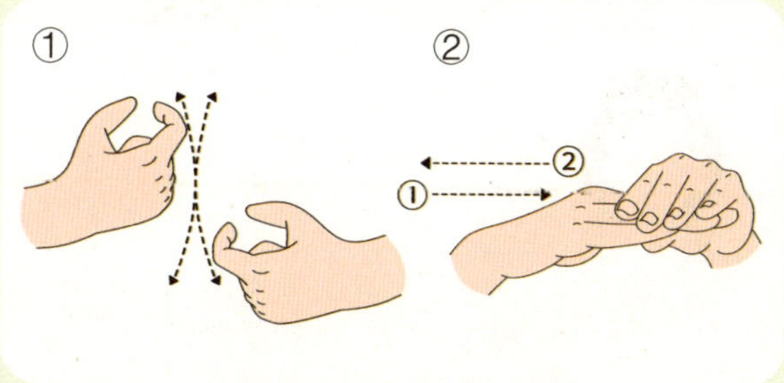

自助取款机（ATM）

① 双手拇、食指成圆形，指尖稍分开，虎口朝上，食指上下交替碰两下。② 左手五指成“匸”形，虎口朝内；右手五指并拢，插入左手虎口内再拔出。

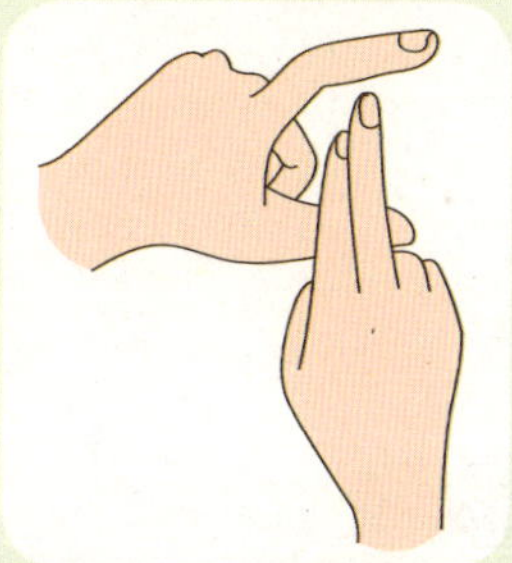

区

左手拇、食指成“匸”形，虎口朝内；右手食、中指相叠，手背向内，置于左手“匸”形中，仿“区”字形。

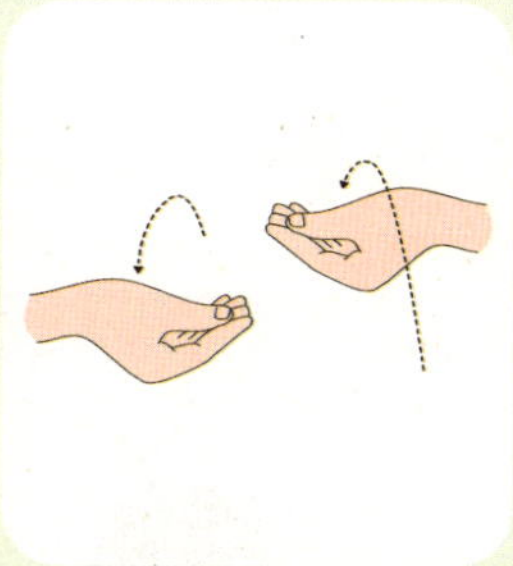

兑换

双手五指撮合，掌心向上，左手指尖朝右，在前，右手指尖朝左，在后，然后前后交换位置。

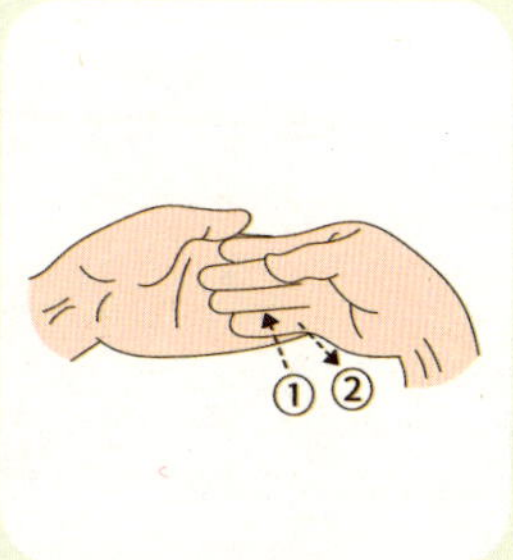

刷卡

左手横立，掌心向内，五指并拢，在前不动；右手五指撮合，指背贴一下左手掌心，然后移开，模仿刷卡的动作。

3 情景对话

（1）您办理什么业务？

您

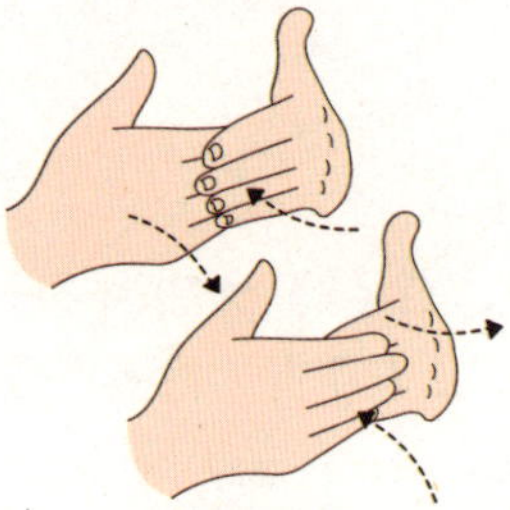

办理

什么

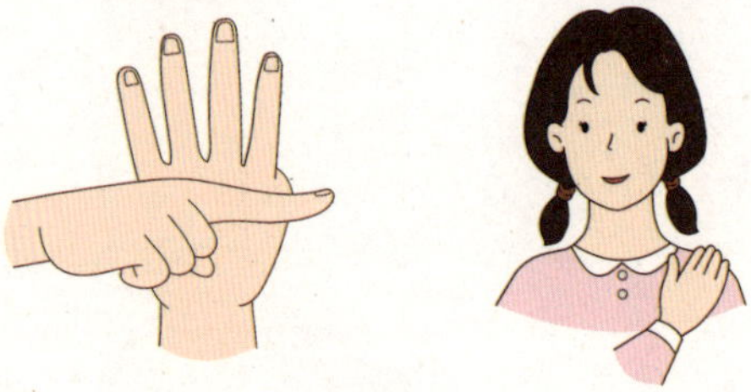

业务

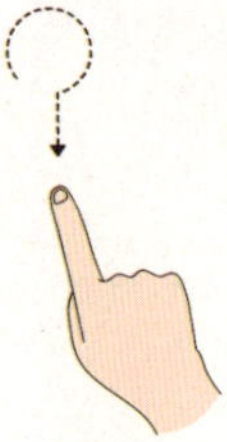

？

——我要存款。

我

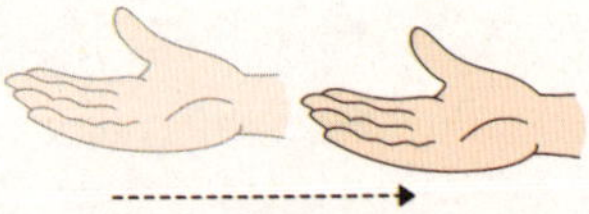

要

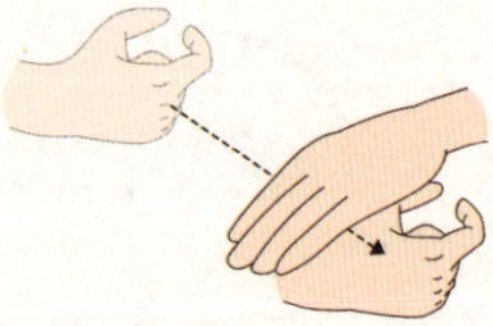

存款。

——请取号排队等候。

请

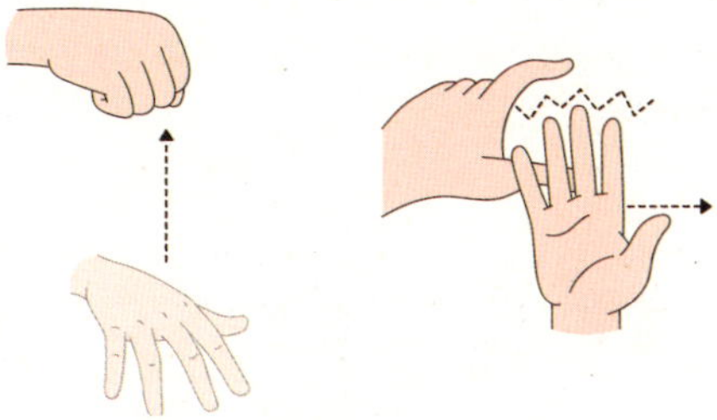

取号

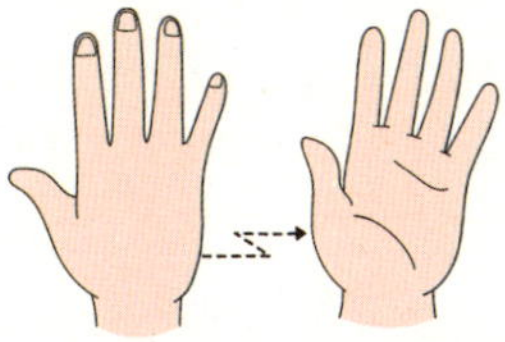

排队

等候。

（2）买国债请到 4 号窗口。

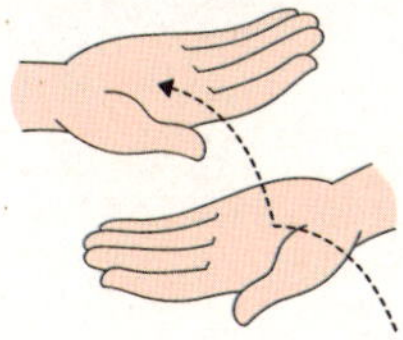

买

国债

请

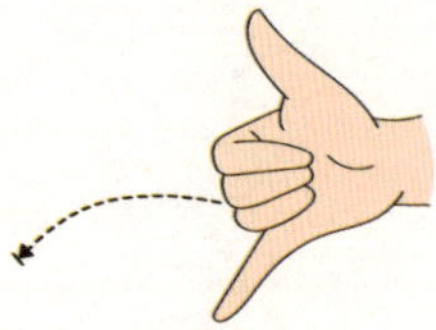

到

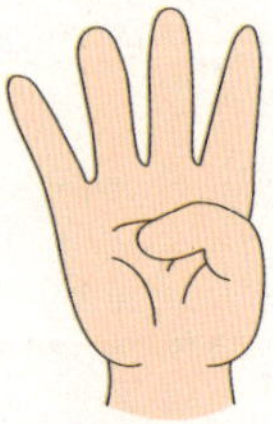

四

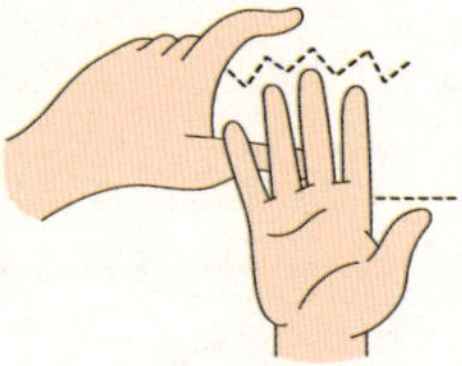

号

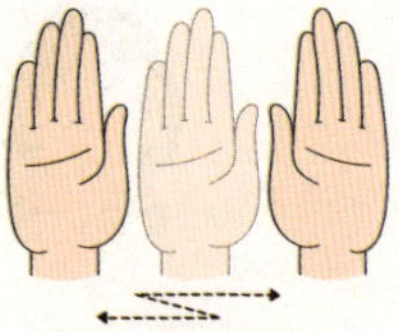

窗口。

（3）100 美元可以兑换多少人民币？

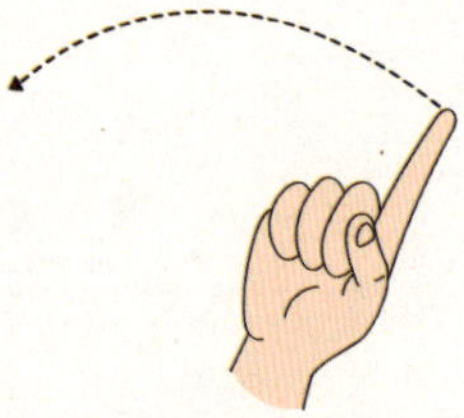

100

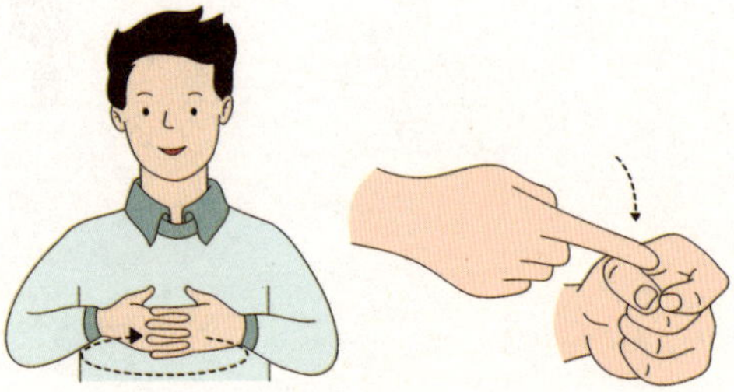

美元

可以

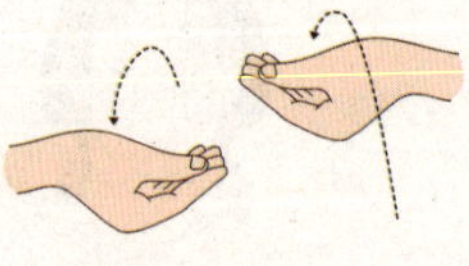

兑换

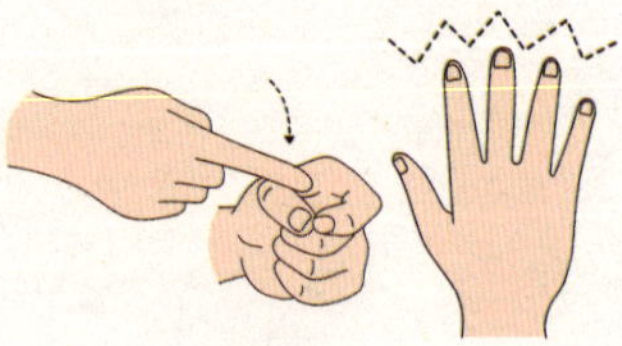

多少

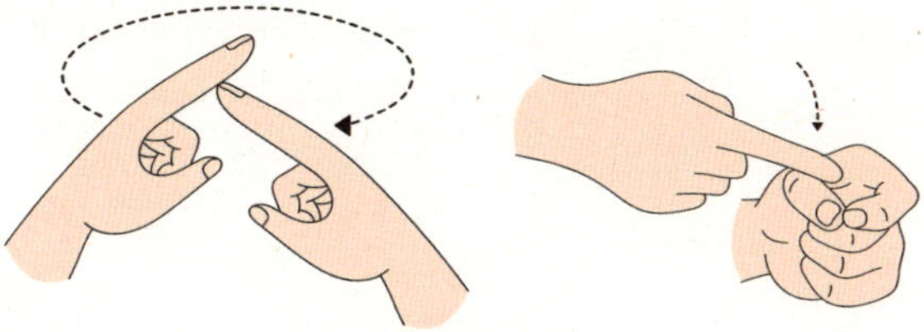

人民币?

（4）您的银行卡办好了。

您（的）

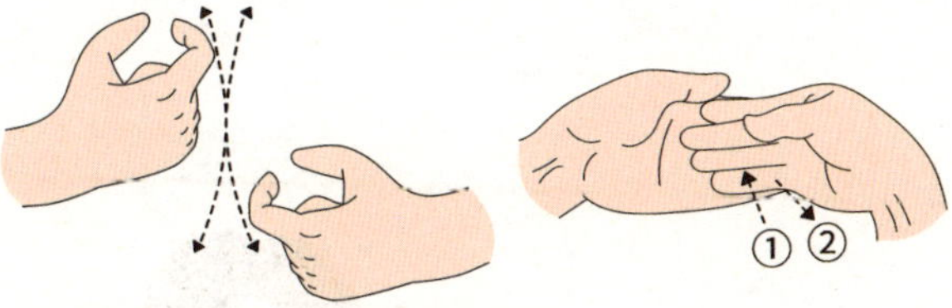

银行卡

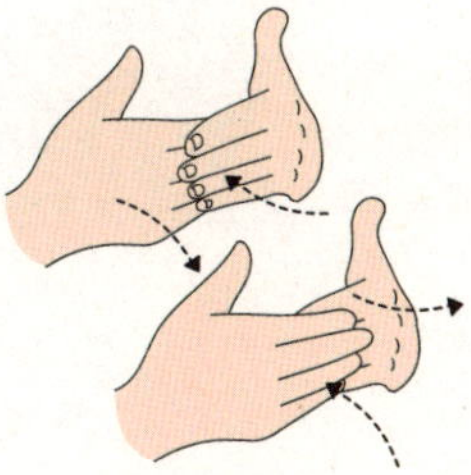

办

好了。

专题九

寻医就诊

身体

1 常用词

医院	体质	体温计	挂号	外科
身体	内科	骨科	眼科	中医
西医	看病	口腔科	神经科	妇科
儿科	皮肤科	门诊	注射室	放射室
必须（必定、必然）	腹泻	B 超	心电图	复诊
发烧	头晕	肺炎	血压	血型
感冒	疼痛	恶心	牙疼	呕吐
舒服	一天三次	休息	输液	手术
吃药				

2 手语详解

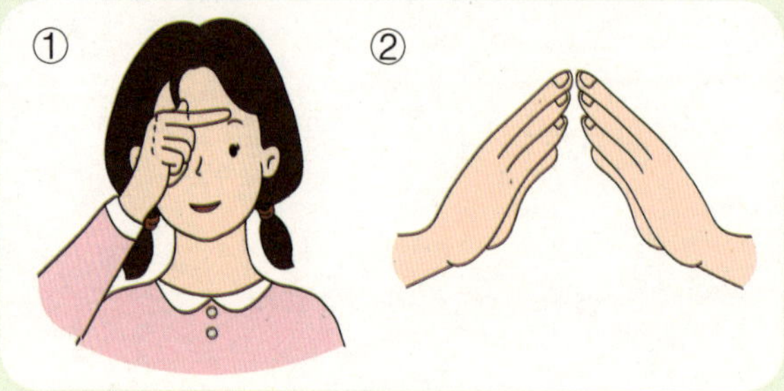

医院

① 一手拇、食指搭成“十”字，置于额前。② 双手搭成“∧”形。

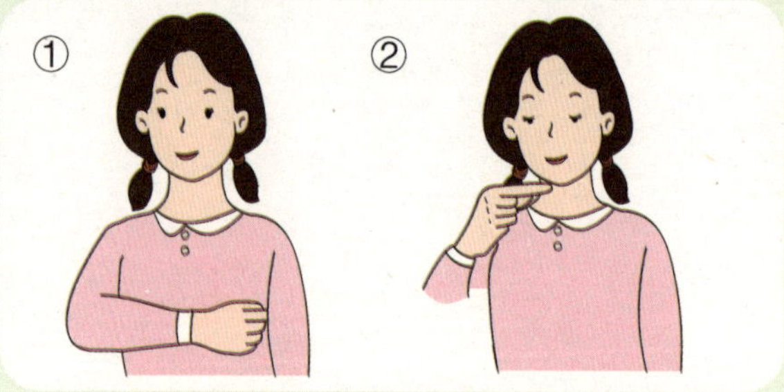

体温计

① 右手食指置于左腋下。② 右手食指横伸，眼睛看着手。

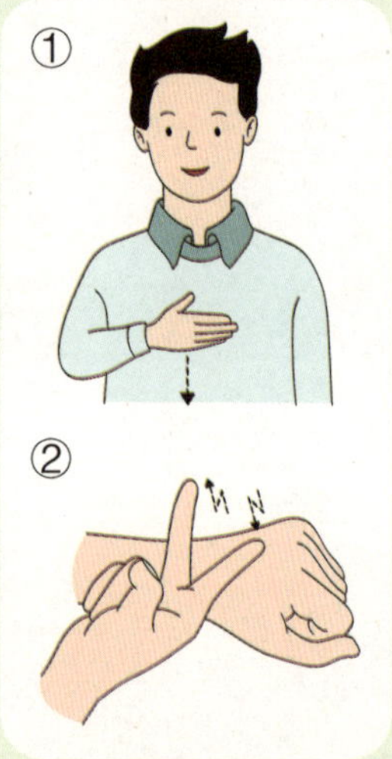

体质

① 一手掌心贴于胸部，向下移动一下。② 左手握拳；右手食、中指横伸，指背交替弹左手背。

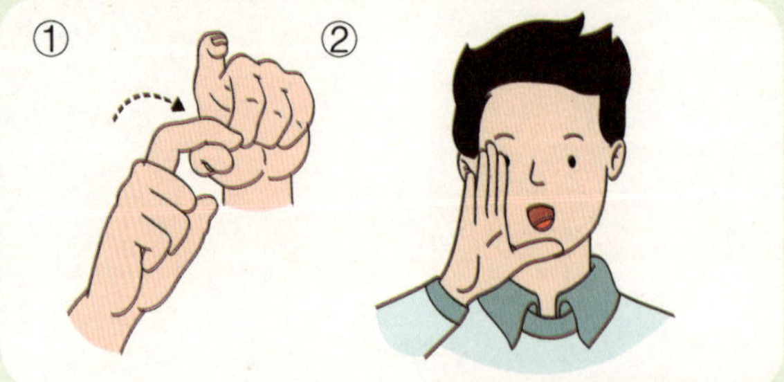

挂号

① 左手拇、食指张开，虎口朝内；右手食指弯曲，挂在左手拇指上。② 一手五指成“亅”，虎口贴于嘴边，口张开。

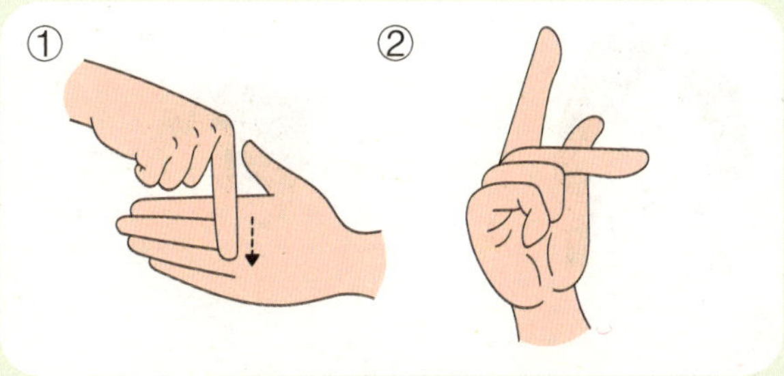

外科

① 左手横立；右手伸食指，指尖朝下，在左手手背外向下一指。② 一手打手指字母“K”的指式。

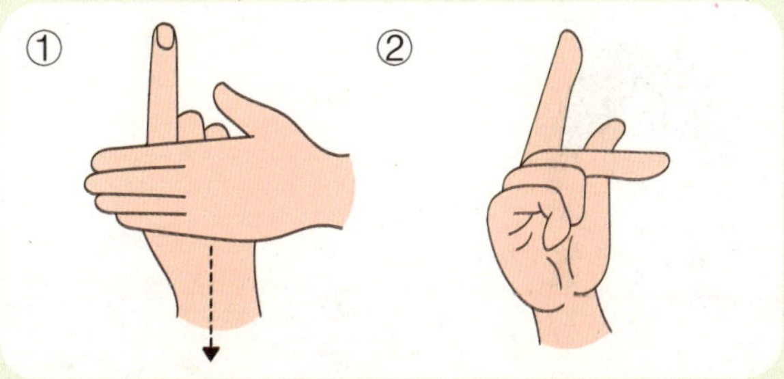

内科

① 左手横立；右手食指直立，在左手掌心从上向下移动。② 一手打手指字母“K”的指式。

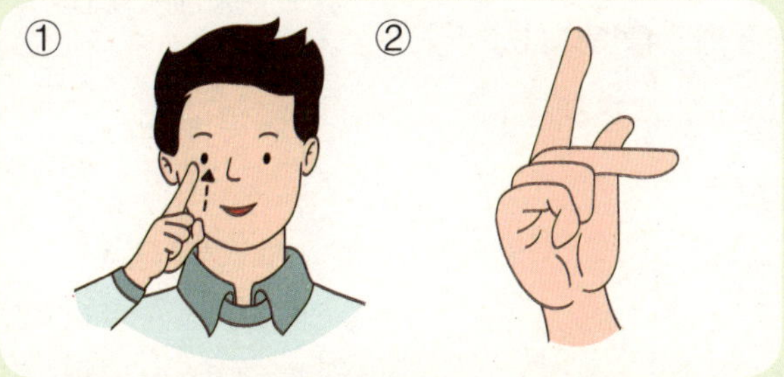

眼科

① 一手伸食指，指一下眼部。② 一手打手指字母“K”的指式。

身体

双手掌心贴于胸部，向下移动一下，表示身体。

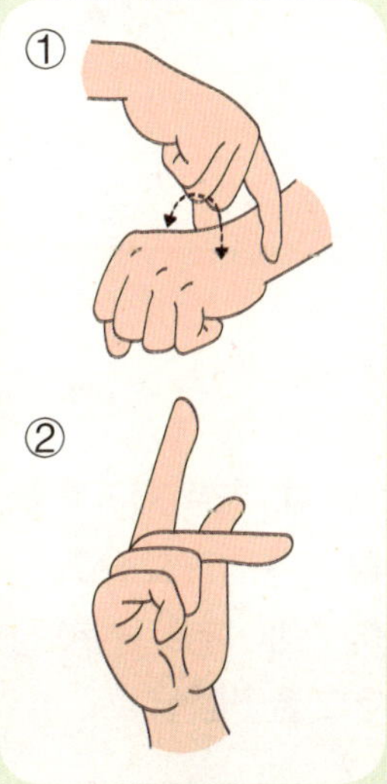

骨科

① 左手握拳，手背向上；右手拇、食指张开，卡在左手腕，左手微动两下。② 一手打手指字母“K”的指式。

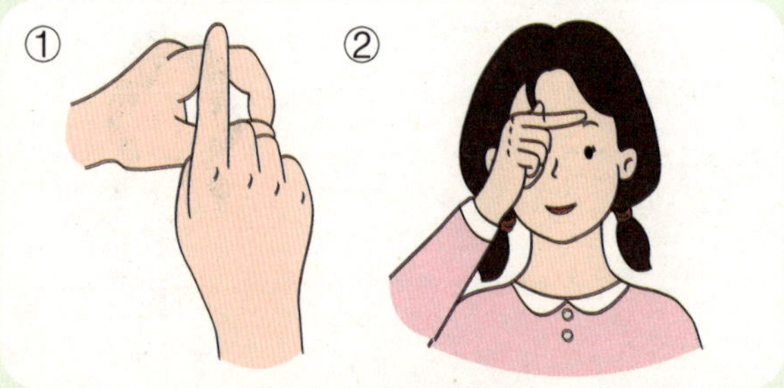

中医

① 左手拇、食指与右手食指搭成“中”字形。② 一手拇、食指搭成“十”字，置于额前。

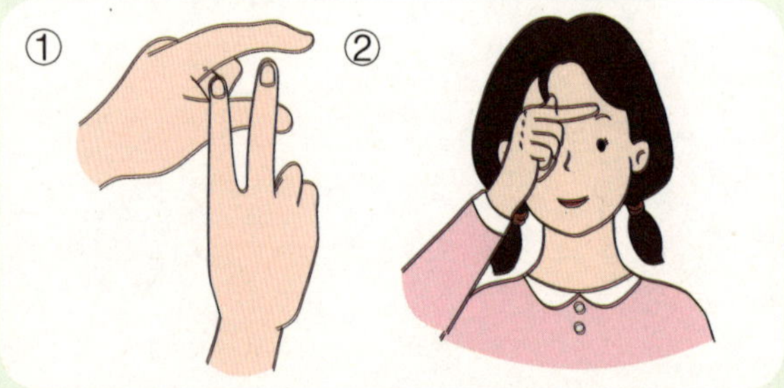

西医

① 左手拇、食指成“匚”，虎口朝内；右手食、中指直立分开，手背向内，贴于左手拇指，仿“西”字部分字形。② 一手拇、食指搭成“十”字，置于额前。

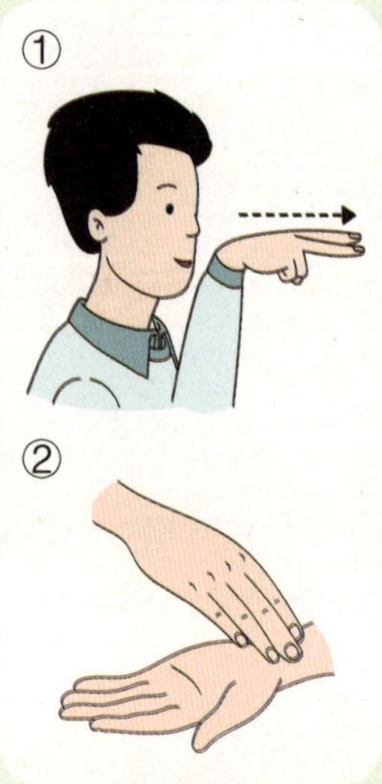

看病

① 一手食、中指分开，指尖朝前，手背向上，从眼部向前一指。② 左手平伸，掌心向上；右手五指并拢，食、中、无名指指尖按于左手腕的脉门处。

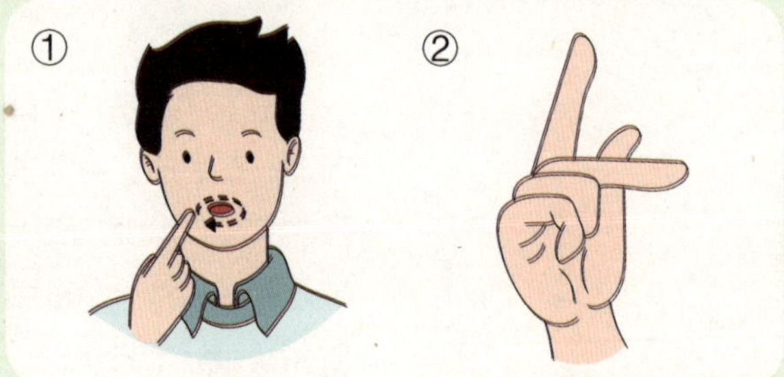

口腔科

① 一手伸食指，沿嘴部转动一圈，口张开。② 一手打手指字母“K”的指式。

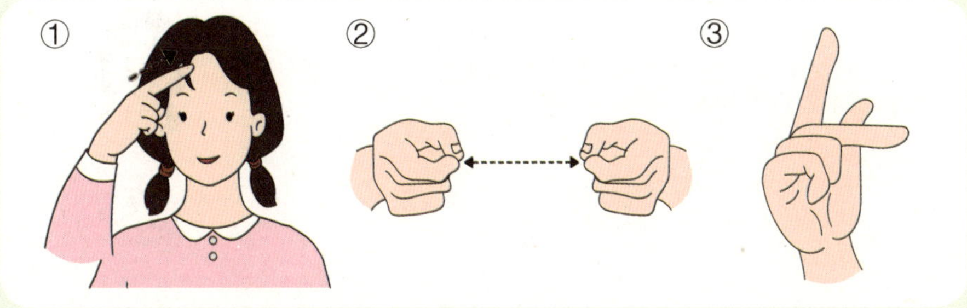

神经科

①一手伸食指，指尖朝内，在前额斜向移动一下。②双手拇、食指相捏，虎口朝上，从中间向两侧拉开。③一手打手指字母“K”的指式。

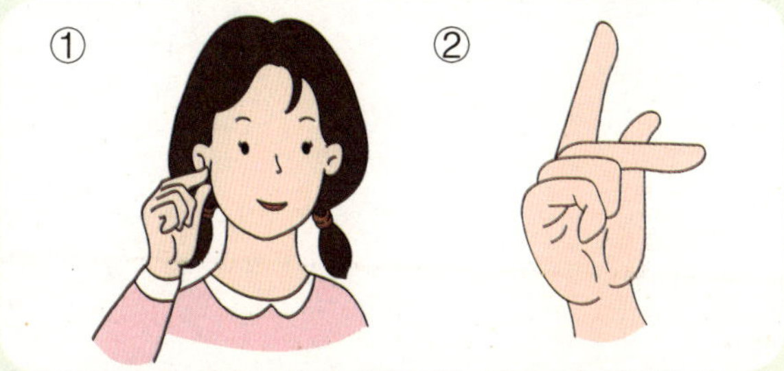

妇科

①一手拇、食指捏一下耳垂。②一手打手指字母“K”的指式。

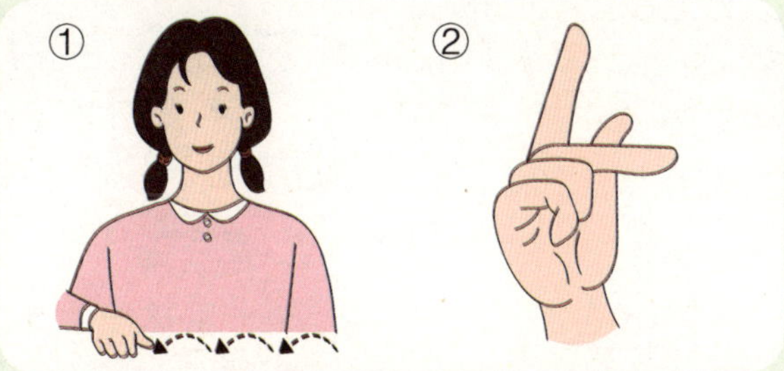

儿科

①一手平伸，掌心向下，边向一侧移动边按动几下。②一手打手指字母“K”的指式。

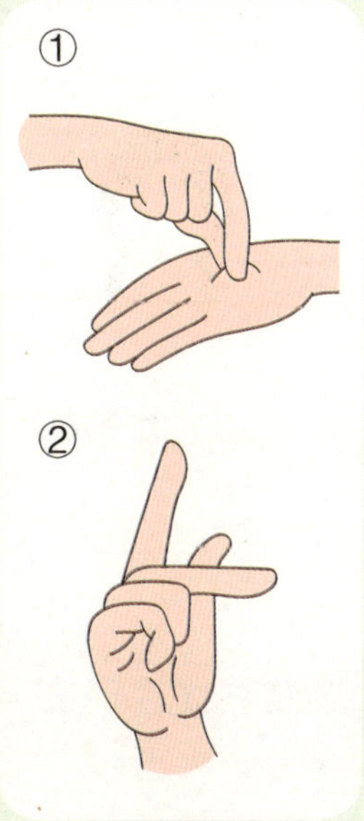

皮肤科

①左手横伸，手背向上；右手拇、食指捏一下左手背皮肤。②一手打手指字母“K”的指式。

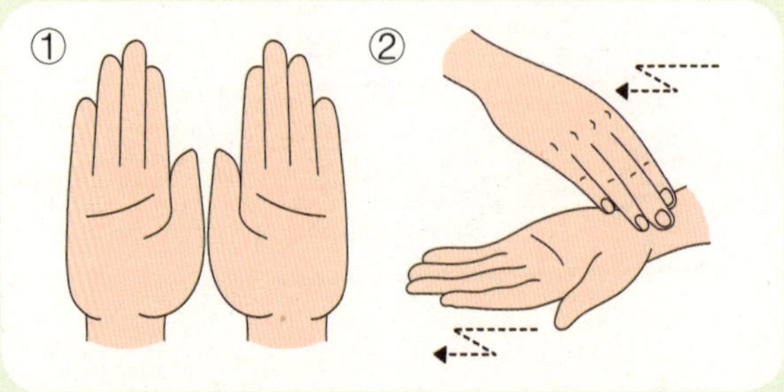

门诊

① 双手并排直立，掌心向外，五指并拢。② 左手平伸，掌心向上；右手五指并拢，食、中、无名指按于左手腕的脉门处，双手同时向前移动两下。

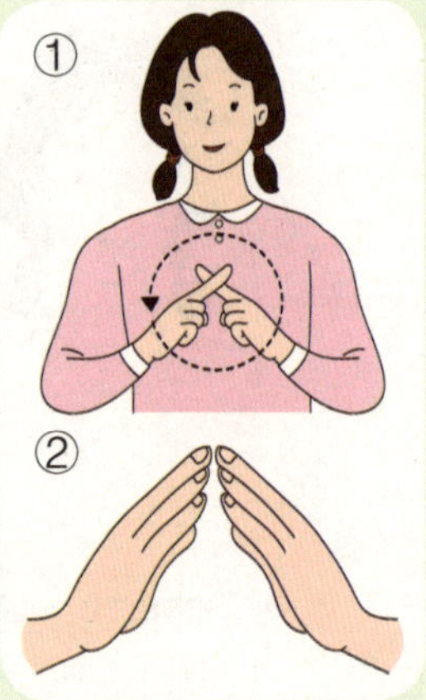

放射室

① 双手食指搭成“X”形，在胸前转动一圈。② 双手搭成“∧”形，表示家。

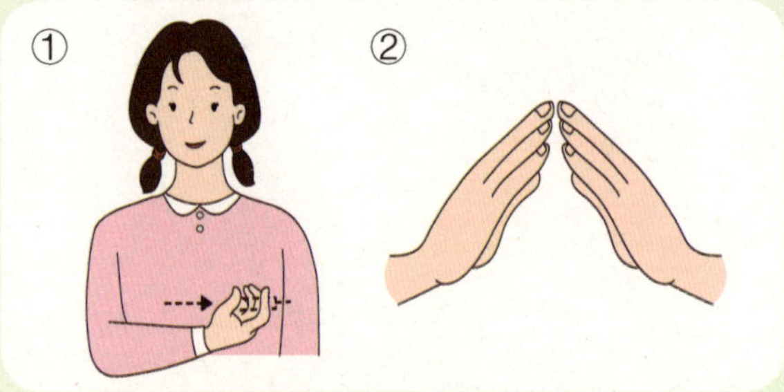

注射室

① 左手拇、食、中指在左臂上做注射的动作。② 双手搭成“∧”形，表示家。

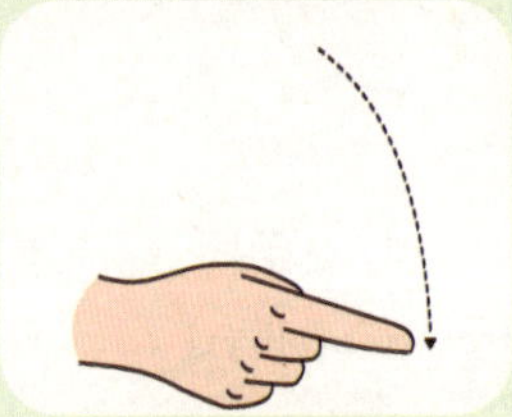

必须（必定、必然）

一手食指直立，向下挥动一下。

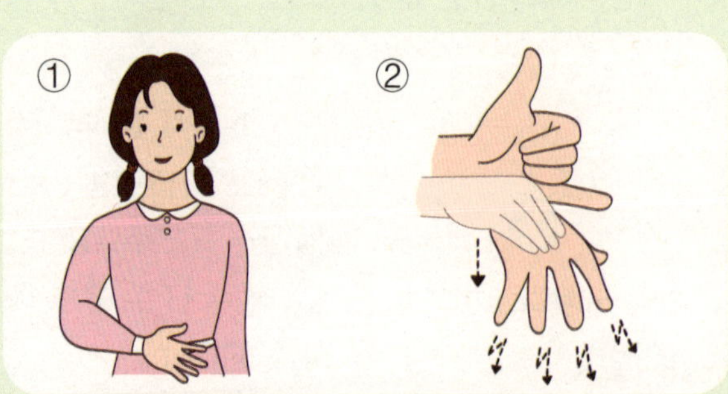

腹泻

① 一手捂于腹部。② 左手伸拇、小指；右手五指撮合，指尖朝下，置于左手下，然后边向下移动边张开，重复几次。

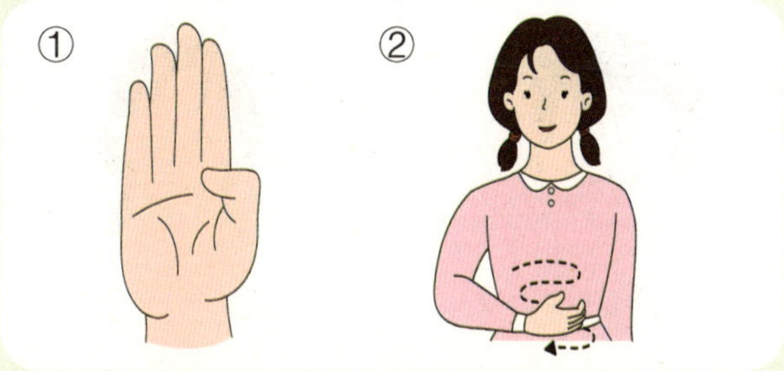

B超

①一手打手指字母“B”的指式。②一手五指微曲，指尖朝内，在腹部随意移动几下，如做B超检查状。

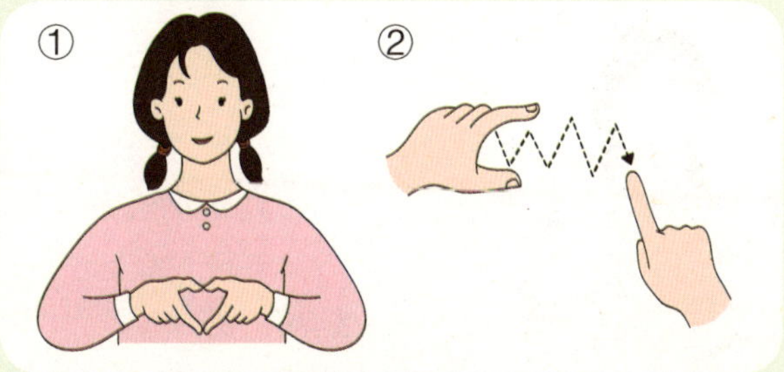

心电图

①双手拇、食指张开仿“♡”形，手背向外，置于心脏部位。②左手拇、食指成“匚”，虎口朝内；右手伸食指，指尖朝前，在左手“匚”形内从左向右折划线。

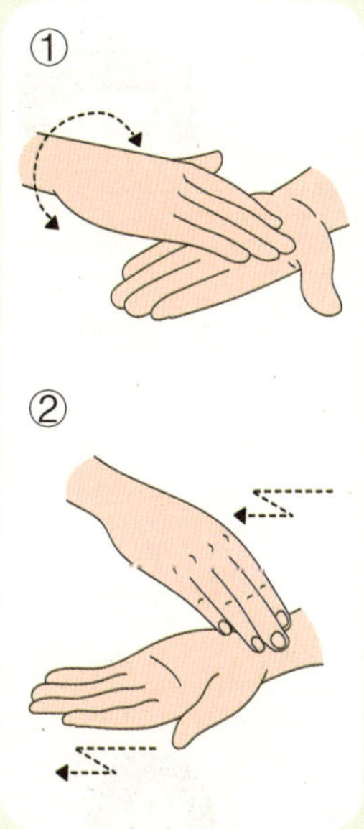

复诊

①左手横伸，掌心向上；右手平伸，掌心向下，贴于左手掌心，然后翻转几下。②左手平伸，掌心向上；右手五指并拢，食、中、无名指按于左手腕的脉门初，双手同时向前移动两下。

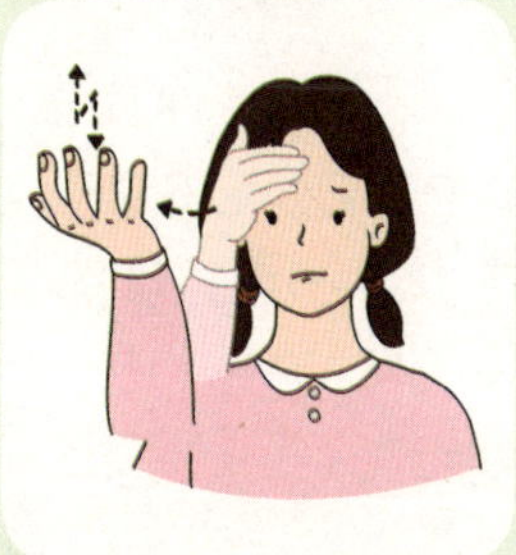

发烧

一手摸一下前额，然后五指微曲，指尖朝上，上下微动几下，面露痛苦的表情。

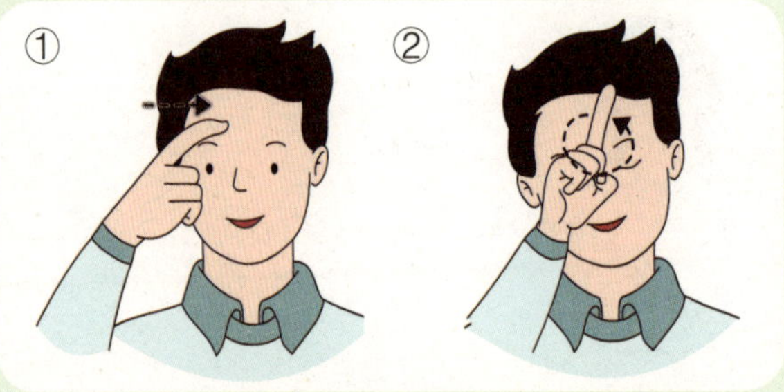

头晕

① 一手伸食指，指一下头部。② 一手食指直立，在头前方平行转动两下，眼微闭，头微晃，如头晕状。

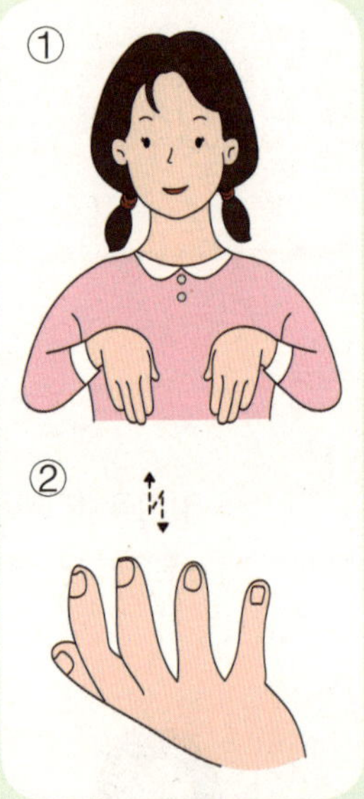

肺炎

① 双手五指并拢，指尖向下，掌心贴于胸两侧，表示肺。② 一手五指微曲，指尖朝上，上下抖动几下。

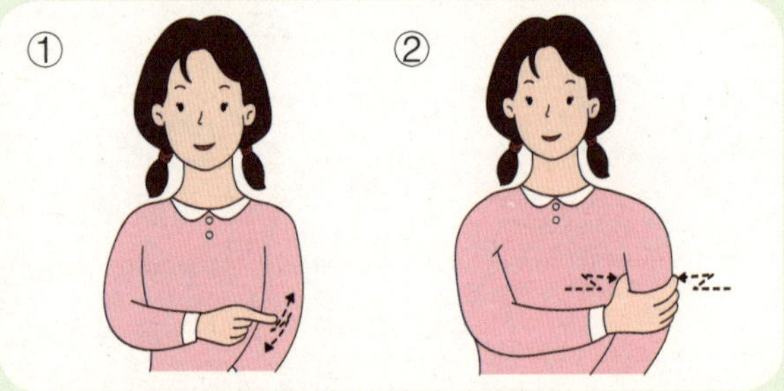

血压

① 右手伸食指、在左手臂处上下划动几下。② 右手捏两下左上臂。

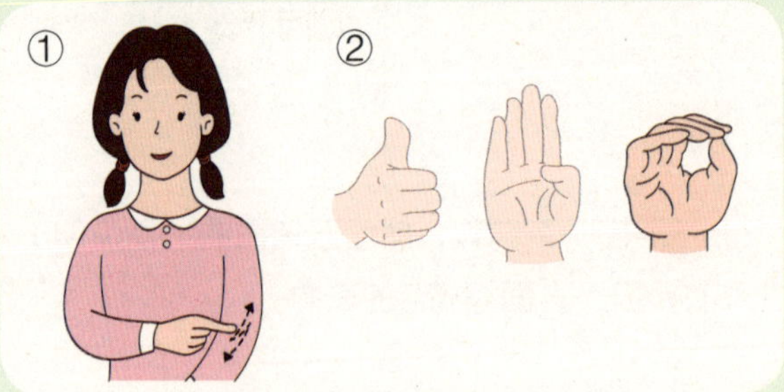

血型

① 右手伸食指、在左手臂处上下划动几下。② 一手打手指字母“A”“B”“O”的指式。

感冒

一手拇、食指张开，指尖对着鼻部，向下甩动两下，表示流鼻涕。

疼痛

一手拇、食指相捏，置于嘴边，左右晃动几下，面露难受的表情。

恶心

一手五指弯曲，掌心向上，置于胸部，然后向喉部移动两下。

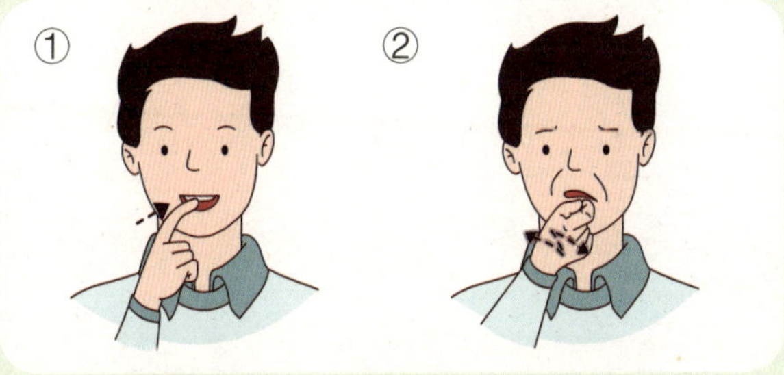

牙疼

①一手伸食指，指一下牙。②一手拇、食指相捏，置于嘴边，左右晃动几下，面露难受的表情。

呕吐

一手五指微曲，掌心向上，自胸部上移至嘴边再向外翻，身体微向前倾，如呕吐状。

舒服

一手五指张开，掌心贴于胸部逆时针转动一圈，面露惬意的表情。

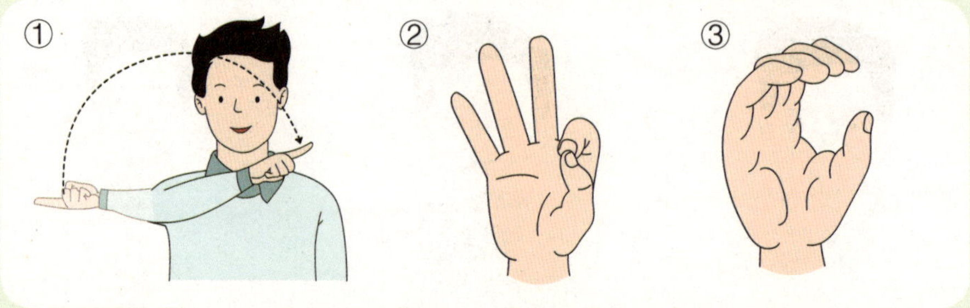

一天三次

①右手食指横伸，指尖朝右，掌心向上，从右做弧形移动。②一手中、无名，小指直立分开，掌心向外。③一手打手指字母C的指式。

休息

双手交叉，手背向外，贴于胸部，表示休息的意思。

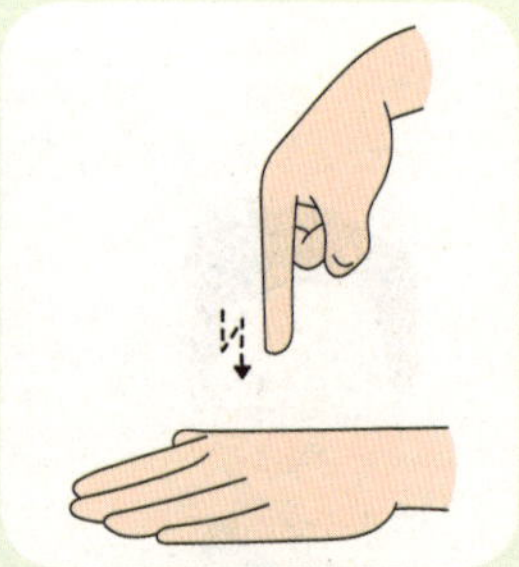

输液

左手平伸；右手伸食指，指尖朝下，在左手背处向下点动几下。

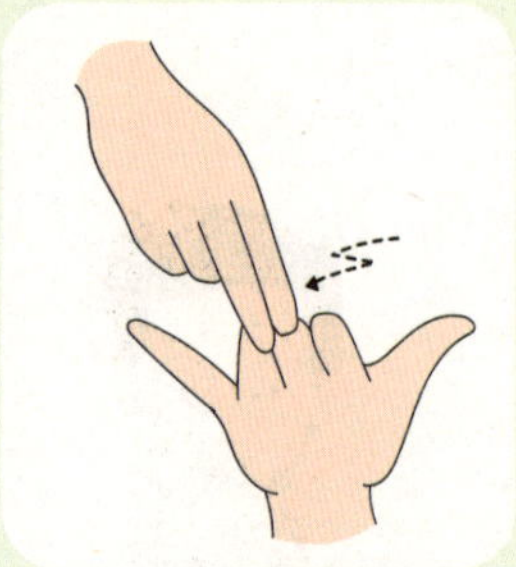

手术

左手伸拇、小指，指尖朝上；右手食、中指并拢，指尖朝下，在左手上划动两下。

吃药

口张开，一手拇、食指捏成小圆形，从嘴部移向喉部，如吃药片状。

3 情景对话

(1)请问你挂哪个科?

请　问　你

挂　哪个　科　?

——我要挂眼科。

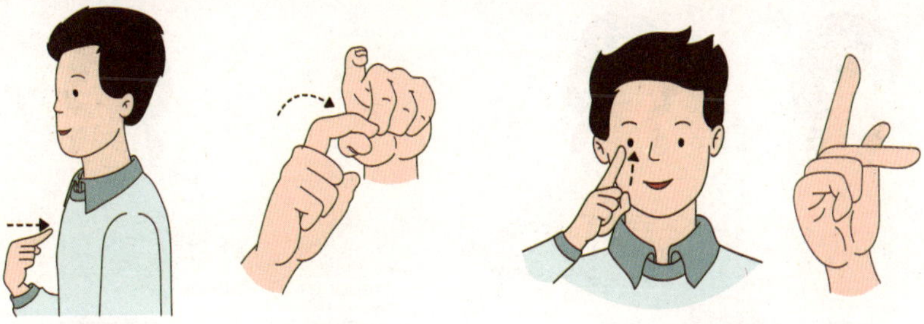

我　挂　眼科。

（2）我头疼，咳嗽。

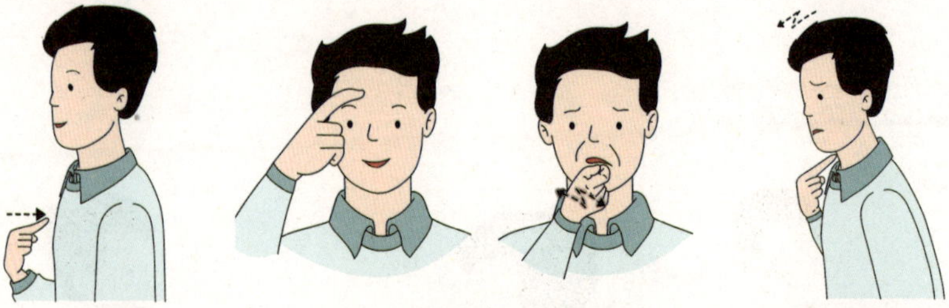

我　头疼，　咳嗽。

——你先量体温吧！

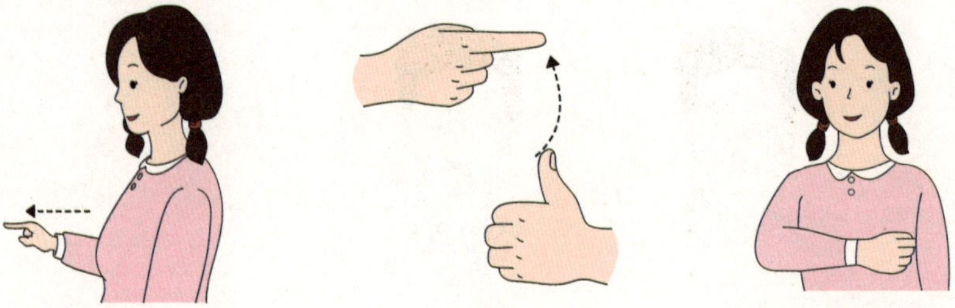

你　先　量体温（吧）！

（3）我身体有点不舒服，想去医院。

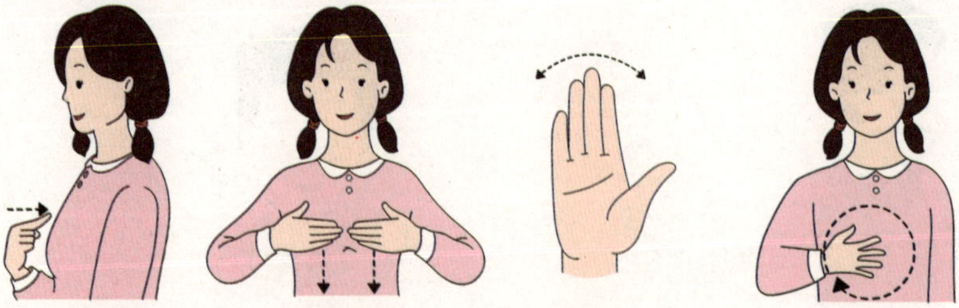

我　身体　不　舒服，

想　去　医院。

（4）你必须输液，有过敏史吗？

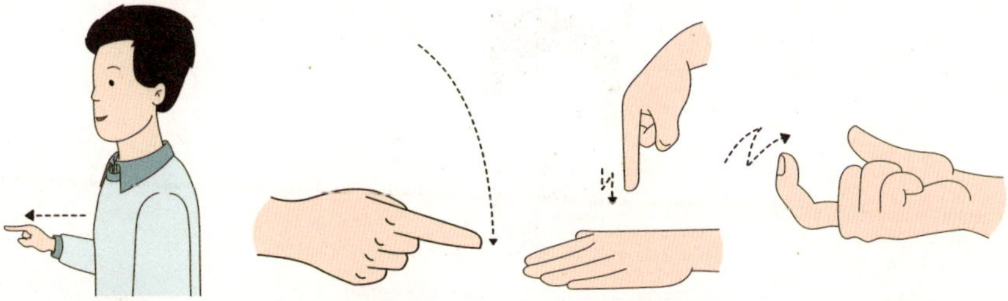

你　必须　输液，　有

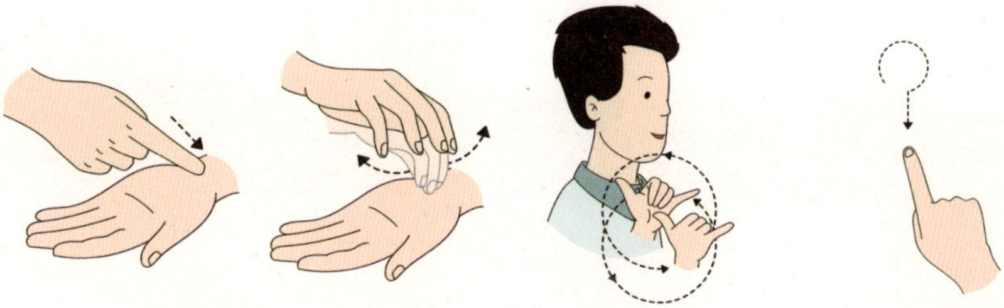

过敏　史　吗？

（5）先缴费，后取药。

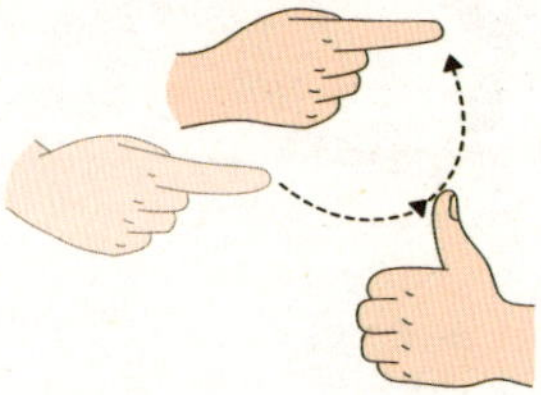

先

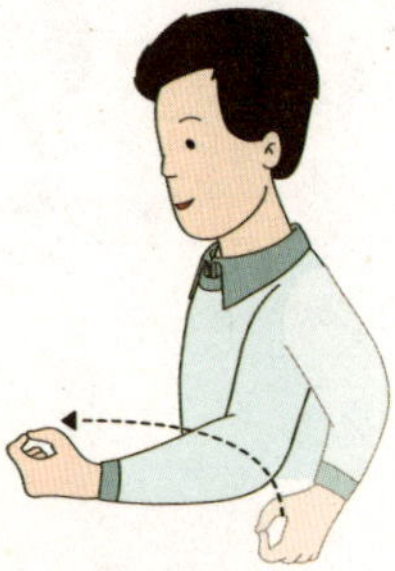

缴费，

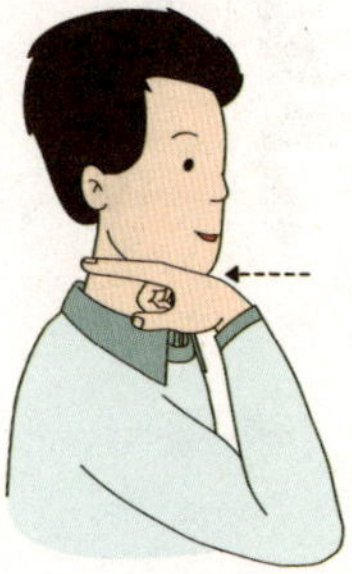

后

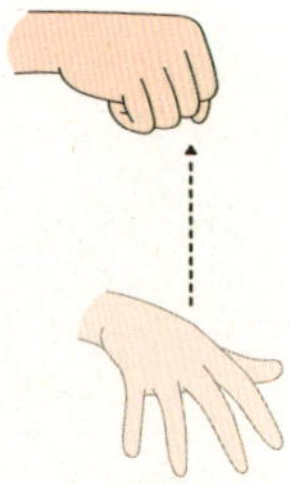

取

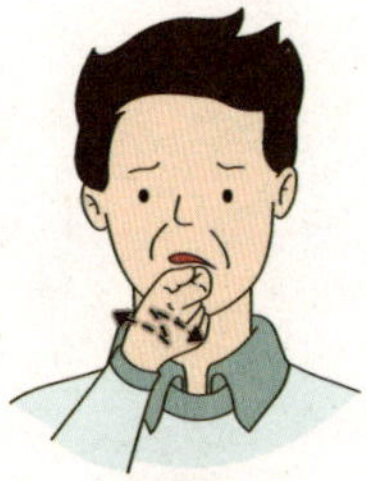

药。

专题十

美容美发

美丽

1 常用词

补水	面膜	美容	美白	护理
保健	痘痘	美丽	蛋白质	美甲
化妆	防晒	香水	口红	皱纹
刮脸	年轻	发质	胖	染发
瘦	美发（烫发）	剪发	吹发	发型
干燥	按摩	健身房	光滑	跑步
健身				

2 手语详解

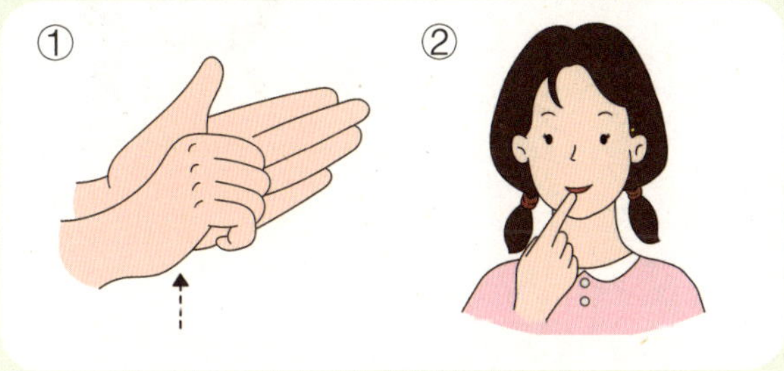

补水

① 左手侧立；右手虚握，虎口朝左，贴向左手掌心。② 一手伸食指，指尖贴近下嘴唇。

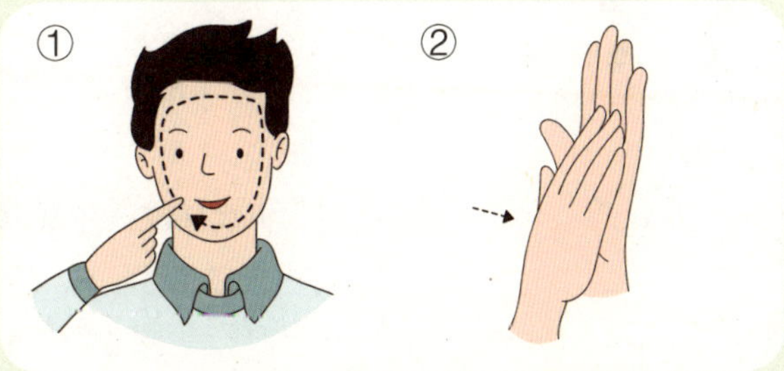

面膜

① 一手伸食指，绕脸部转动一圈。② 左手直立，掌心向右；右手贴向左手掌心。

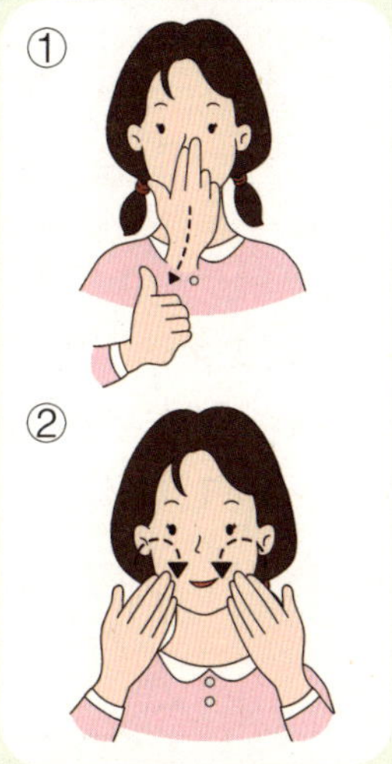

美容

① 一手伸拇、食、中指，食、中指并拢，先置于鼻部，然后边向外移动边缩回食、中指。② 双手在脸颊做按摩的动作。

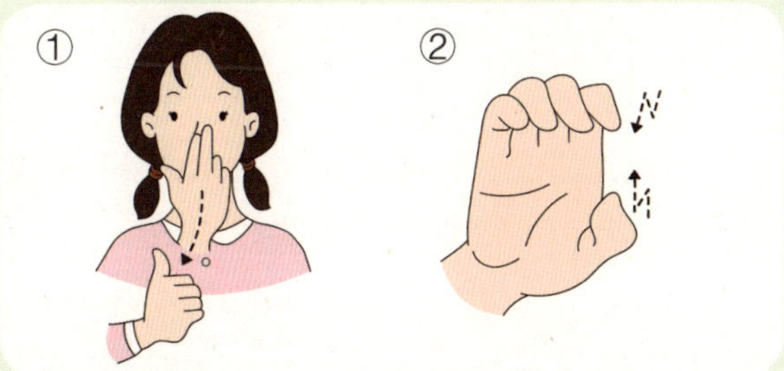

美白

① 一手伸拇、食、中指，食、中指并拢，先置于鼻部，然后边向外移动边缩回食、中指。② 一手五指弯曲，掌心向外，指尖弯动两下。

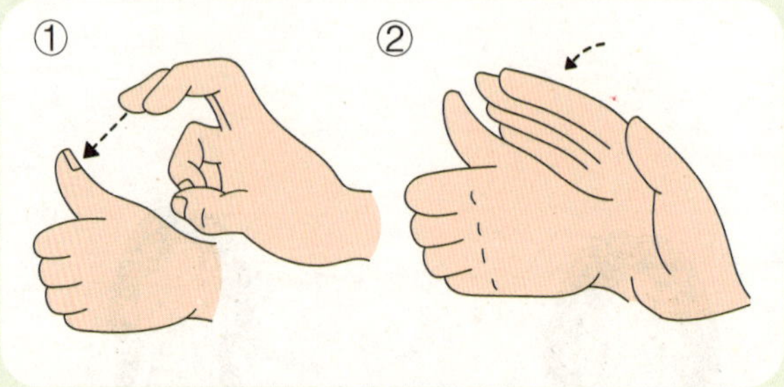

护理

① 左手伸拇指，在前；右手食、中指微曲在后，指尖朝左手拇指点动一下。② 左手伸拇指；右手五指并拢，轻拍一（或两）下左手拇指背。

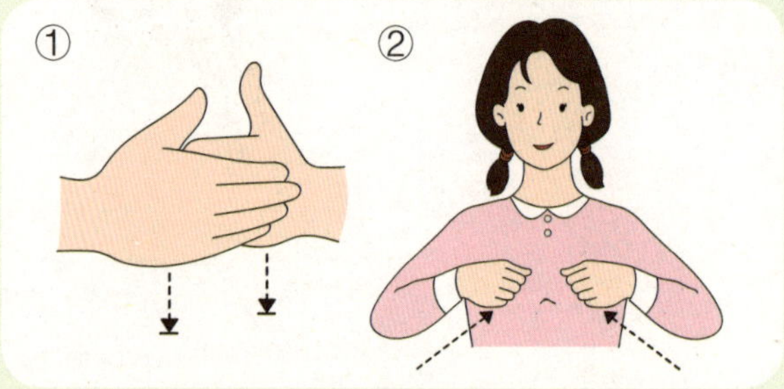

保健

① 左手伸拇指；右手横立，掌心向内，五指微曲，置于左手前，然后双手同时向下一顿。② 双手握拳，锤一下胸部，挺胸抬头。

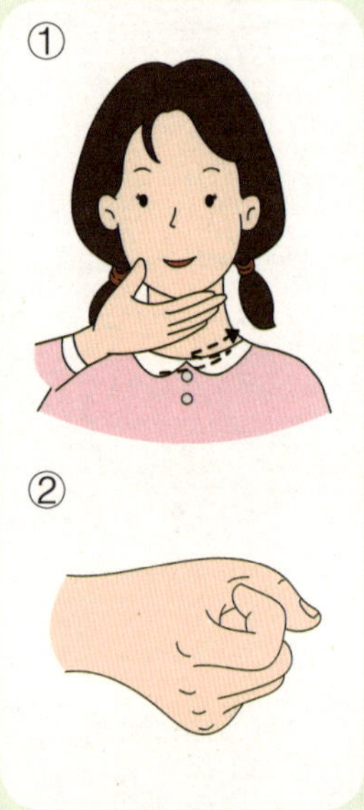

痘痘

① 一手横立，掌心向内，食、中、无名、小指并拢，在颏部从右向左摸两下。② 一手拇、食指捏成小圆形，虎口朝上，如豆子大小。

美丽

一手伸拇、食、中指，食、中指并拢，先置于鼻部，然后边向外移动边缩回食、中指。

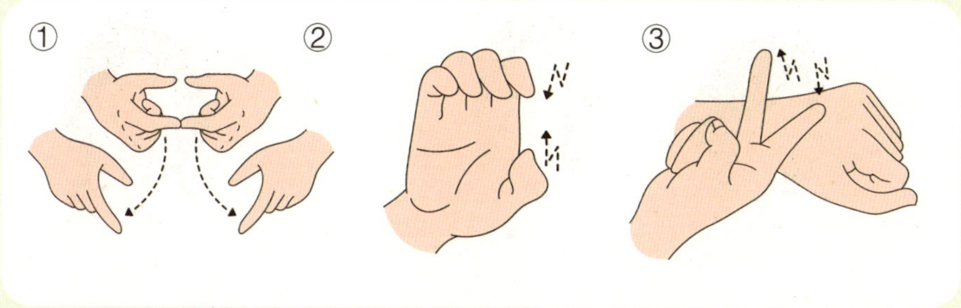

蛋白质

① 双手拇、食指搭成椭圆形，虎口朝上，再向下一甩，模仿打蛋的动作。② 一手五指弯曲，掌心向外，指尖弯动两下。③ 左手握拳，右手食、中指横伸，指背交替弹左手背。

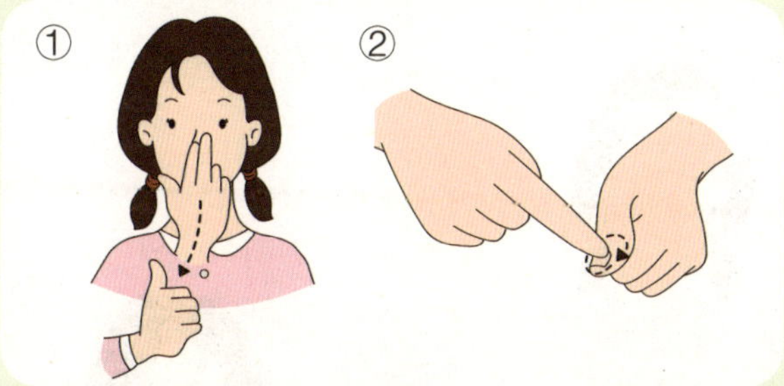

美甲

① 一手伸拇、食、中指，食、中指并拢，先置于鼻部，然后边向外移动边缩回食、中指。② 左手伸拇指；右手伸食指，指尖朝下，在左手拇指指甲盖上转动一下。

化妆

双手五指撮合，在脸颊两侧交替做擦粉的动作。

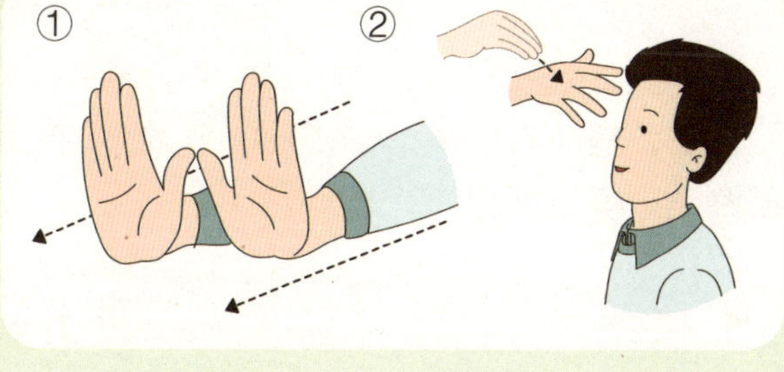

防晒

① 双手直立，掌心向外一推。② 头抬起，一手五指撮合，置于头上方，边向头部移动边张开。

香水

① 一手拇、食指在鼻孔前捻动，然后伸出拇指。② 一手伸拇指，在胸前不同位置弯动几下，如喷香水状。

口红

一手拇、食指相捏，指尖朝内，在嘴唇处移动几下，如抹口红状。既表示口红的名词意思，又表示抹口红的意思。

皱纹

一手横立，掌心向内，五指张开，置于前额，然后并拢，表示额上皱纹。

年轻

一手横立，掌心向内，食、中、无名、小指并拢，在颏部从右向左摸两下。

刮脸

一手食指弯曲如钩，在脸颊部向下来回刮动，模仿刮脸的动作。

发质

① 一手拇、食指相捏，揪一下头发。② 左手握拳；右手食、中指横伸，指背交替弹左手背。

胖

双手拇、食指成“L”形，置于脸颊两侧，然后同时向两侧移动。

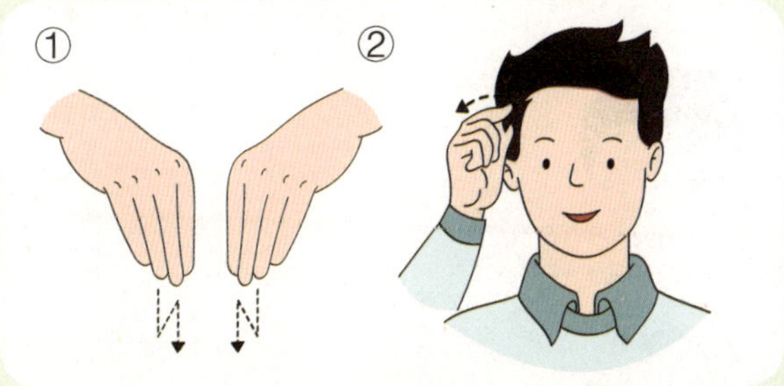

染发

① 双手五指撮合，指尖朝下，同时向下动两下。② 一手拇、食指相捏，揪一下头发。

瘦

一手五指夹住脸颊两侧，边向下移动边收拢。

美发（烫发）

双手食、中指分开，边转动手腕边向下移动，模仿卷发的动作。

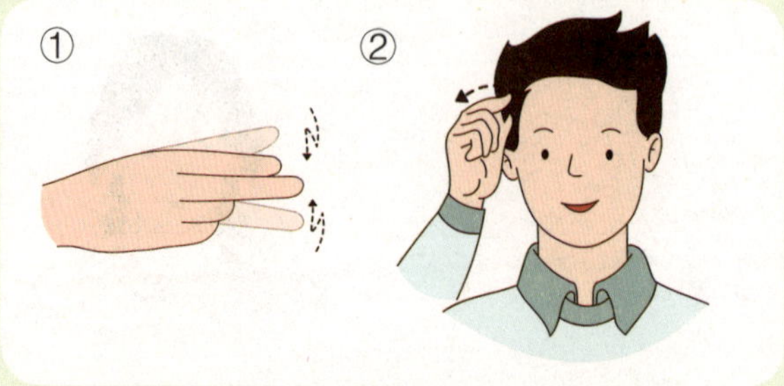

剪发

① 一手食、中指分开，指尖朝前，夹动几下，如用剪刀剪物状。② 一手拇、食指相捏，揪一下头发。

吹发

一手拇、食指成“L”形，食指尖在头一侧转动几圈，嘴同时做吹气的动作。

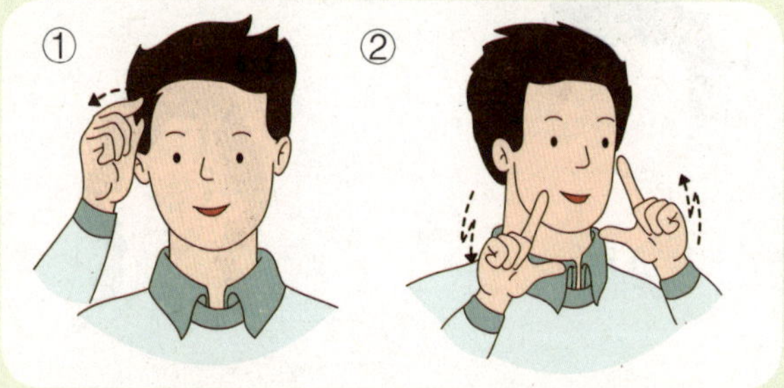

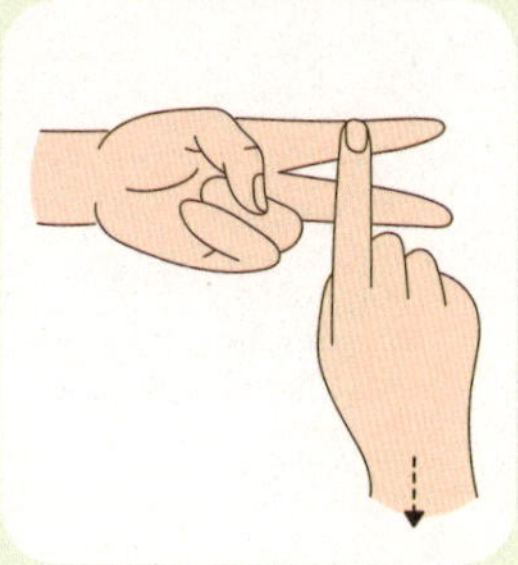

发型

① 一手拇、食指相捏，揪一下头发。② 双手拇、食指成“ ⊔ ”形，置于脸颊两侧，上下交替动两下。

干燥

左手食、中指与右手食指搭成“干”字形，右手食指向下移动一下，表示干的形容词意思。

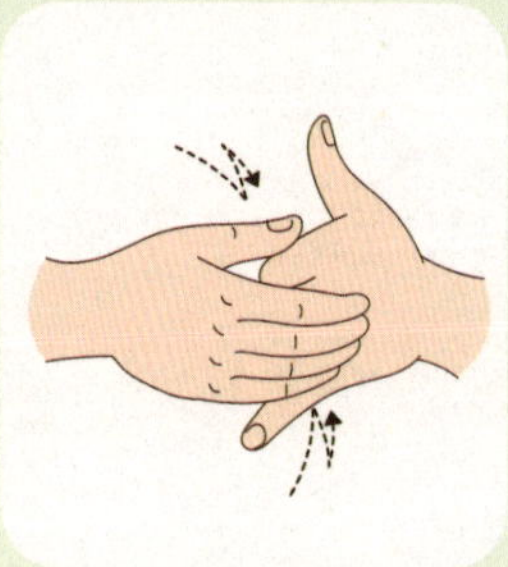

按摩

左手伸拇指、小指，手背向外；右手在左手上捏动几下，表示给身体按摩。

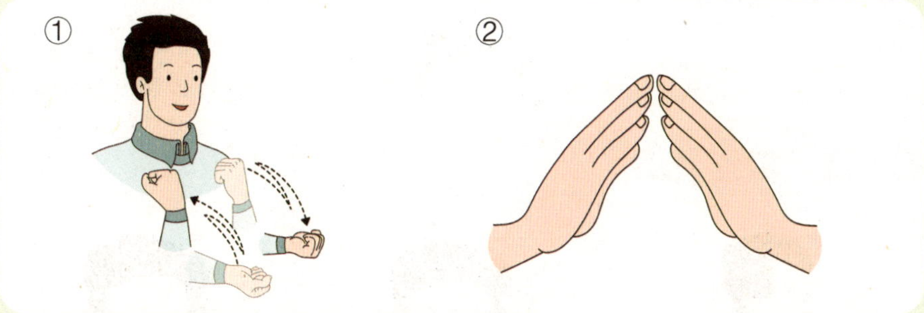

健身房

① 双手握拳屈肘，手背向下，交替抬起，模仿手握哑铃锻炼臂力的动作。② 双手搭成“∧”形，表示家。

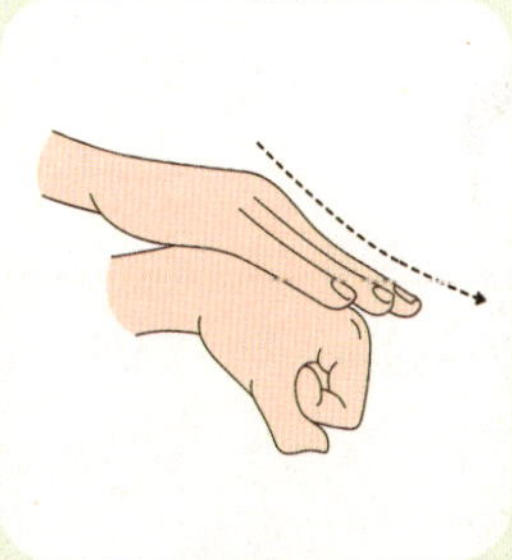

光滑

左手握拳；右手平伸，掌心向下，在左手掌背上快速向下划动一下，表示物体表面光滑。

跑步

双手握拳屈肘，前后交替摆动两下，如跑步状。

健身

双手握拳屈肘，手背向上，虎口朝内，用力向后移动两下。

3 情景对话

（1）你想要什么发型？

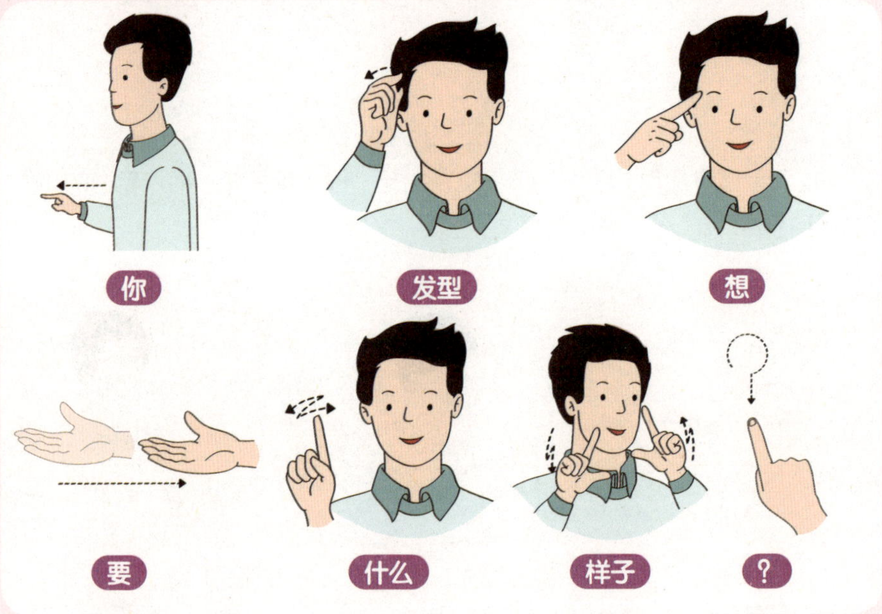

——请剪短。

（2）您想美容还是美发？

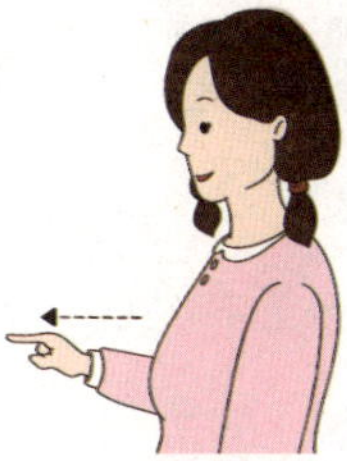

您

想

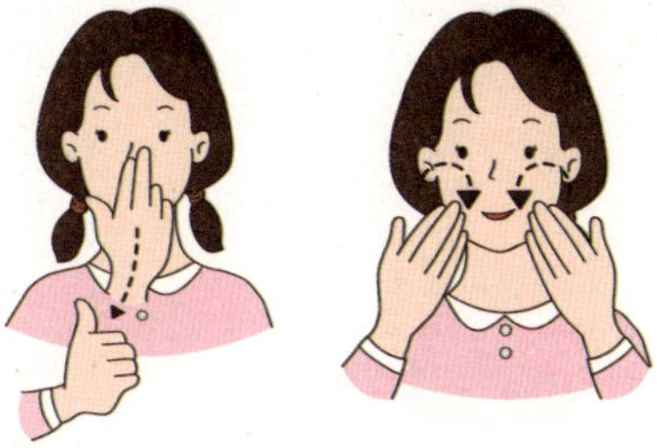

美容

还是

美发

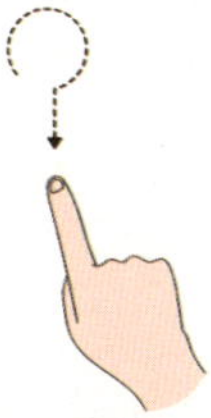

？

——美容。皮肤干燥，不舒服。

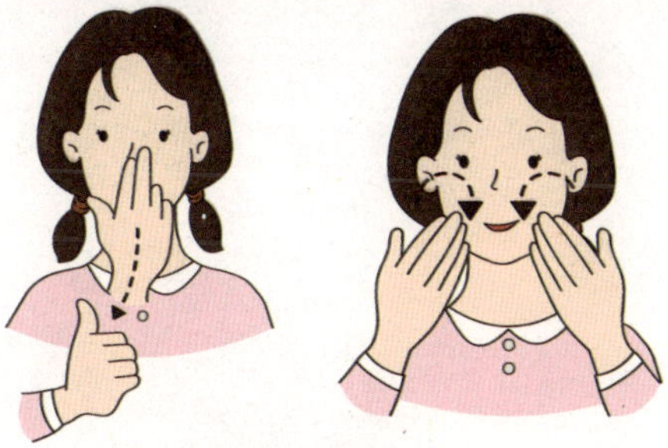

美容（吧），

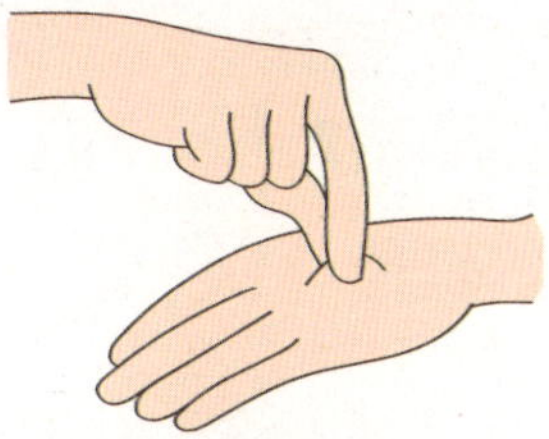

皮肤

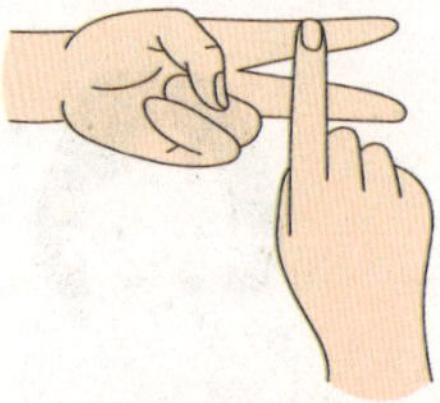
干燥（了），

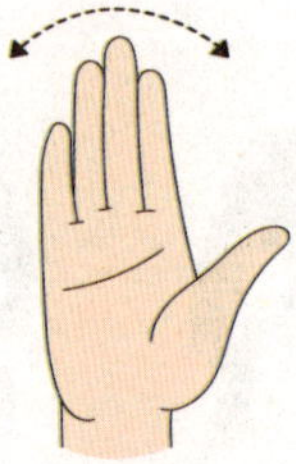
不

舒服。

——这个面膜很好，可以补水。

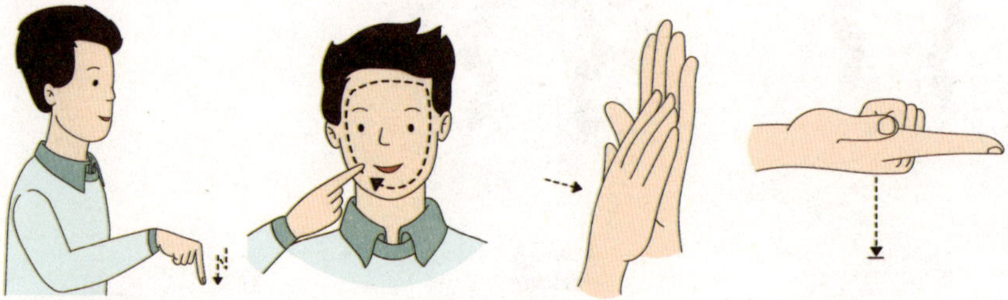
这个 面膜 很

好，

补水，

可以。

专题十一

邮寄快递

放心

1 常用词

邮局	邮票	发快递	寄信	平邮
收件人	地方	寄件人	挂号信	公司
省（市）内	包邮	航空信	包装	称重
易燃易爆	外埠	歇业	春节期间	邮费
放心	多久	网站	破损	拒签
签收	海运	空运	订单	解决

2 手语详解

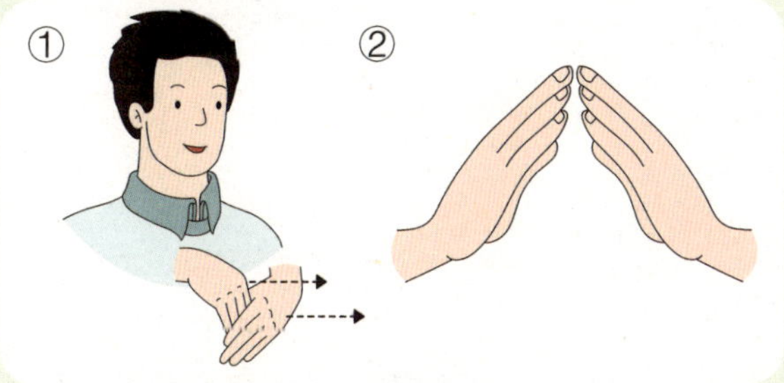

邮局

① 左手五指成“匚”形，虎口朝上；右手五指并拢，指尖朝下，插入左手虎口内，然后双手同时向外移动。② 双手搭成“∧”形，表示家。

邮票

左手横伸，掌心向上，右手食、中指并拢，先在嘴唇上抹一下，再贴向左手掌心，模仿用唾液融化邮票背胶后贴邮票的动作。

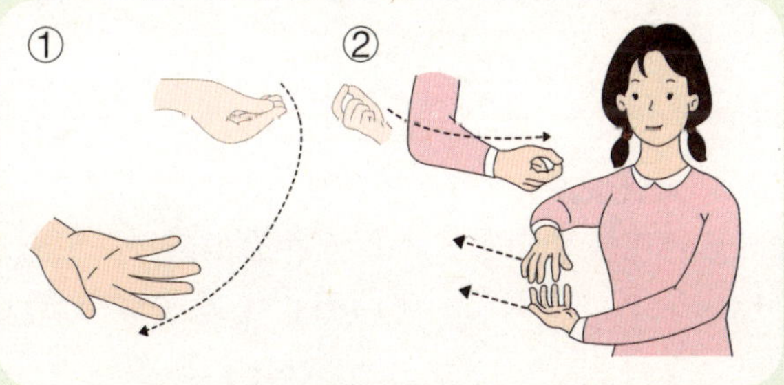

发快递

① 一手五指撮合，掌心向上，然后边向一侧移动边张开。② 一手拇、食指捏成圆形，向一侧快速划动。③ 双手横伸，掌心上下相对，五指微曲，同时向外移动，表示一批东西。

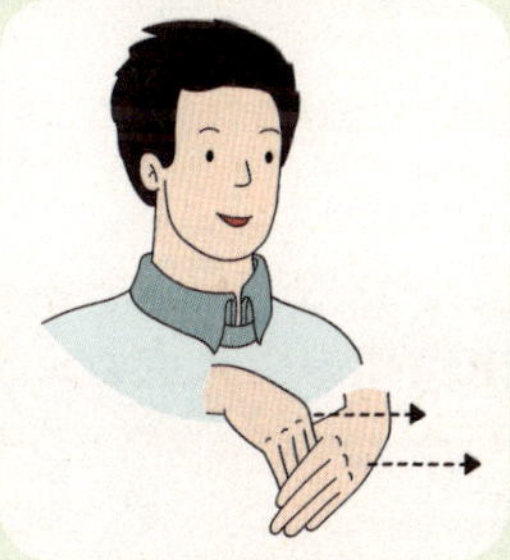

寄信

左手五指成“匚”形，虎口朝上；右手五指并拢，指尖朝下，插入左手虎口内，然后双手同时向外移动。

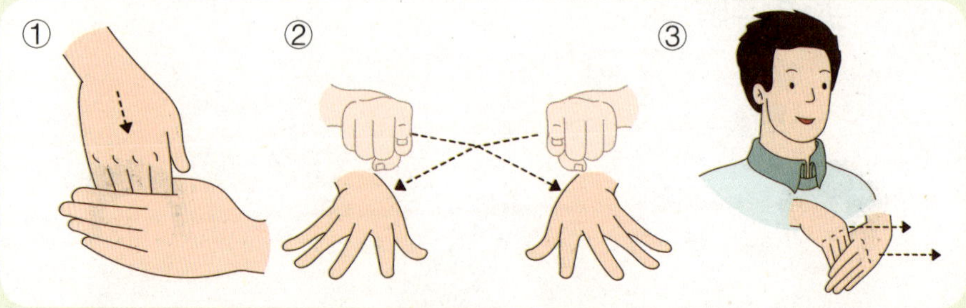

平邮

① 左手五指成“匚”形，虎口朝上；右手五指并拢，指尖朝下，插入左手虎口内。② 双手食指指尖朝前，手背向上，先互碰一下，再分开并张开五指。③ 左手五指成“匚”形，虎口朝上；右手五指并拢，指尖朝下，插入左手虎口内，然后双手同时向外移动。

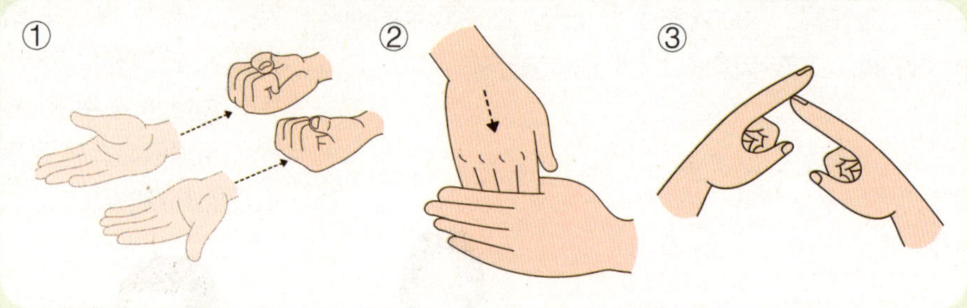

收件人

① 双手平伸，掌心向上，边向内移动边握拳。② 左手五指成“匚”形，虎口朝上；右手五指并拢，指尖朝下，插入左手虎口内。③ 双手食指搭成“人”字形。

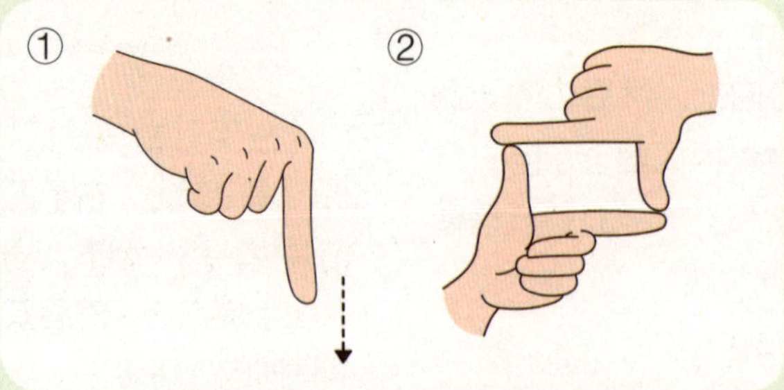

地方

① 一手伸食指，指尖向朝下一指。② 双手拇、食指搭成“口”形。

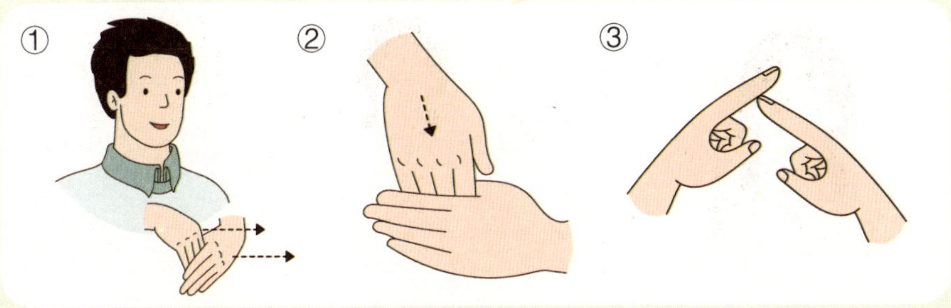

寄件人

① 左手五指成“匚”形，虎口朝上；右手五指并拢，指尖朝下，插入左手虎口内，然后双手同时向外移动。② 左手五指成“匚”形，虎口朝上；右手五指并拢，指尖朝下，插入左手虎口内。③ 双手食指搭成“人”字形。

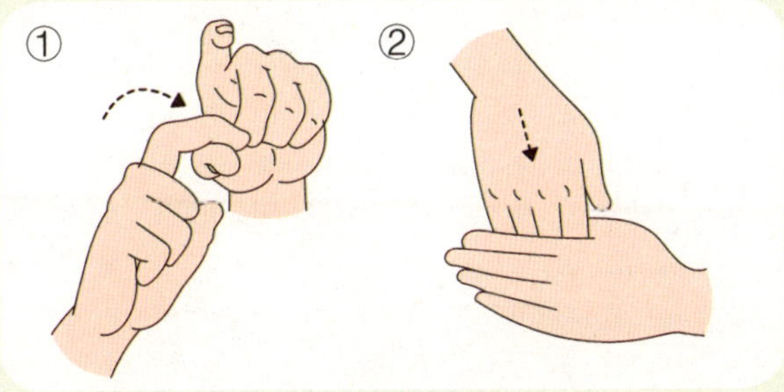

挂号信

① 左手拇、食指张开，虎口朝内；右手食指弯曲，挂在左手拇指上。② 左手五指成“匚”形，虎口朝上；右手五指并拢，指尖朝下，插入左手虎口内。

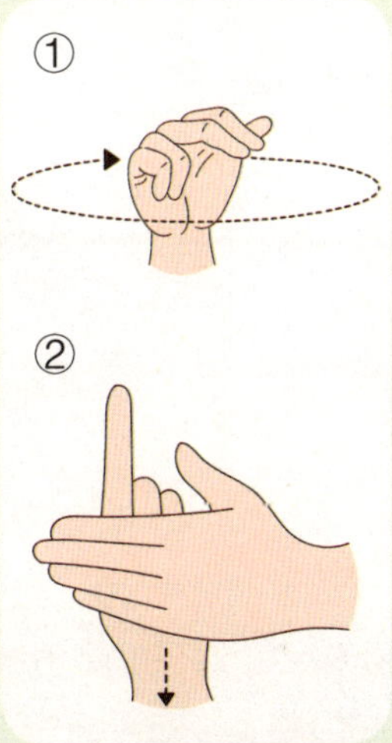

省（市）内

① 一手打手指字母“SH”指式，顺时针平行转动一圈。② 左手横立；右手食指直立，在左手掌心内从上向下移动。

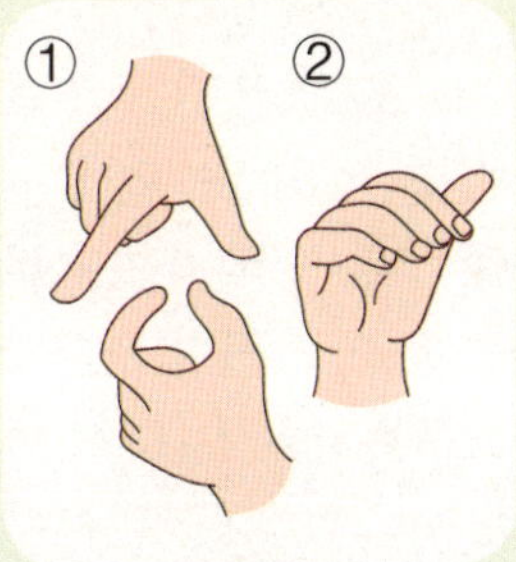

公司

① 双手拇、食指搭成“公”字形，虎口朝外。② 一手打手指字母“S”的指式。

包邮

① 右手拍两下左肩。② 一手拇、食指捏成圆形，向一侧快速划动。双手横伸，掌心上下相对，五指微曲，同时向外移动，表示一批东西。③ 左手拇、食指捏成圆形，虎口朝上；右手伸食指，敲一下左手拇指。

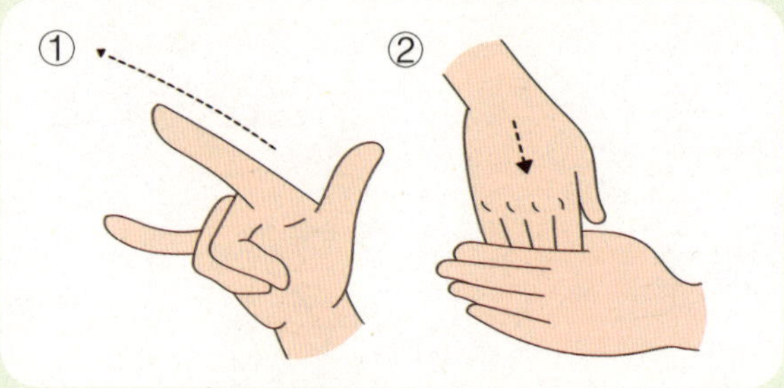

航空信

① 一手伸拇、食、小指，手背向上，从低向高移动，如飞机起飞状。② 左手五指成“匚”形，虎口朝上；右手五指并拢，指尖朝下，插入左手虎口内。

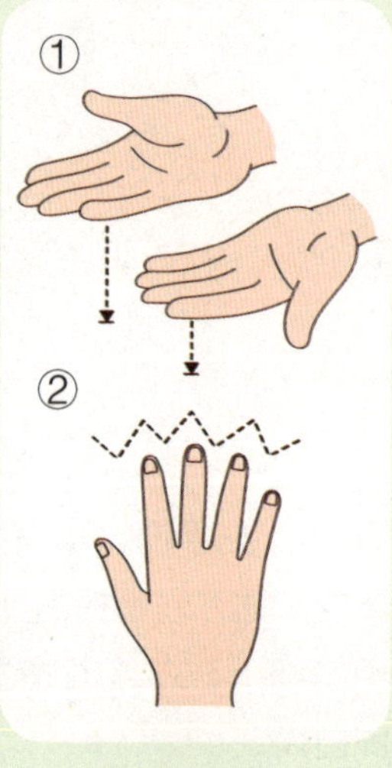

称重

①双手平伸，掌心向上，同时向下一顿。② 一手直立，掌心向内，五指张开，交替点动几下。

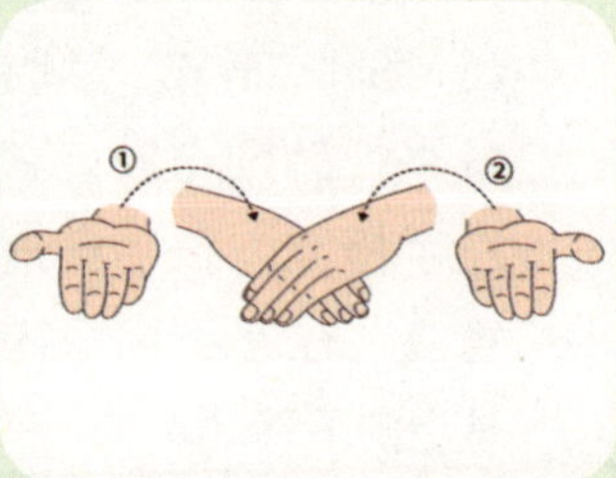

包装

双手平伸，掌心向上，然后交替翻动，如包物品状。

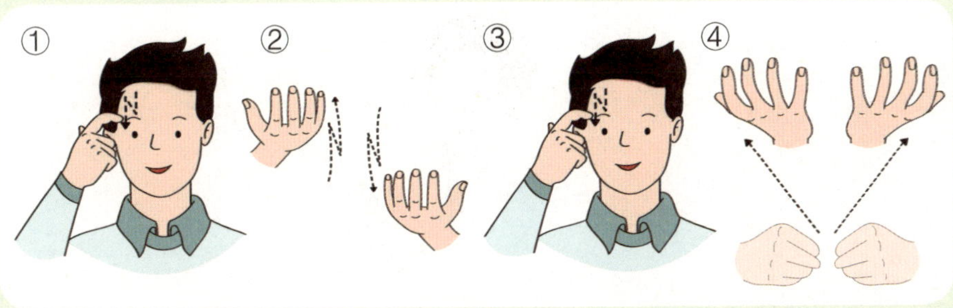

易燃易爆

① 一手伸拇、食指，食指尖在太阳穴向下弯动两下，面露轻松的表情。② 双手五指微曲，指尖朝上，上下交替动几下，如火苗跳动状。③ 一手伸拇、食指，食指尖在太阳穴向下弯动两下，面露轻松的表情。④ 双手虚握，虎口朝上，然后迅速向上弹起并张开五指，口同时张开，动作幅度要大。

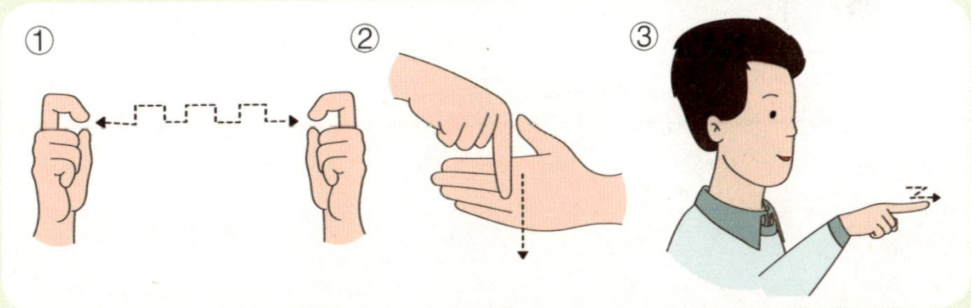

外埠

① 双手食指直立，指面相对，从中间向两侧弯动。② 左手横伸；右手伸食指，指尖朝下，在左手背外向下指。③ 一手伸食指，指尖朝外指两下。

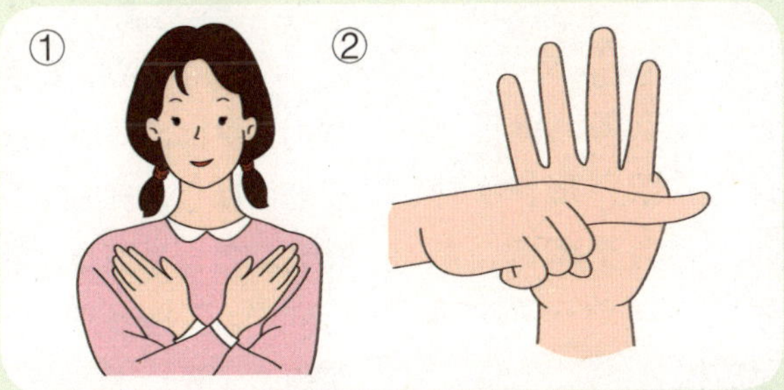

歇业

①双手交叉，手背向外，贴于胸部。② 左手食、中、无名、小指直立分开，手背向外；右手食指横伸，置于左手四指根部，仿“业”字形。

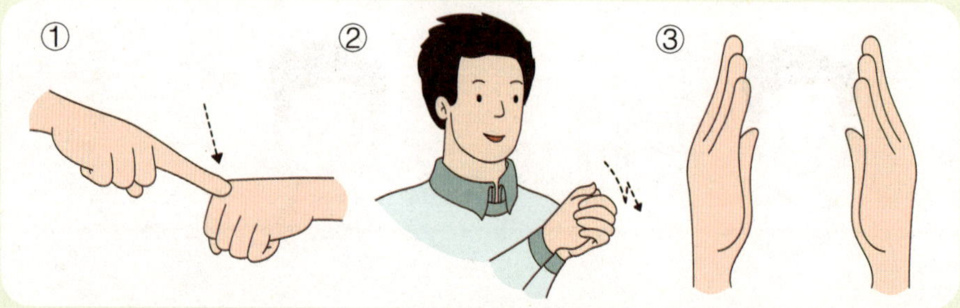

春节期间

① 左手握拳，手背向上；右手食指点一下左手食指根部关节。② 双手作揖，向前晃动两下，面露喜悦的表情。③ 双手直立，掌心左右相对，表示一段时间。

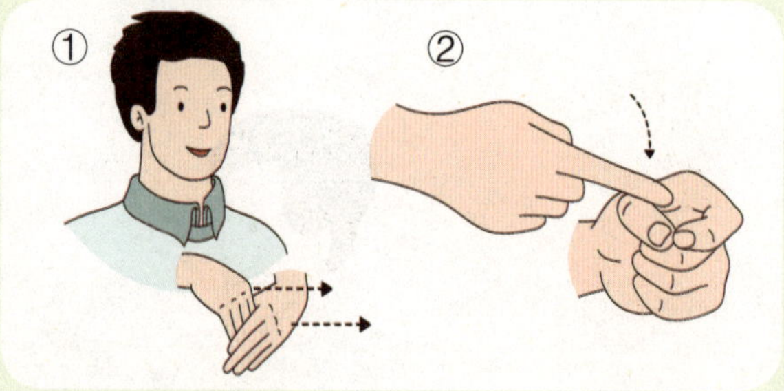

邮费

① 左手五指成“匚”形，虎口朝上；右手五指并拢，指尖朝下，插入左手虎口内，然后双手同时向外移动。② 左手拇、食指捏成圆形，虎口朝上；右手伸食指，敲一下左手拇指。

放心

双手拇、食指张开仿“♡”形，手背向外，置于胸部，然后向下移动一下，表示放松。

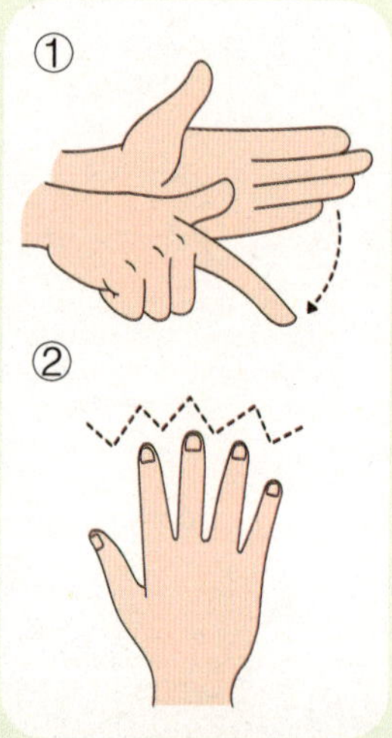

多久

① 左手侧立；右手伸拇、食指，拇指尖抵于左手掌心，食指向下转动。② 一手直立，掌心向内，五指张开，交替点动几下。

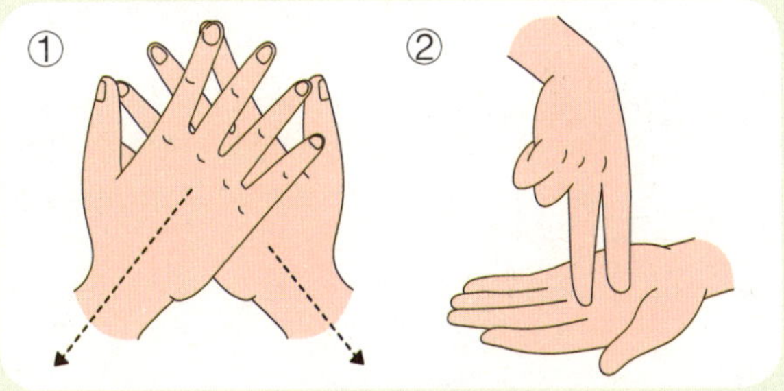

网站

① 双手张开，手背向外，交叉相搭，向两侧斜下方移动。② 左手横伸；右手食、中指分开，指尖朝下，立于左手掌心上。

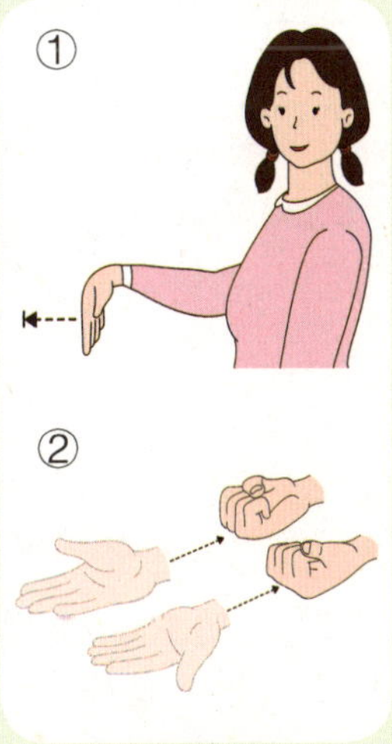

拒签

① 一手五指并拢，指尖朝下，掌心向内，向前用力一顿，头歪向一侧，面露严肃的表情。② 双手平伸，掌心向上，边向内移动边握拳。

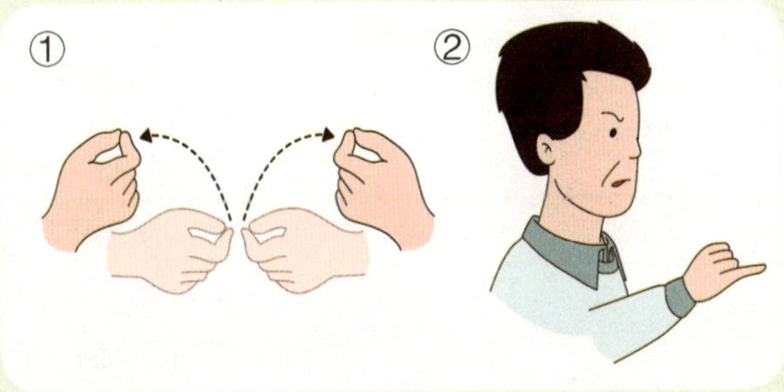

破损

① 双手拇、食指相捏，虎口朝上，然后向上掰动一下。② 一手伸小指，指尖朝前上方。

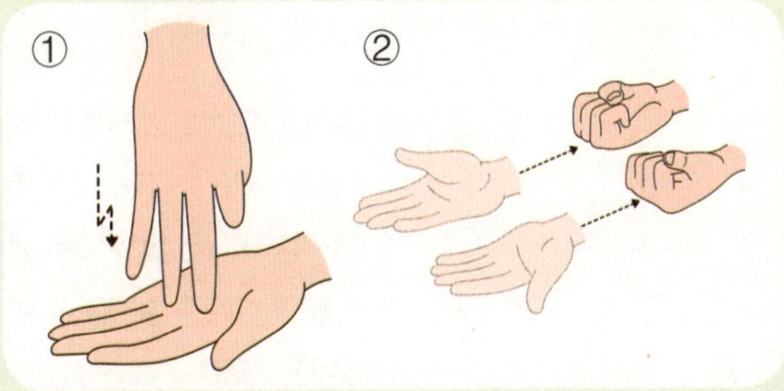

签收

① 左手横伸；右手伸中、无名、小指，指尖朝下，在左手掌心上点两下。② 双手平伸，掌心向上，边向内移动边握拳。

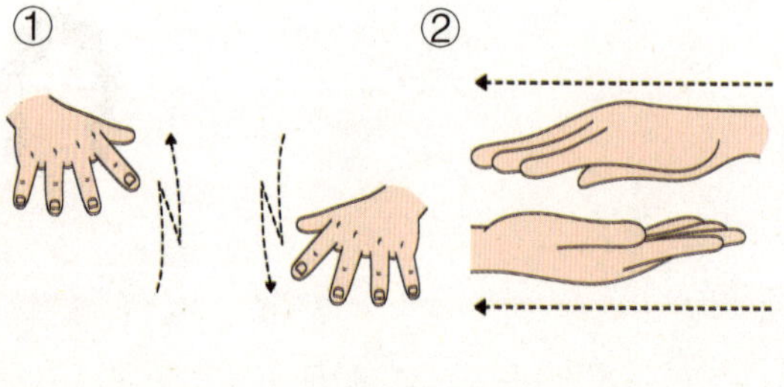

海运

① 双手平伸，掌心向下，五指张开，上下交替移动，表示起伏的波浪。② 双手横伸，掌心上下相对，向一侧移动一下。

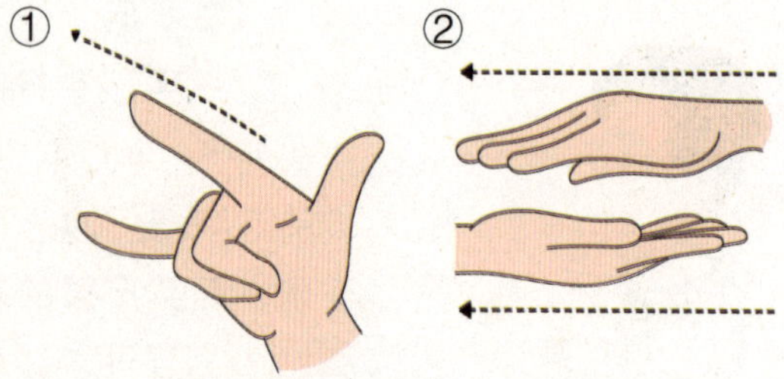

空运

① 一手伸拇、食、小指，手背向上，从低向高移动，如飞机起飞状。② 双手横伸，掌心上下相对，向一侧移动一下。

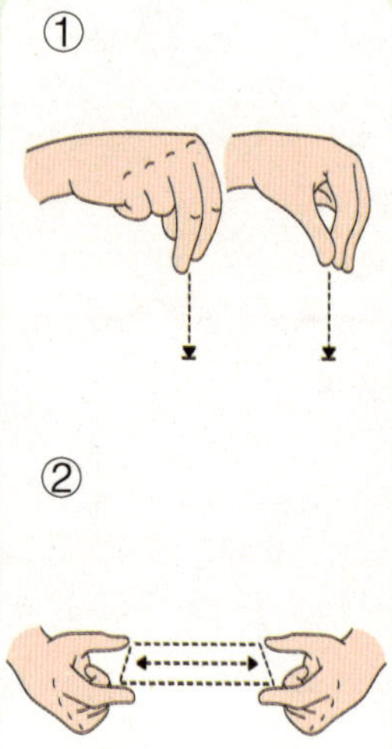

订单

① 双手拇、食、中指相捏，指尖朝下，一前一后，同时向下一顿。② 双手拇、食指张开，指尖相对，虎口朝上，从中间向两侧移动。

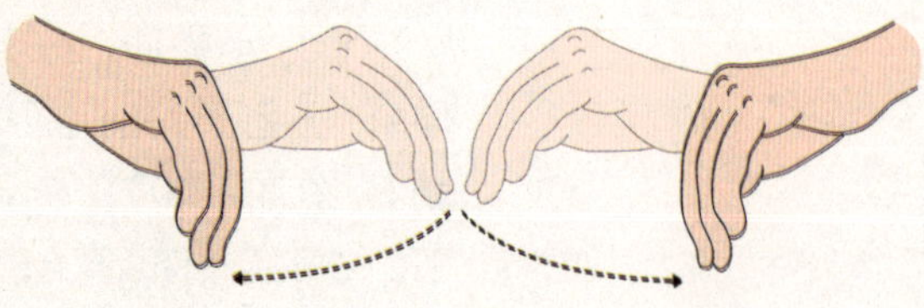

解决

双手手背拱起，指背相对，分别向两侧扒动一下；也用于表示代数方程式“解”“根”的概念和姓氏“解”（xiè）。

3 情景对话

（1）你好，我要寄包裹。

你 好， 我

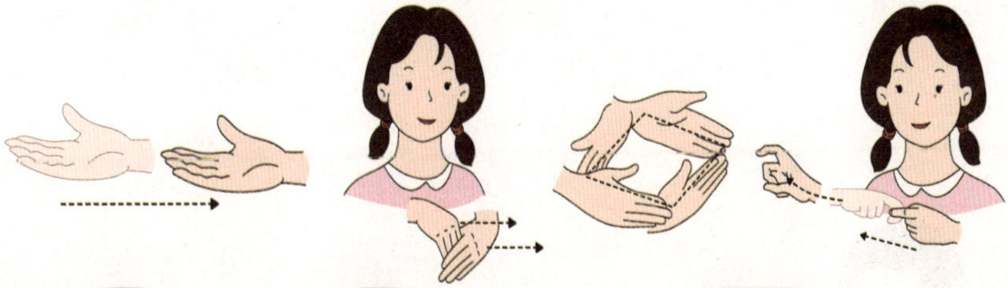

要 寄 包裹。

——先称一下重量，填写包裹单。

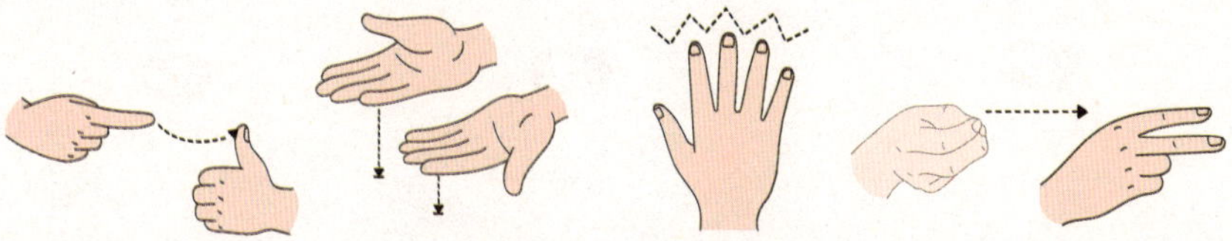

先 称一下 重量， 后

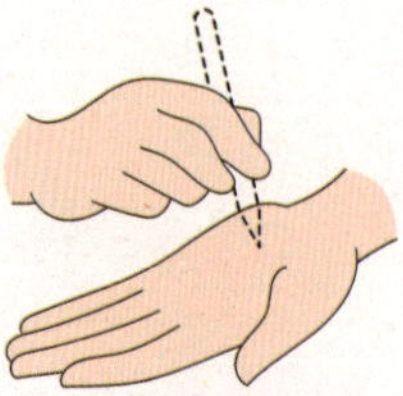

填写

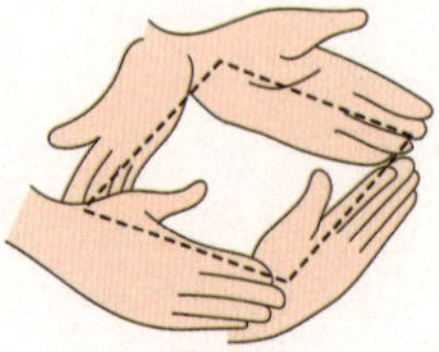

包裹

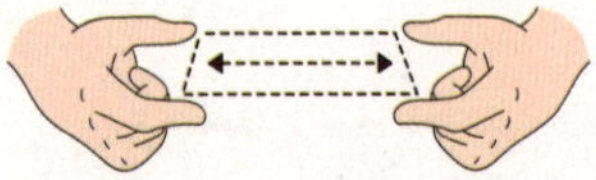

单。

——多久可以寄到?

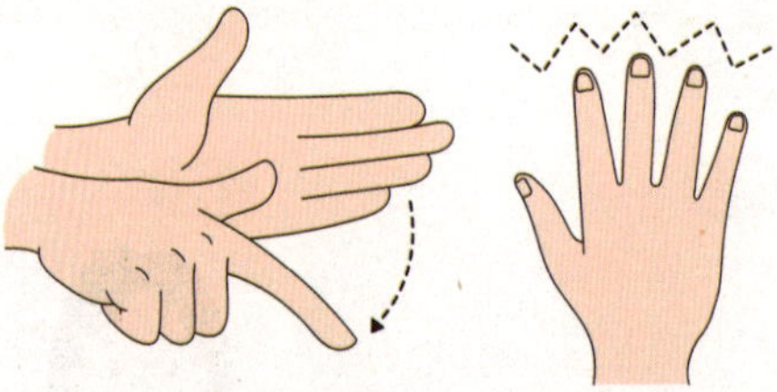

多久

可以

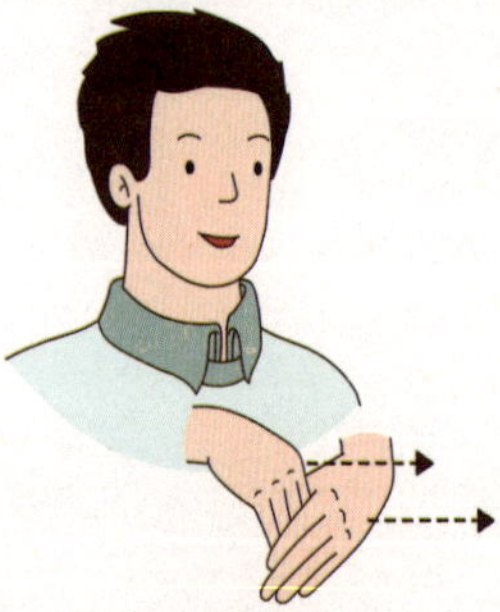

寄

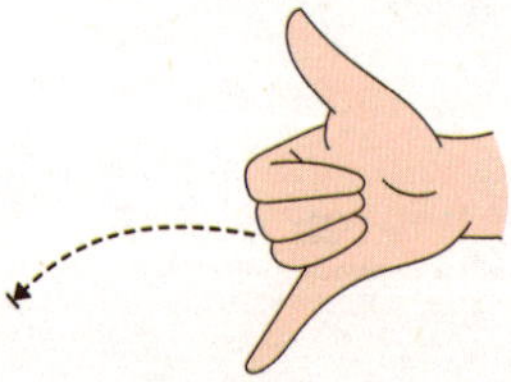

到

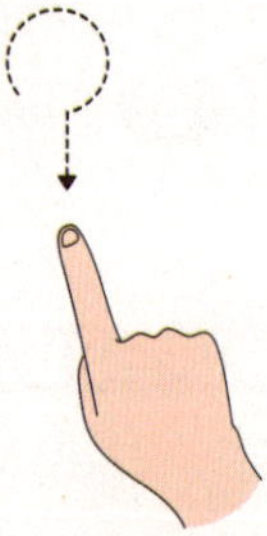

?

——2-5 天可以到。

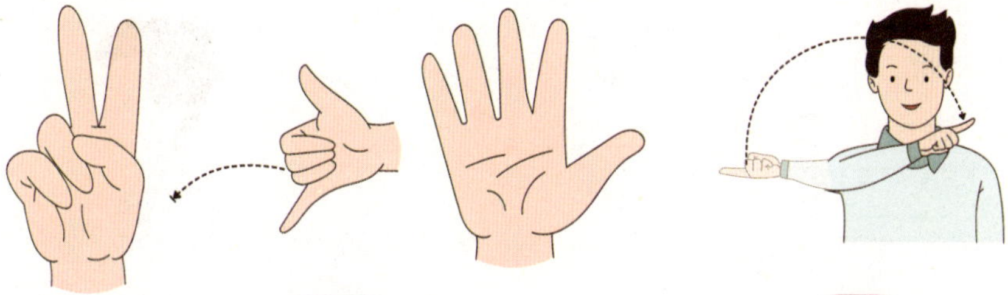

——邮费多少？

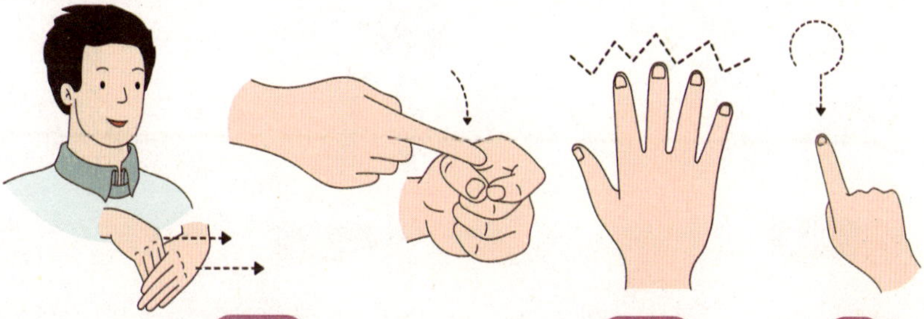

——省内 12 元。

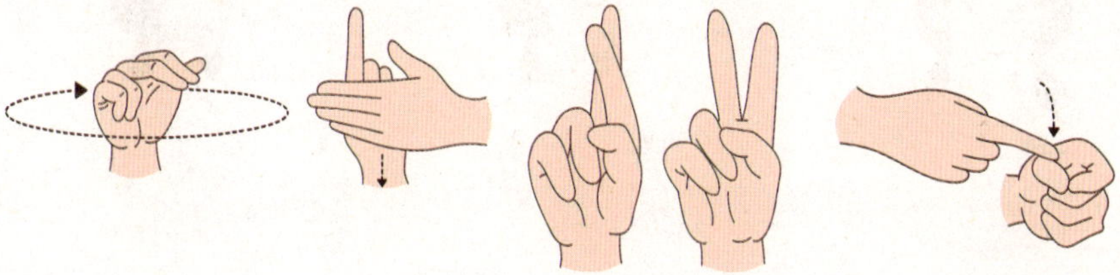

（2）包装破损可以拒签。

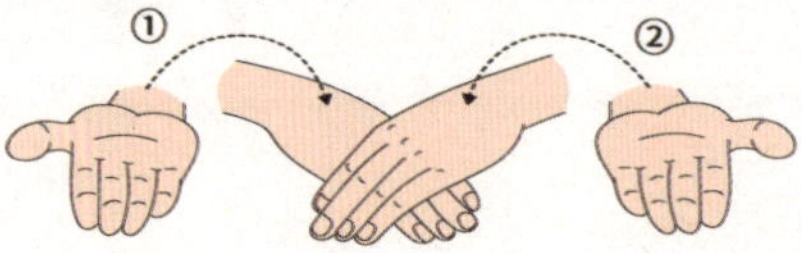

包装

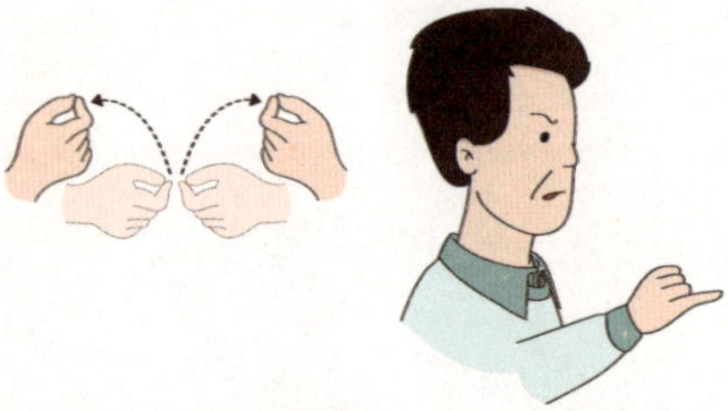

破损

可以

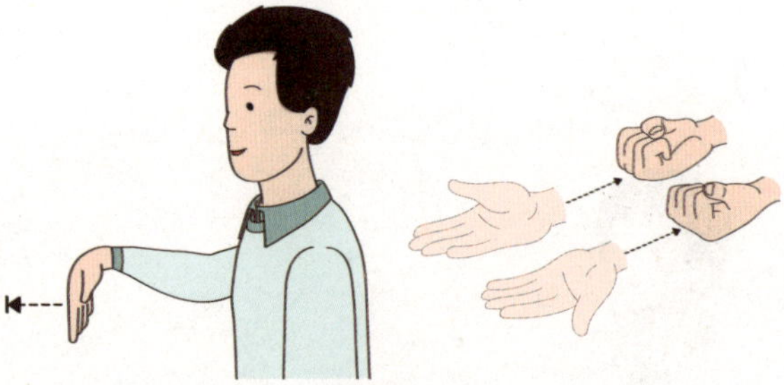

拒签。

（3）放心，我们一定解决。

放心

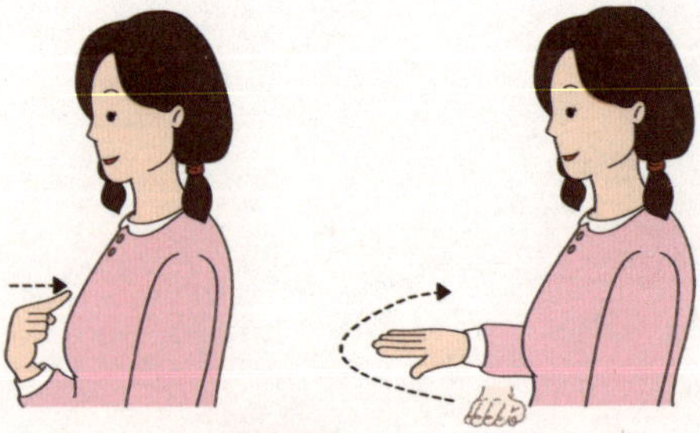

我们

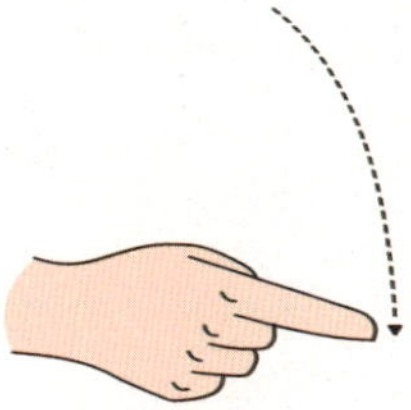

一定

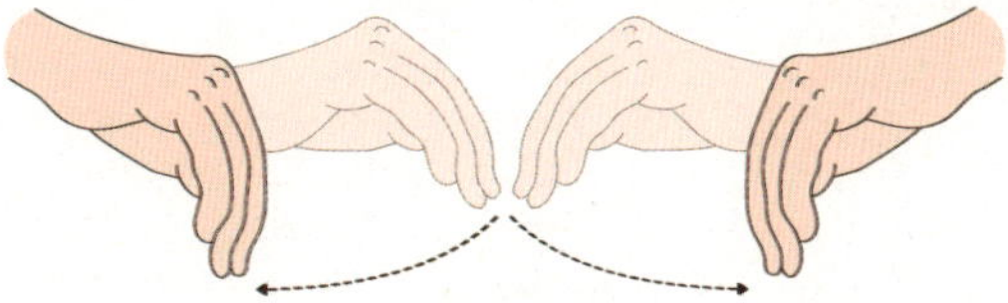

解决。

（4）可以在网站查询您的订单。

可以

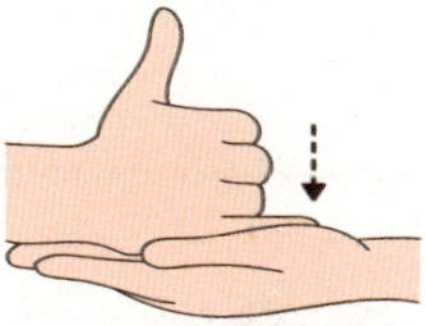

在

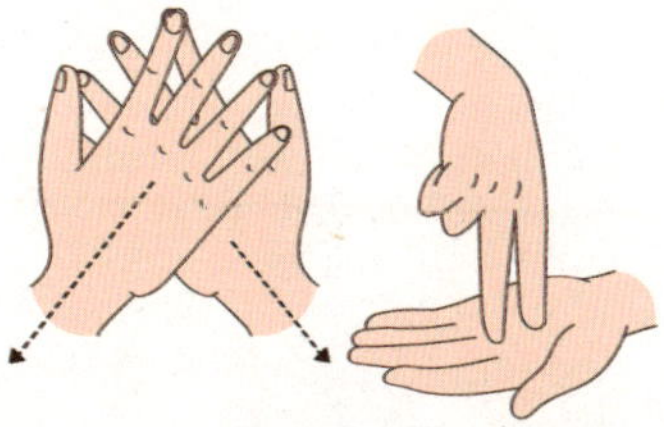

网站

查询

您的

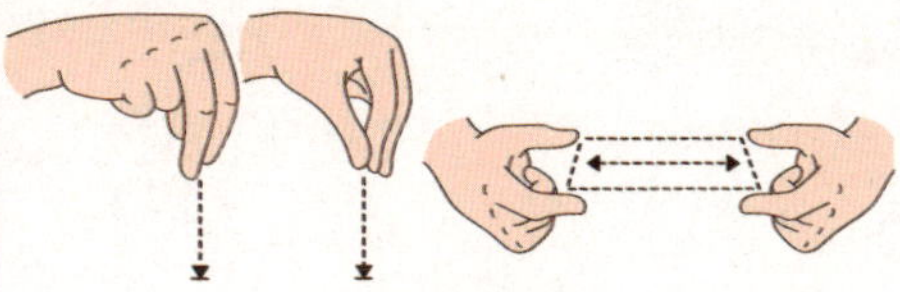

订单。

专题十二

谈论天气

冷

1 常用词

天气	明天	气候	风	昨天
气温	雨	雪	雾	雷
带	保暖	阴	冷	热
晴	注意	预报	闪电	上午
中午	下午	春夏秋冬	地球	日出
日落	升降	记得	忘	停
度	云彩			

2 手语详解

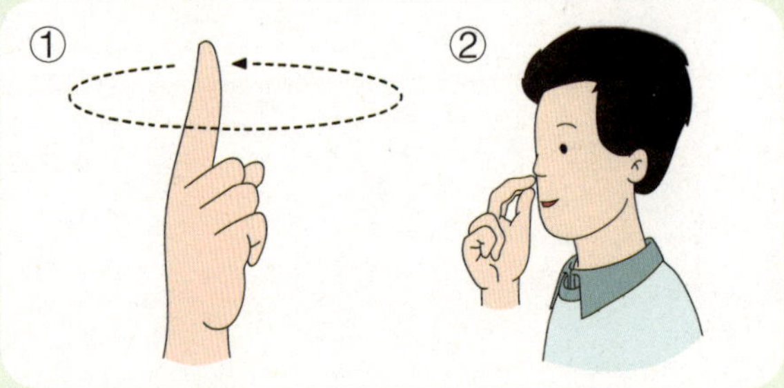

天气

① 一手食指直立，在头侧上方转动一圈。② 一手打字母“Q”的指式，指尖朝内，置于鼻孔处。

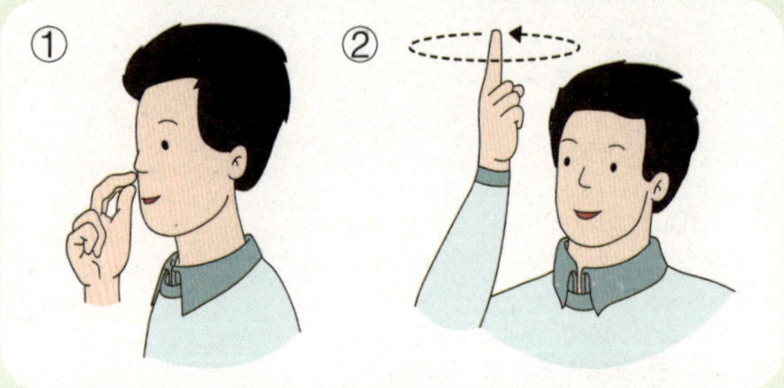

气候

① 一手打字母“Q”的指式，指尖朝内，置于鼻孔处。② 一手食指直立，在头一侧上方转动一圈。

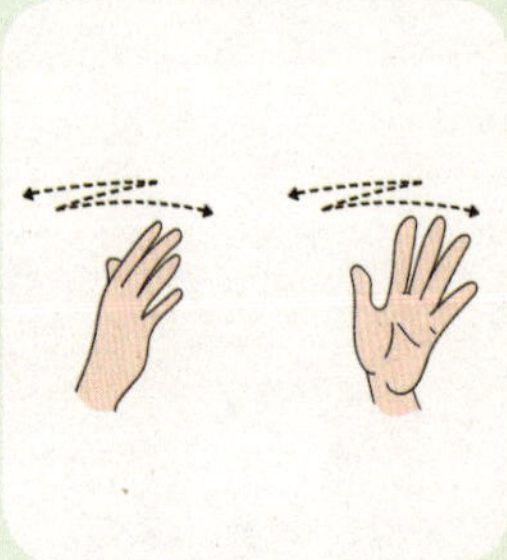

风

双手（或一手）直立，掌心左右相对，五指微曲，左右来回扇动。

明天

头微偏，一手食指抵于太阳穴，然后向外移动，头转正，表示睡觉后过了一天，引申为明天。

昨天

一手食指直立，掌心向内，自头一侧向后划动一下。

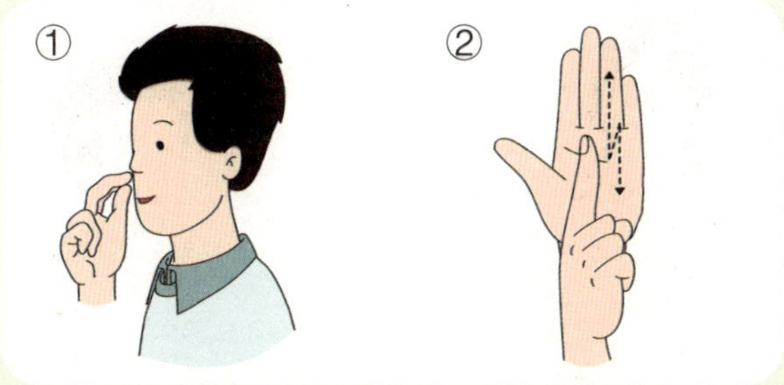

气温

①一手打手指字母“Q”的指式，指尖朝内，置于鼻孔处。②左手直立，掌心向外；右手食指直立，贴于左手掌心，上下移动两下。

雨

双手五指微曲，指尖朝下，在头前快速向下动几下。

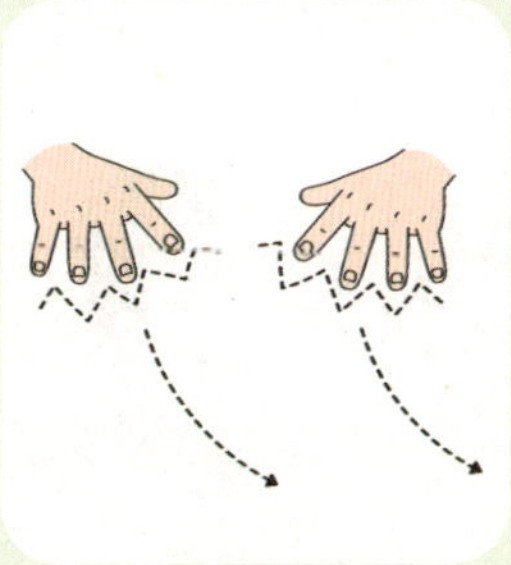

雪

双手平伸，掌心向下，五指张开，边交替点动边向斜下方缓缓下降，如雪花飘落状。

雾

双手直立，掌心向外，五指张开，在眼前交替转动几下，同时眯眼，表示重雾迷目。

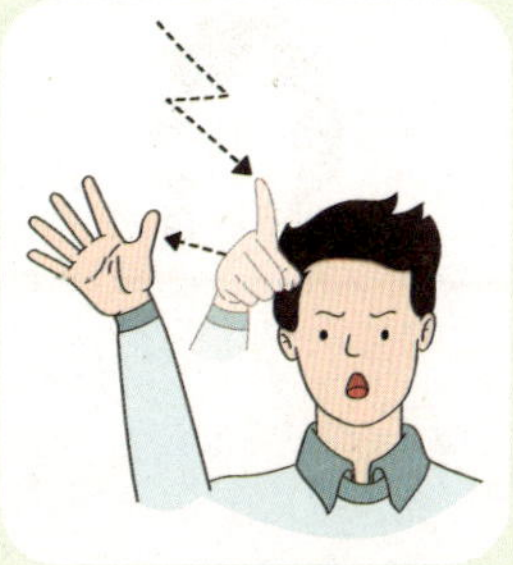

雷

一手伸食指，指尖朝前，在头前上方做“ϟ”形划动，然后猛然张开五指，同时眨眼张口，表示雷声。

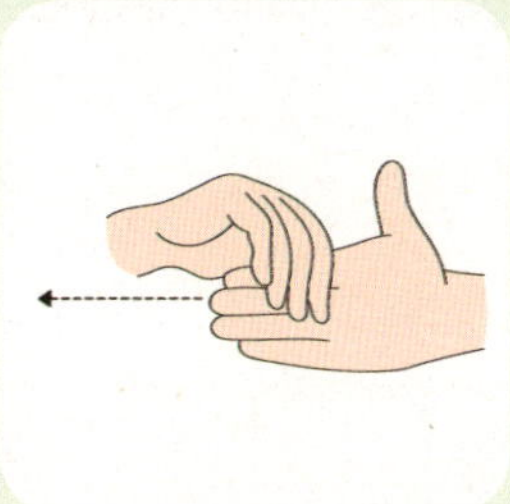

带

左手横立，掌心向内；右手捏住左手食、中、无名指，向右移动一下。

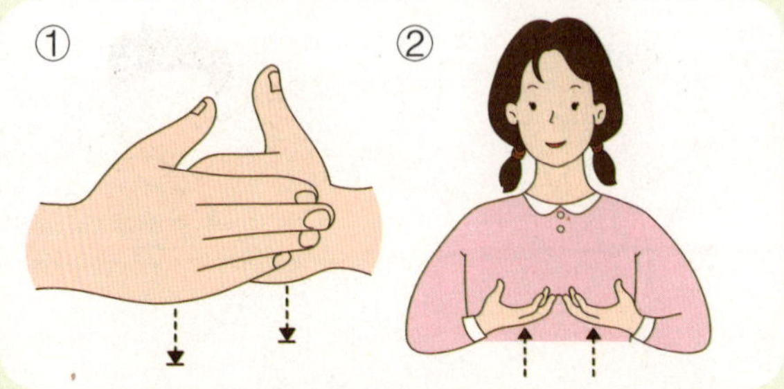

保暖

① 左手伸拇指；右手横立，掌心向内，五指微曲，置于左手前，然后双手同时向下一顿。② 双手横伸，掌心向上，五指微曲，从腹部慢慢上移。

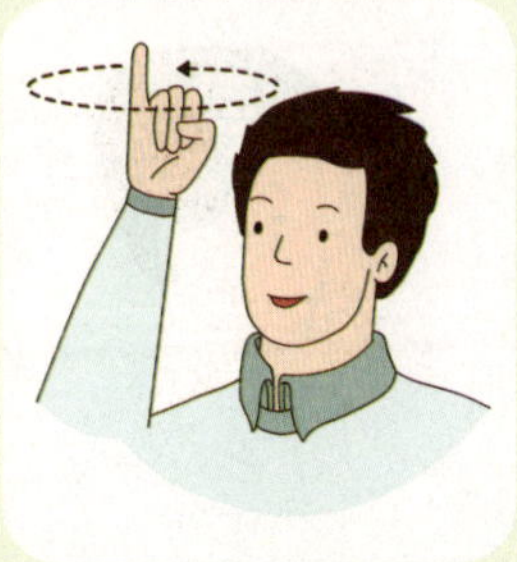

阴

一手伸出小指，指尖朝上，在头前上方转动一圈，头同时微抬，表示阴天。

冷

双臂握拳曲肘，小臂颤动几下，如哆嗦状，表示冷，引申为冬。

热

一手五指张开，手背向外，在额头上一抹，如流汗状；也用于表示夏天。

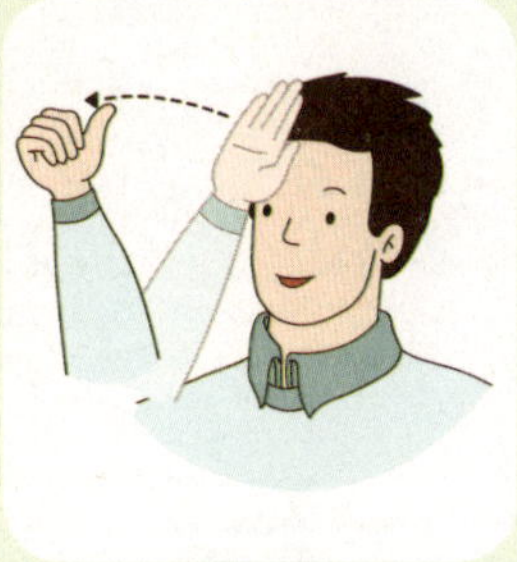

晴

一手五指微曲，掌心向外，置于头前，边向右移动边伸出拇指，表示天气晴朗，头同时微抬。

注意

一手食、中指弯曲分开，指尖朝前，点动两下，面露严肃的表情。

预报

① 双手直立，手背前后相贴，左手在前不动，右手向后移动。② 双手五指成“L」”形，虎口贴于嘴边，向前方两侧移动两下。

闪电

一手伸食指，指尖朝前，在头前上方做“ϟ”形划动。

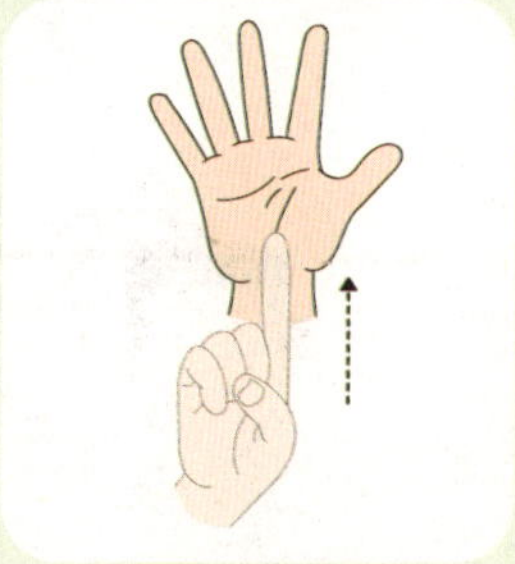

上午

一手食指直立，掌心向外，然后边向上移动边张开五指。

中午

一手食指直立，掌心向内，置于嘴部，然后五指张开。

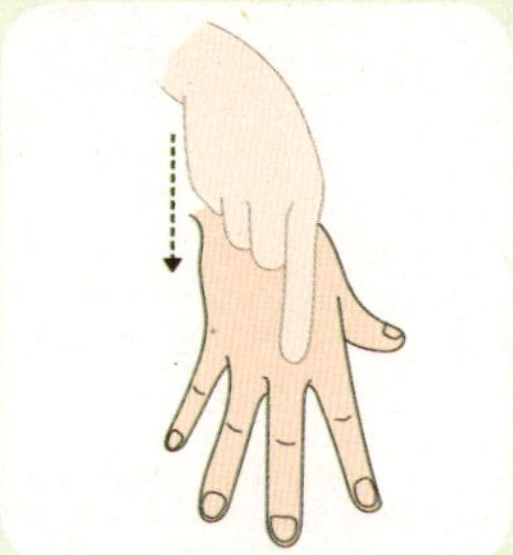

下午

一手伸食指，指尖朝下，手背向外，然后边向下移动边张开五指。

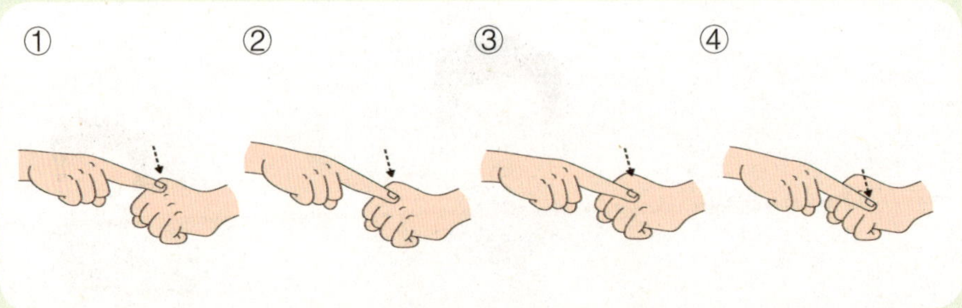

春夏秋冬

① 左手握拳，手背向上；右手食指点一下左手食指根部关节。② 左手握拳，手背向上；右手食指点一下左手中指根部关节。③ 左手握拳，手背向上；右手食指点一下左手无名根部关节。④ 左手握拳，手背向上；右手食指点一下左手小指根部关节。

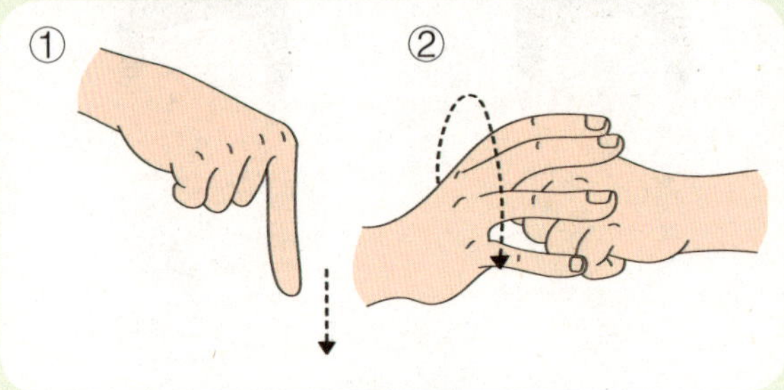

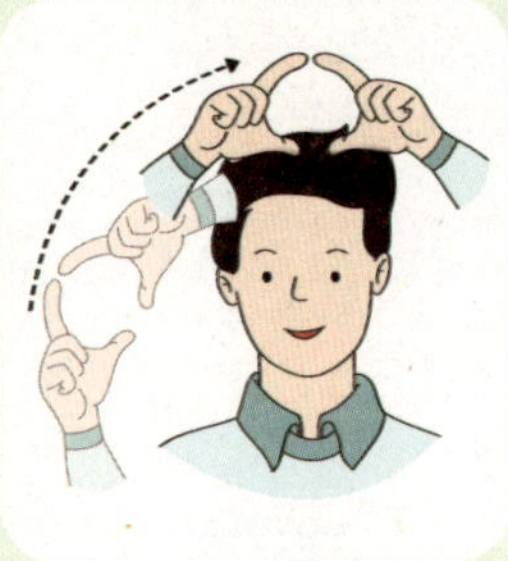

地球

① 一手伸食指，指尖朝下一指。② 左手握拳，手背向上；右手五指微曲张开，从后向前绕左拳转动半圈。

日出

双手拇、食指搭成圆形，虎口朝内，从头右侧向头顶做弧形移动，表示太阳升起。

日落

双手拇、食指搭成圆形，虎口朝内，从头上方向左侧下方移动，表示日落。

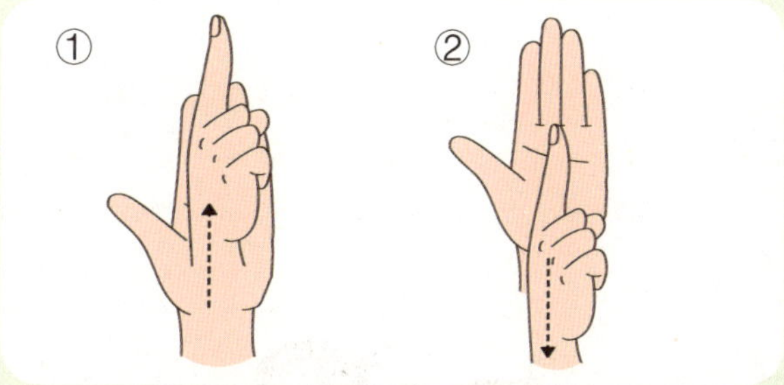

升降

① 左手直立，掌心向外；右手食指直立，贴于左手掌心，向上移动。② 左手直立，掌心向外；右手食指直立，贴于左手掌心，向下移动。

记得

一手打食指字母“J”的指式，碰两下前额。

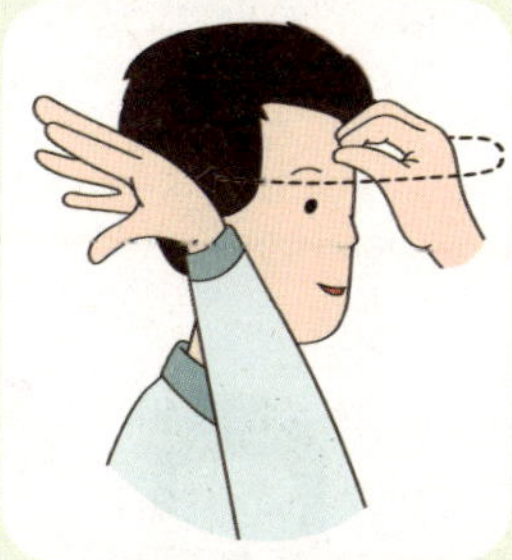

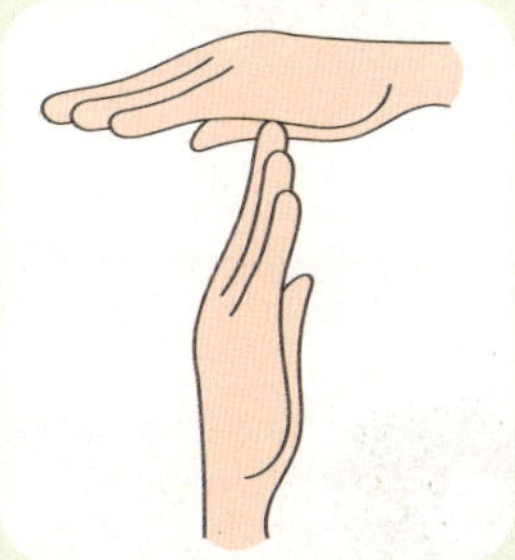

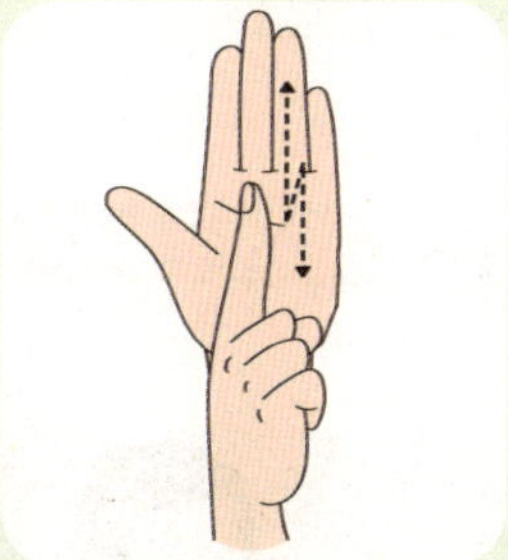

忘

一手五指撮合，按于前额，然后边向脑后移动边张开。

停

左手横伸，掌心向下；右手直立，掌心向左，指尖抵住左手掌心。

度

左手直立，掌心向外；右手食指直立，贴于左手掌心，上下移动两下。

云彩

一手（或双手）五指成“匚”形，虎口朝上，在头前上方平行转动两下。

3 情景对话

（1）今天天气好吗？

今天

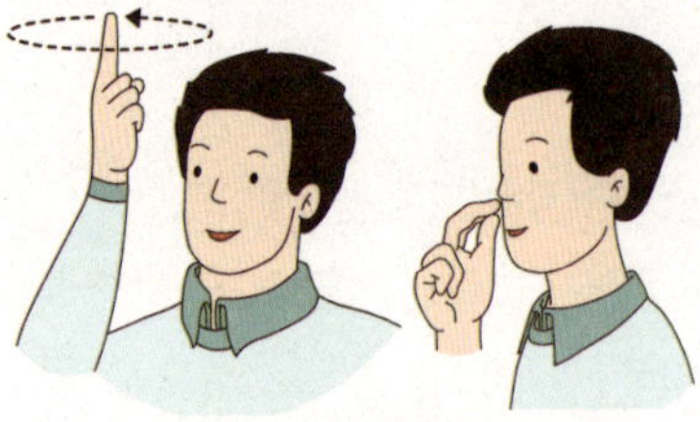

天气

好

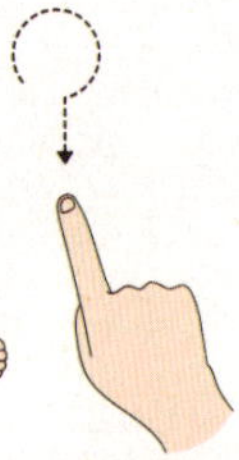

吗？

——天气预报有大雨。

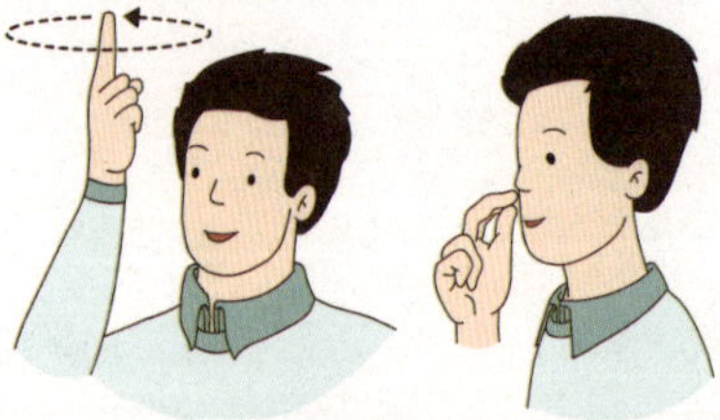

天气

预报

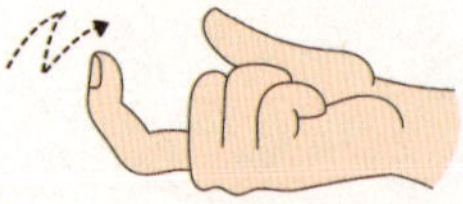

有

大雨。

——别忘了带伞。

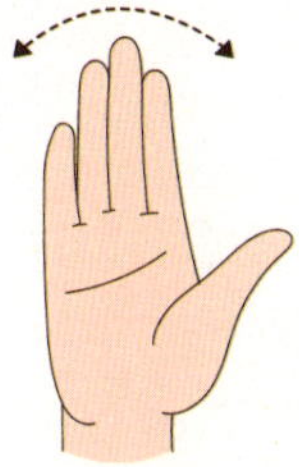
别

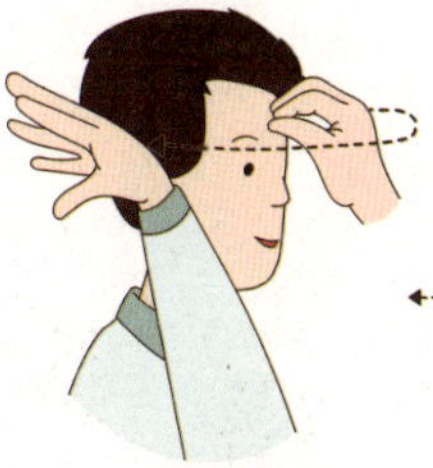
忘了

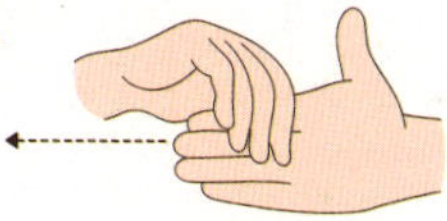
带

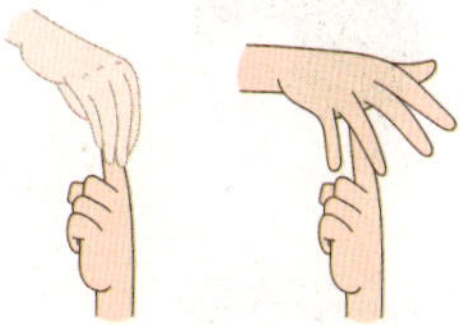
伞。

（2）雨停了吗？

雨

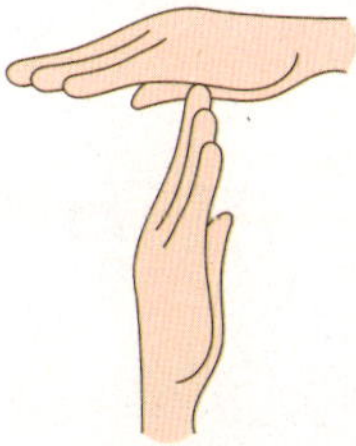
停（了）

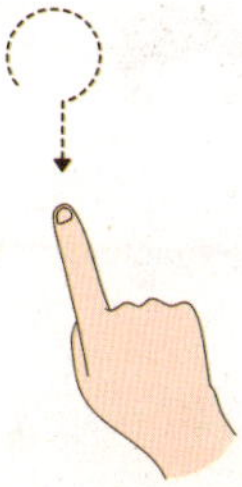
吗？

——没有。

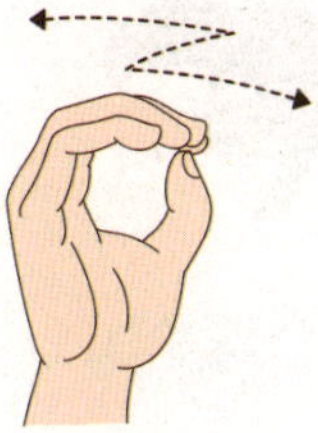
没有。

——注意，路滑。

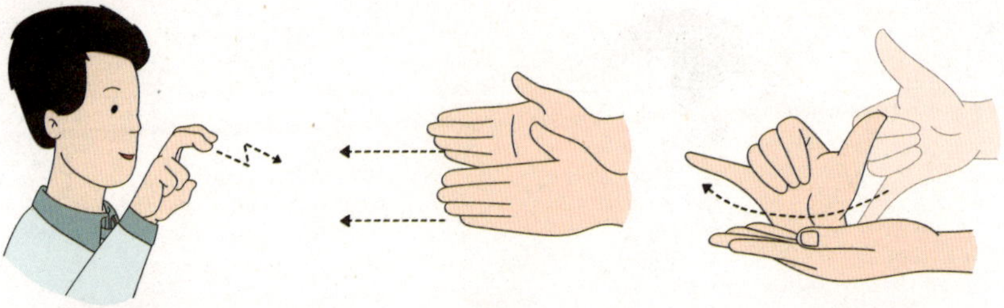

注意，　路　滑。

（3）今天北风，阴。

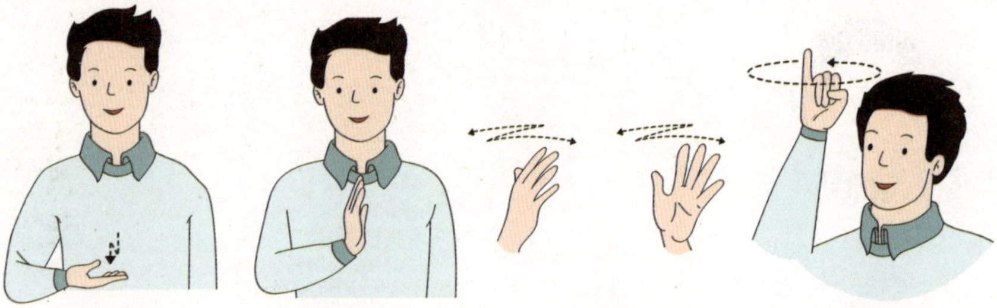

今天　北　风，　阴。

（4）明天降温，注意保暖。

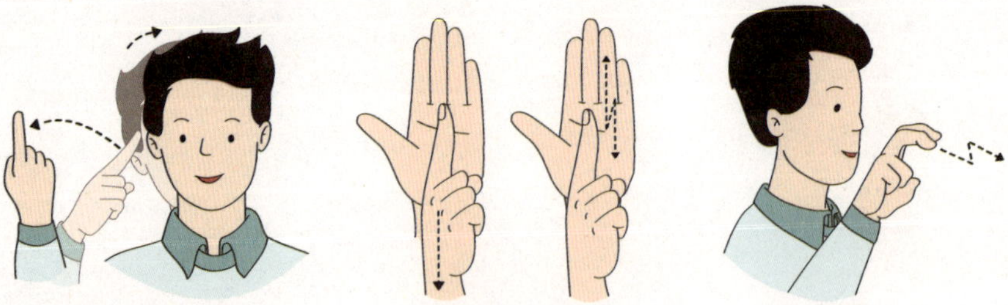

明天　降温，　注意

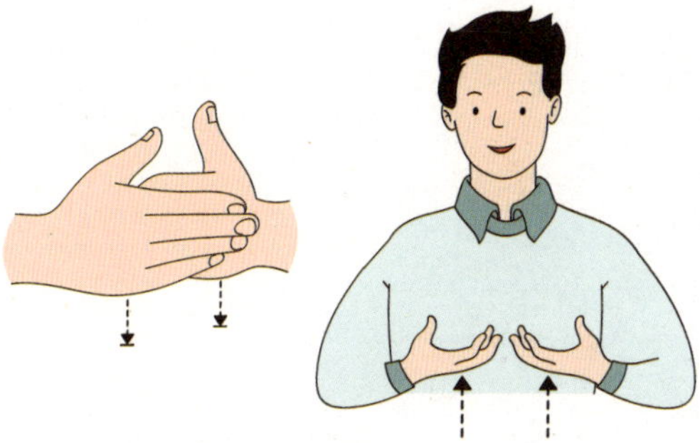

保暖。

（5）秋天天气干燥，多喝水。

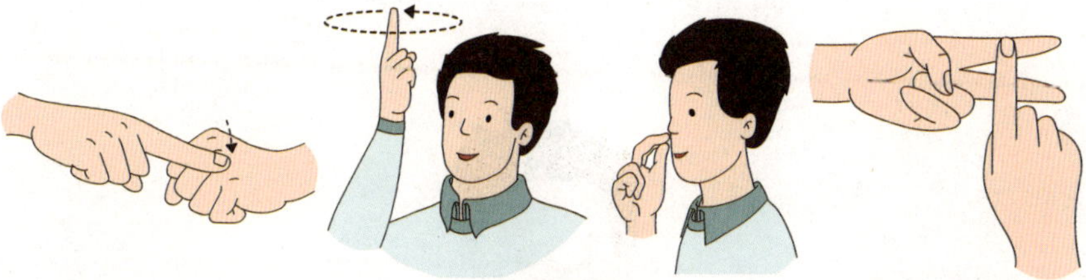

秋天　　天气　　干燥，

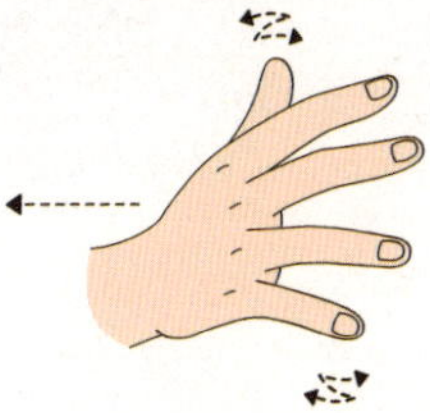

多

喝

水。

专题十三

兴趣娱乐

体育

1 常用词

爱好	喜欢	梦想	收获	舞蹈
书法	绘画	钓鱼	摄影	雕刻
登山	下棋	运动会	体育	活动
感兴趣	成绩	比赛	羽毛球	打篮球
奥运会	游泳	踢足球	乒乓球	排球
冠军	季军	亚军	钢琴	娱乐
生活	金牌	银牌	铜牌	耐力
部分	电视	对待	速度	最

2 手语详解

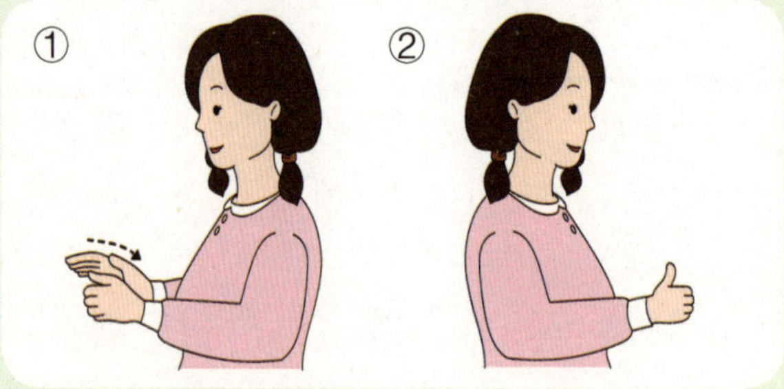

爱好

① 左手伸拇指；右手轻轻抚摸左手拇指。② 一手伸拇指，面露赞赏的表情。

喜欢

一手拇、食指弯曲，指尖朝颌部点两下，头同时微点两下。

梦想

一手伸拇、小指，从太阳穴斜向斜上方旋转移动，面露思考的表情。

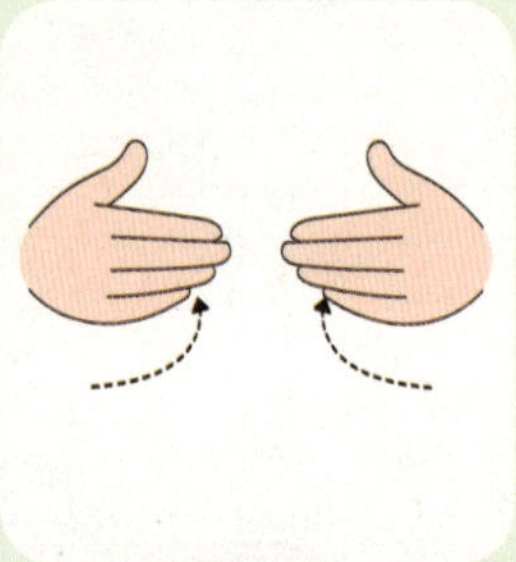

收获

双手横立，掌心向内，五指微曲，从外向内收进。

舞蹈

双手五指微曲张开，左手横伸，手背向上，右手直立，手背向右，同时扭动两下手腕，模仿舞蹈动作。

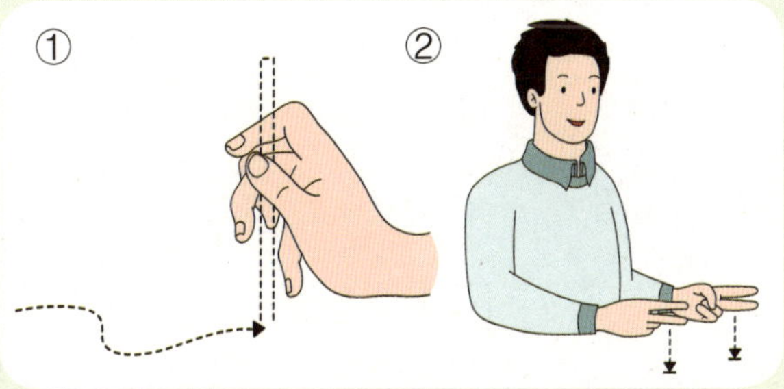

书法

① 一手如执毛笔写字状。② 双手打手指字母“F”的指式，指尖朝前，向下一顿。

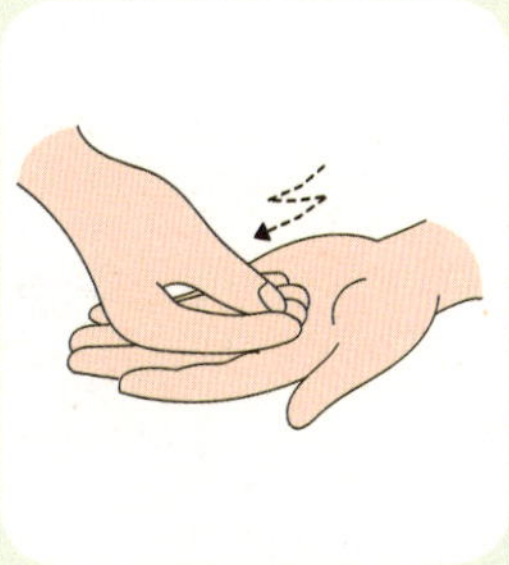

绘画

左手横伸；右手五指撮合，指背在左手掌心上抹两下。

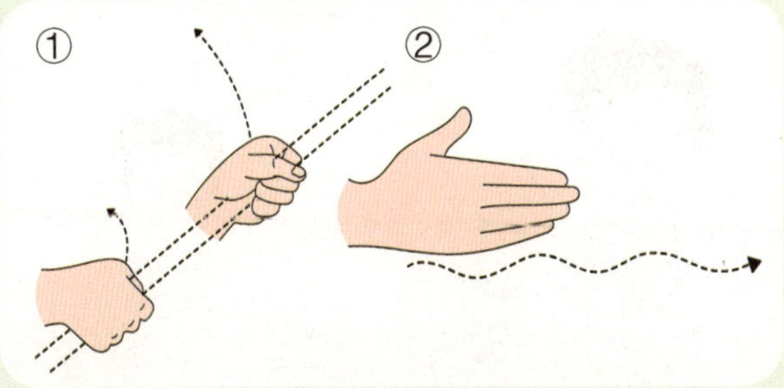

钓鱼

① 双手如握鱼竿状，左手在前，右手在后，同时向上一挑。② 一手横立，手背向外，向一侧做曲线形移动，如鱼游动状。

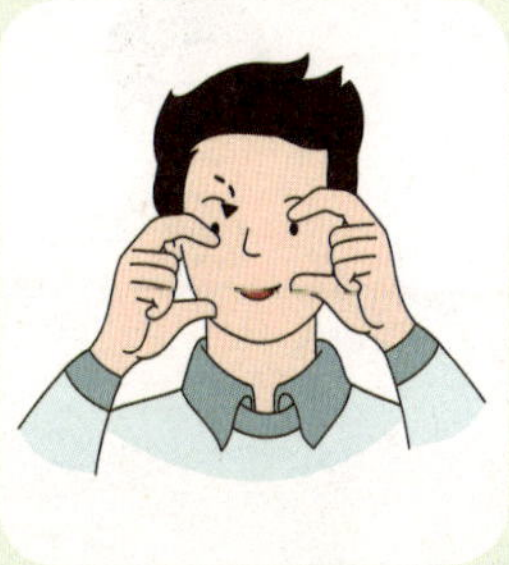

摄影

双手食、拇指成“[ ]”，虎口朝内，如持照相机状，置于眼前，右手食指向下一按，模仿按快门的动作。

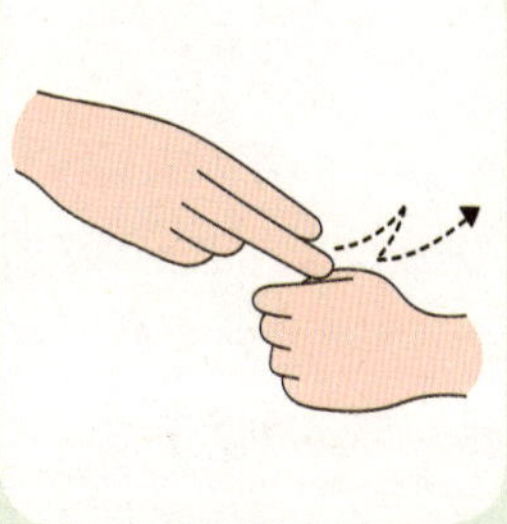

雕刻

左手握拳，虎口向上；右手食、中指并拢，在左手虎口上划动两下，如雕刻状。可根据实际情况表示雕刻的动作。

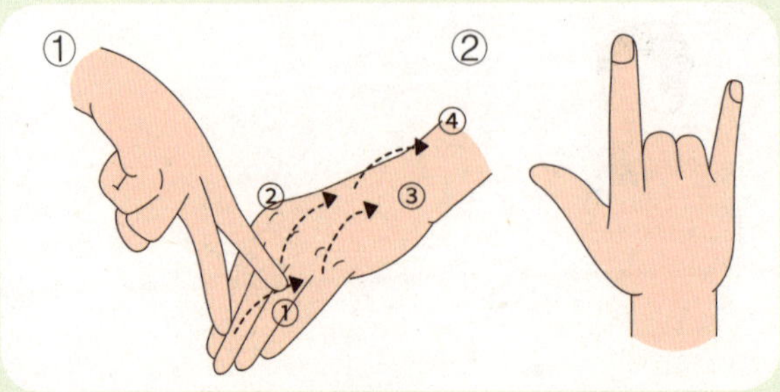

登山

① 左手横伸，手背拱起；右手食、中指分开，沿左手指背交替向上移动。② 一手拇、食、小指直立，手背向外，仿“山”字形。

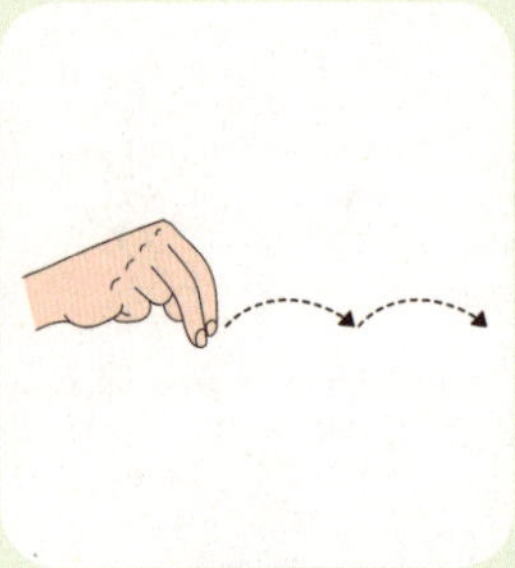

下棋

一手拇、食、中指相捏，指尖朝下，不规则地移动两下，模拟下棋的动作。

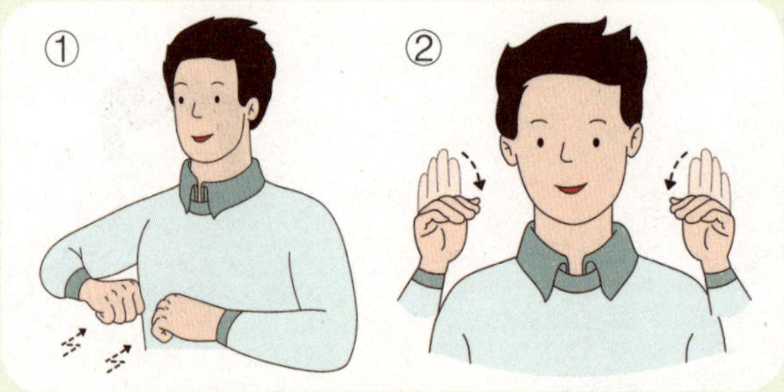

运动会

① 双手握拳屈肘，手背向上，虎口朝内，用力向后移动两下。② 双手直立，掌心分别向左右斜前方，食、中、无名、小指弯动一下。

体育

双手握拳屈肘，手背向上，在胸前两下做扩胸的动作。

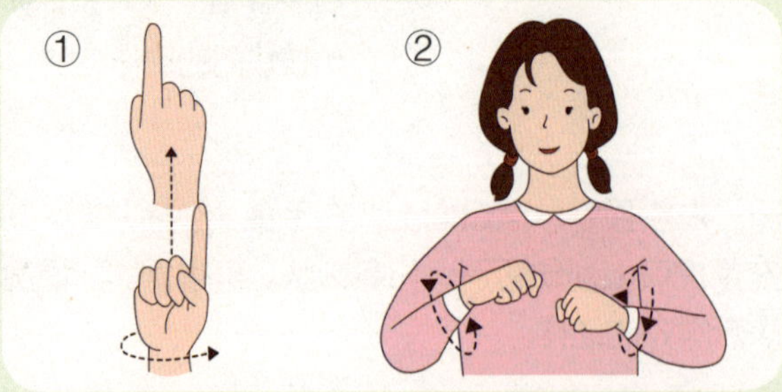

活动

① 一手食指直立，边转动边向上移动。② 两手握拳屈肘，前后交替转动两下。

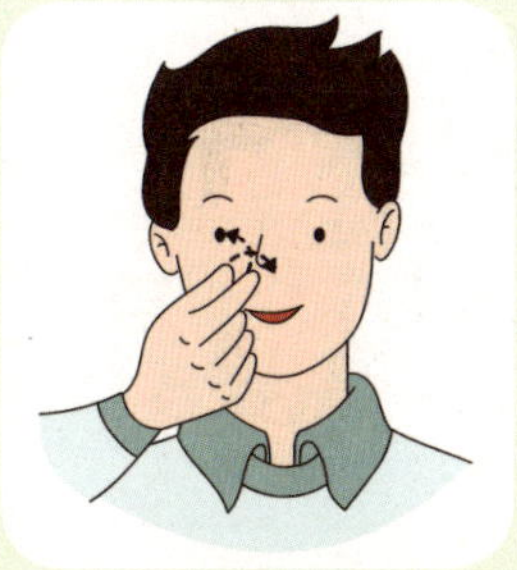

感兴趣

一手拇、食指相捏，在鼻翼一侧互捻几下，面露喜欢的表情。

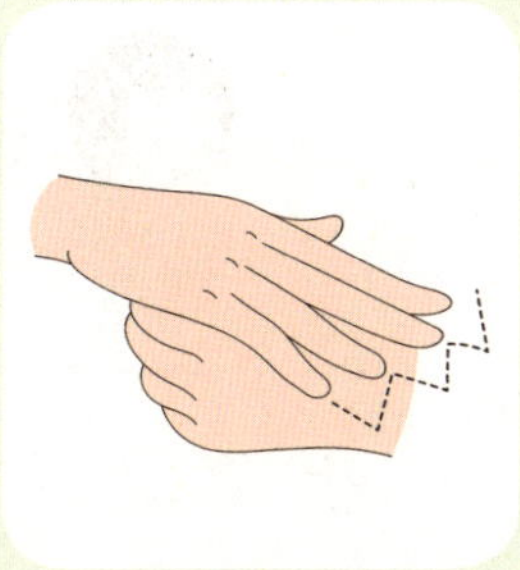

成绩

左手虚握，虎口朝上；右手掌心贴于左手虎口，五指交替点动几下，表示分数。

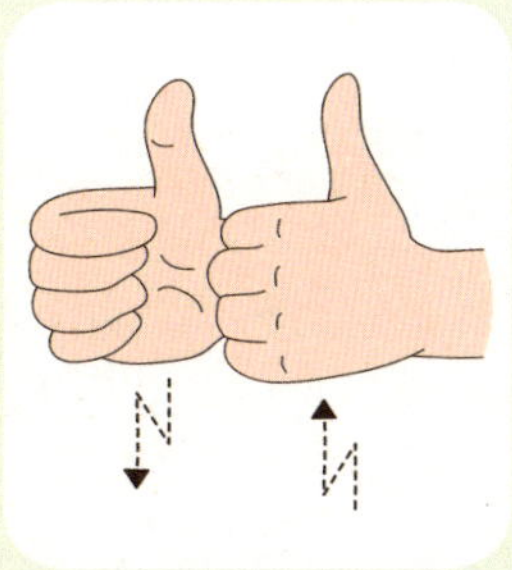

比赛

双手伸拇指，上下交替动两下。

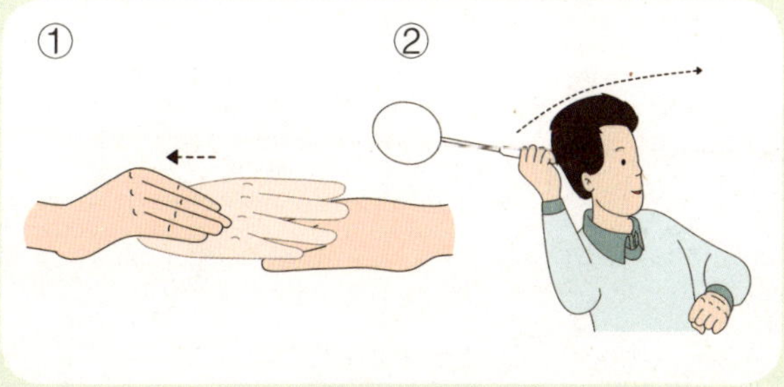

羽毛球

① 左手横伸；右手五指在左手背上轻捋一下，如摸毛絮状。② 一手虚握，向前挥动，模仿打羽毛球的动作。

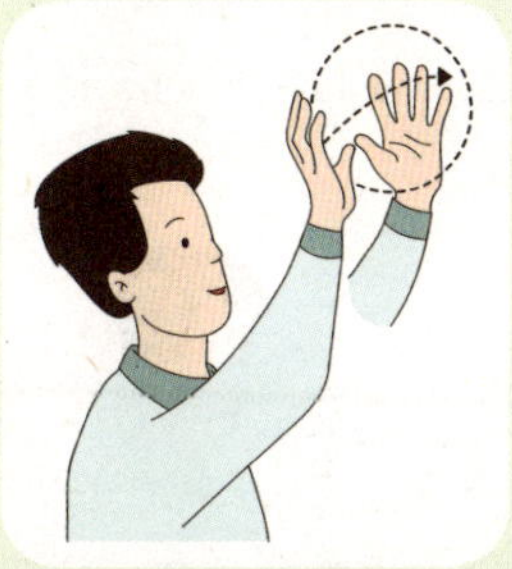

打篮球

左手直立，掌心向右，五指微曲，置于头部前上方；右手五指张开，掌心向前，置于左手旁，然后手腕向前弯动一下，如投篮状。

手语小知识

手语中表示体育项目的词大多是模仿具体运动的动作姿势，并且“打篮球”这类带有动词的词组常用运动名称代替，即“篮球”代表“打篮球”的意思。

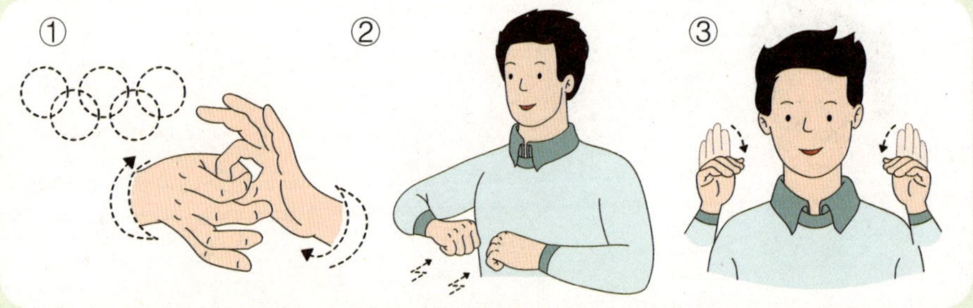

奥运会

① 双手拇、食指套环，其他三指微曲，向右侧微移，边转腕边做一次套环动作，然后向下微移，再边转腕边做一次套环动作，表示奥林匹克五环标志。② 双手握拳屈肘，手背向上，虎口朝内，用力向后移动两下。③ 双手直立，掌心分别向左右斜前方，食、中、无名、小指弯动一下。

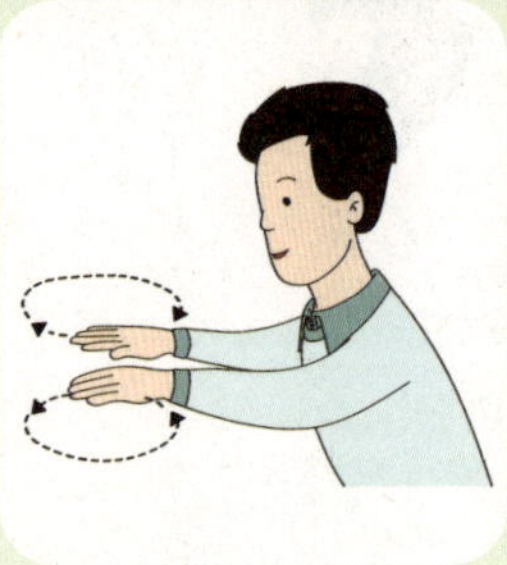

游泳

双手平伸，同时向两侧做划水动作，重复一次，模仿蛙泳的动作。

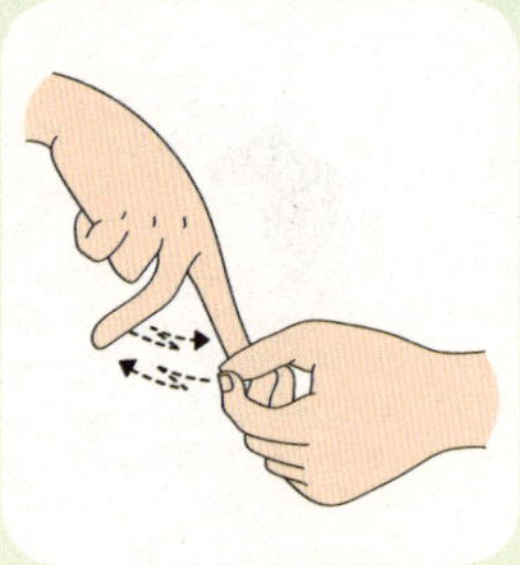

踢足球

左手拇、食指捏成圆形，虎口朝上；右手食、中指叉开，指尖朝下，交替弹击左手圆形，如踢球状。

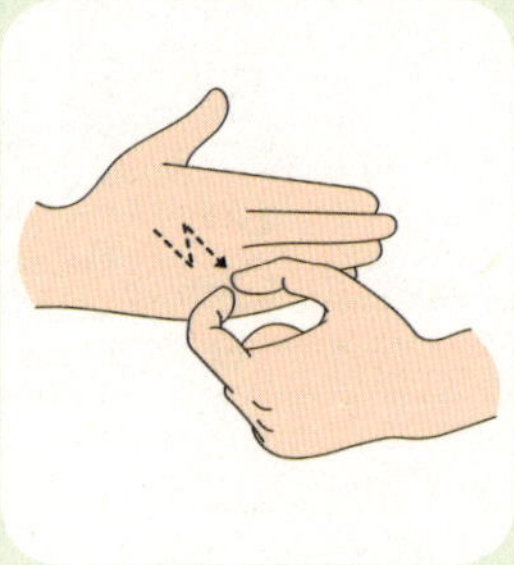

乒乓球

左手拇、食指捏成圆形，虎口朝上；右手横立，手背击打两下左手拇指，如打乒乓球状。

排球

双手前伸，拇指相挨，其他四指交叉相贴，小臂尽量夹紧，然后向上一抬，模仿垫排球的动作。

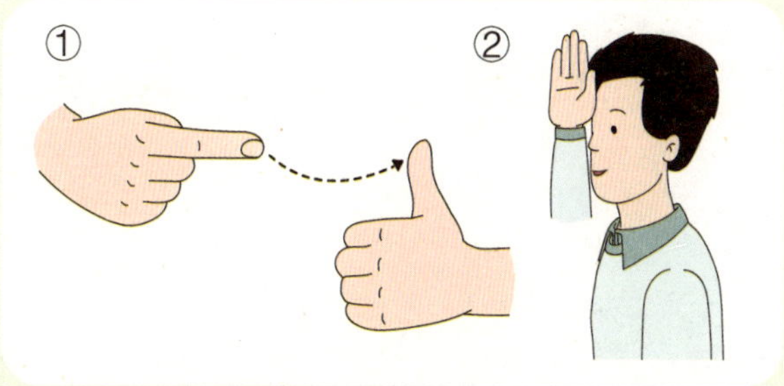

冠军

①左手伸拇指；右手伸食指，碰一下左手拇指。②右手直立，掌心向左，置于前额，表示鸡冠。

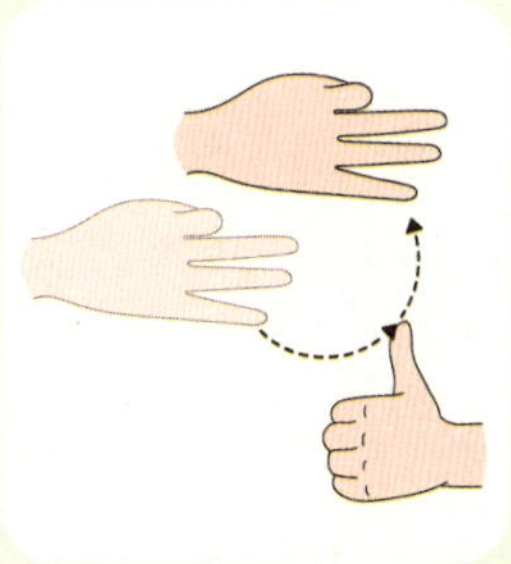

季军

左手伸拇指；右手中、无名、小指横伸分开，手背向外，先碰一下左手拇指，再向上移动。

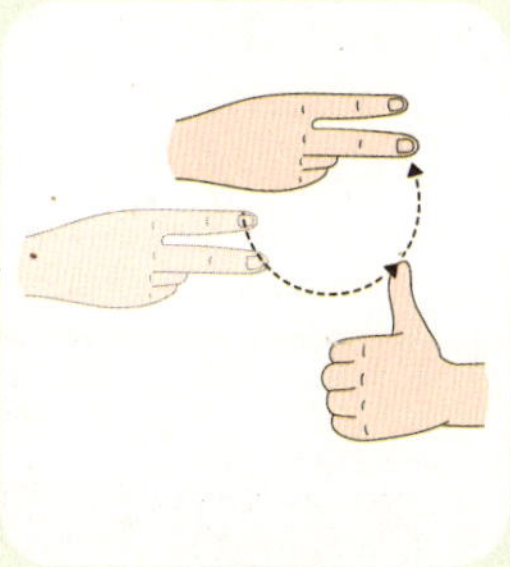

亚军

左手伸拇指；右手食、中指横伸分开，手背向外，先碰一下左手拇指，再向上移动。

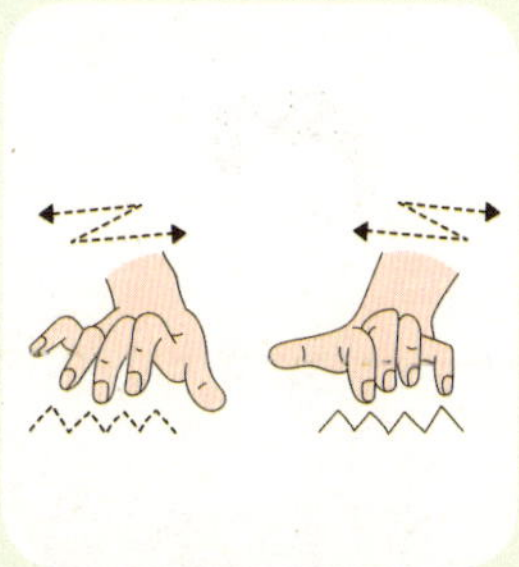

钢琴

双手五指弯曲，边交替灵活点动边左右移动，模仿弹钢琴的动作。既表示钢琴的名词意思，又表示弹钢琴的意思。

娱乐

一手打出字母“Y”；两手掌心向上，在胸前交替移动，面带笑容。

生活

双手拇、食指成大圆形，虎口朝内，从右下方向头上方做弧形移动，重复一次，表示一天天过日子。

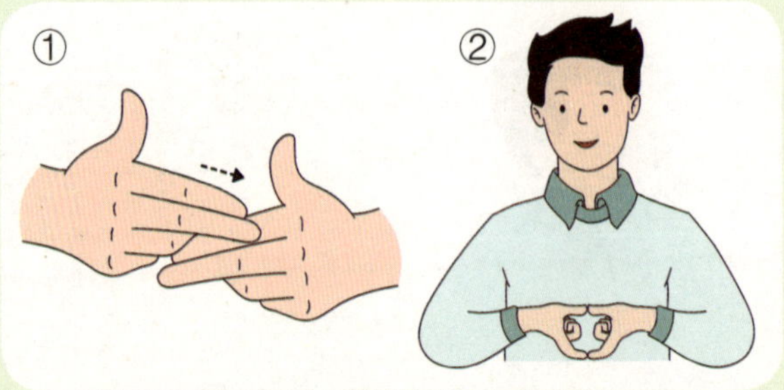

金牌

① 双手伸拇、食、中指，食、中指并拢，交叉相搭，右手中指蹭一下左手食指。② 双手拇、食指搭成圆形，虎口朝外，置于胸前。

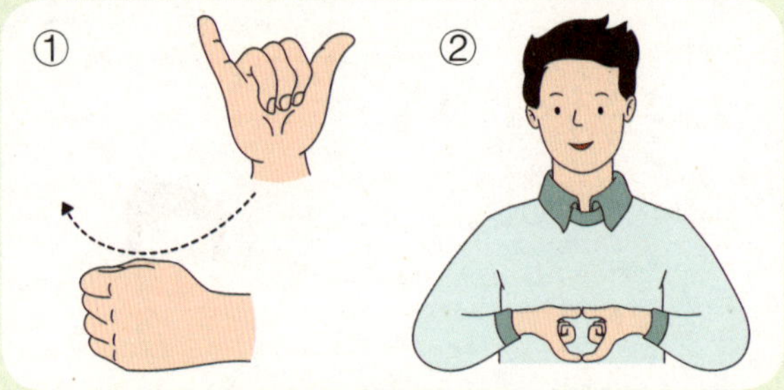

银牌

① 左手握拳，虎口朝上；右手打手指字母“Y”的指式，手腕敲一下左手虎口向前移动，表示银的声母。② 双手拇、食指搭成圆形，虎口朝外，置于胸前。

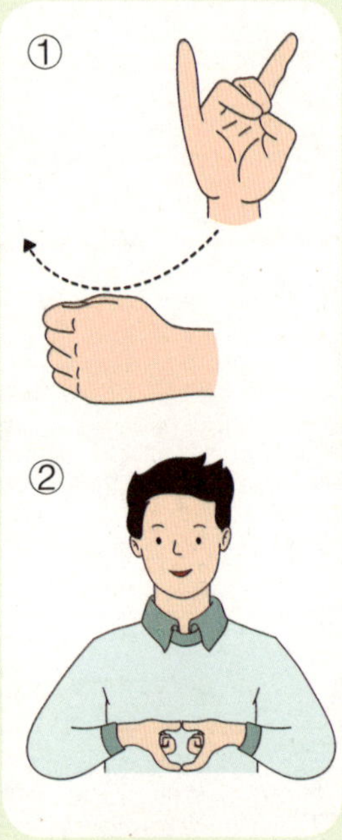

铜牌

① 左手握拳，虎口朝上；右手打手指字母字母“T”的指式，手腕敲一下左手虎口向前移动。② 双手拇、食指搭成圆形，虎口朝外，置于胸前。

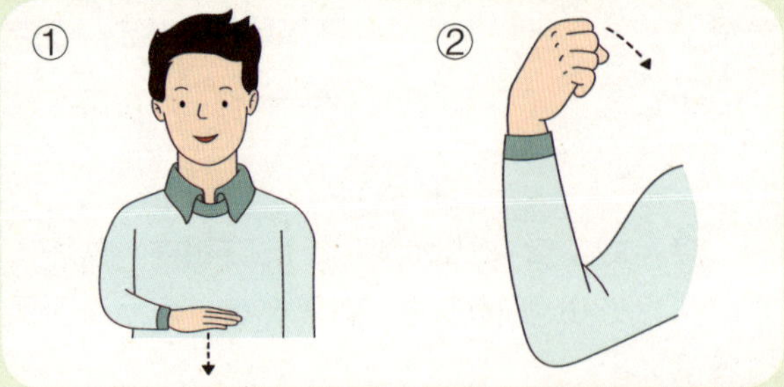

耐力

① 一手横伸，掌心向下，自腹部缓缓向下一按。② 一手握拳屈肘，用力向内弯动一下。

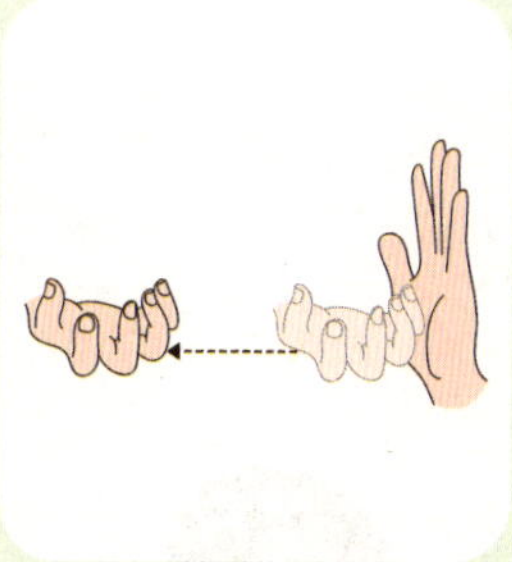

部分

左手直立，掌心向右，五指张开；右手五指弯曲，指尖朝上，从左手旁向右移动。

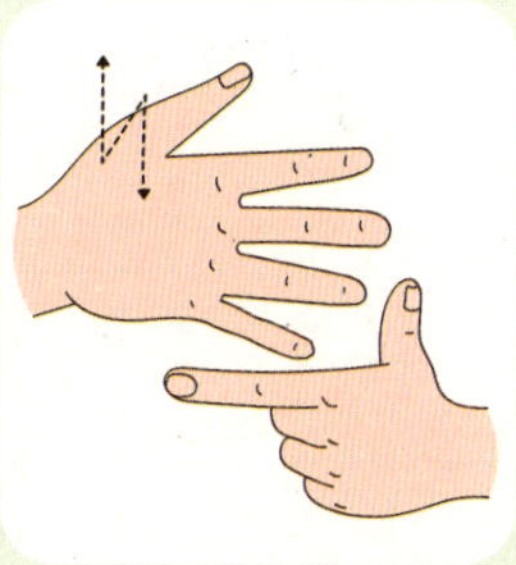

电视

左手伸拇、食指，食指尖朝右，手背向外；右手横立，手背向外，五指张开，在左手食指上方上下晃动几下。

对待

双手食指直立，指面前后相对，左手在前不动，右手向前碰一下左手（可根据实际决定手的位置和移动方向）。

速度

一手拇、食指捏成圆形，向一侧微晃几下。

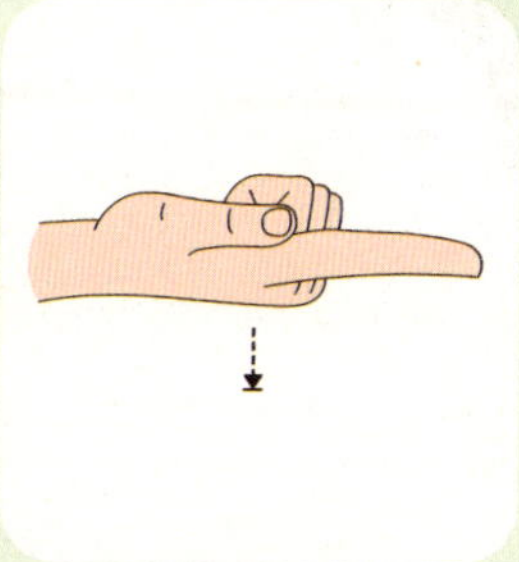

最

一手食指横伸，拇指尖按于食指根部，手背向下，向下一顿。

3 情景对话

（1）你有什么爱好？

你

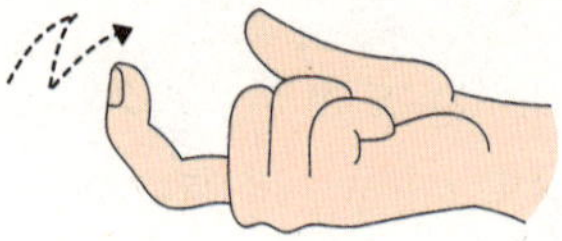
有

什么

爱好

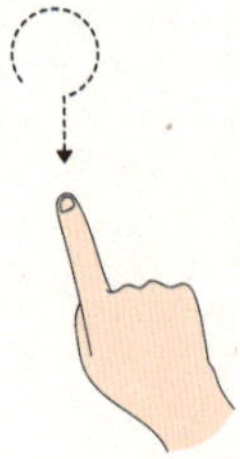
？

——我最喜欢跳舞和游泳。

我

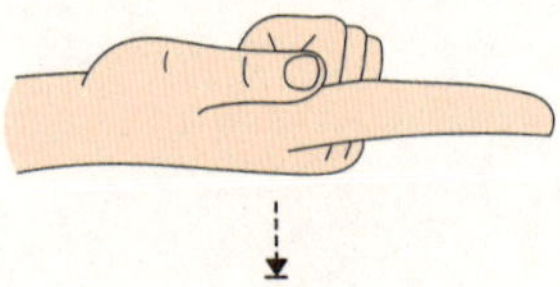
最

喜欢

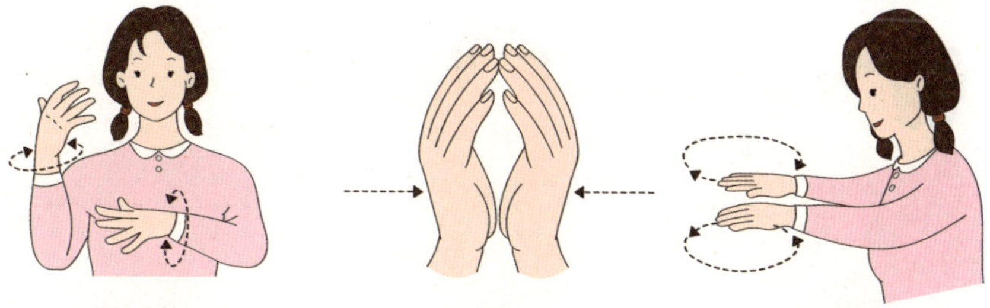

跳舞　和　游泳。

（2）你喜欢看电视吗？

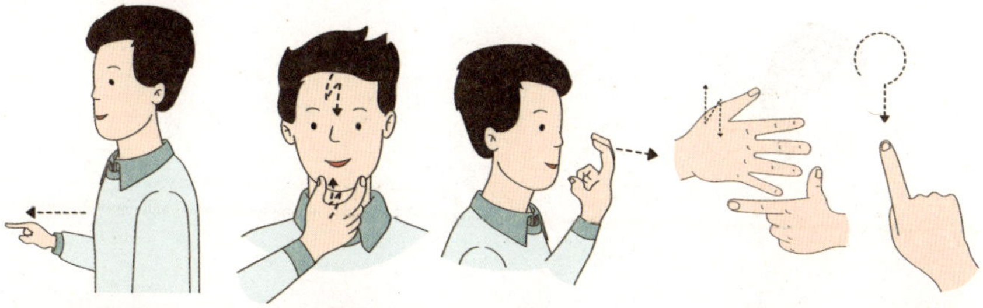

你　喜欢　看　电视　吗？

——喜欢，我经常看体育比赛。

喜欢，　我　经常

看

体育

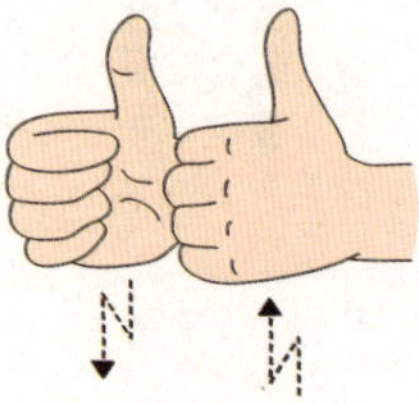

比赛。

（3）我获得了乒乓球冠军。

我

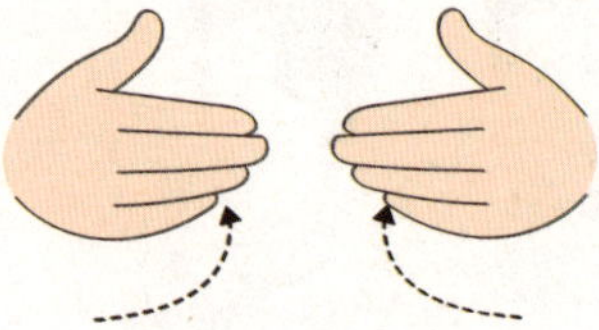

获得（了）

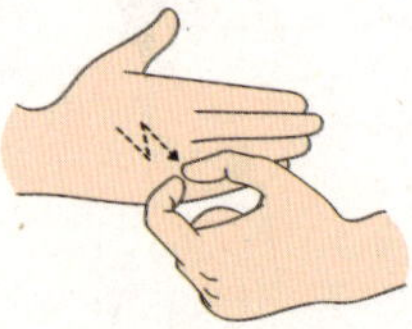

乒乓球

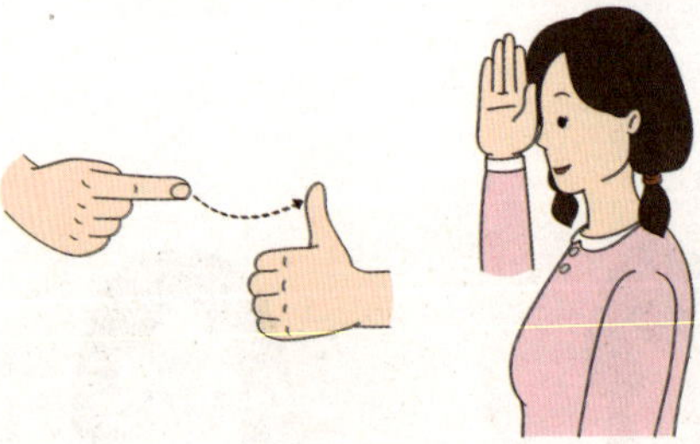

冠军。

（4）你对什么运动感兴趣？

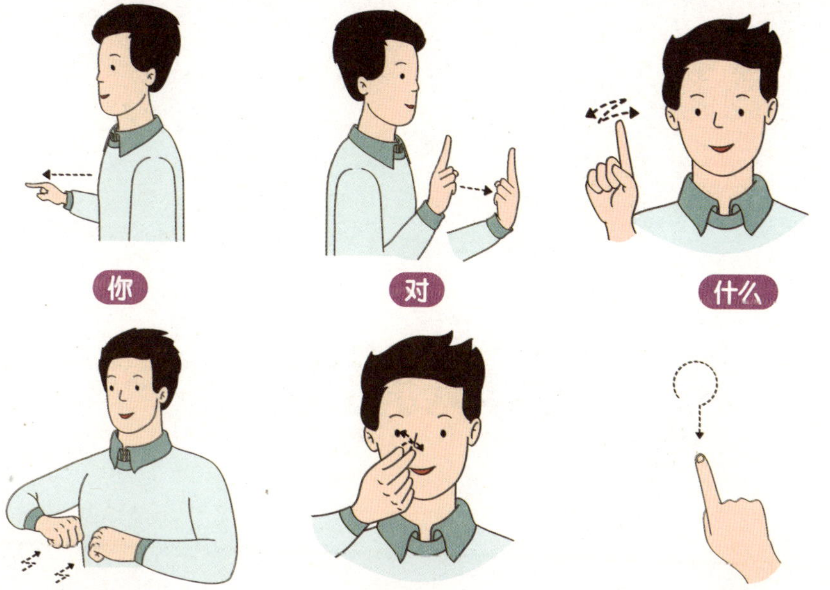

你 对 什么

运动 感兴趣 ？

——踢足球，这是我的梦想。

踢足球， 是 我的 梦想。

专题十四

求职就业

开会

1 常用词

工作	休息	就业	咨询	找工作
面试	应聘	求职	工资	招聘
简历	留下	用工合同	签订	填表
通知	方式	包吃住	五险一金	学历
文凭	学制	专业	毕业	经验
月薪	本科	博士	硕士	专科
年假	转正	辞职	早退	开会
实习	刚刚	单位		

2 手语详解

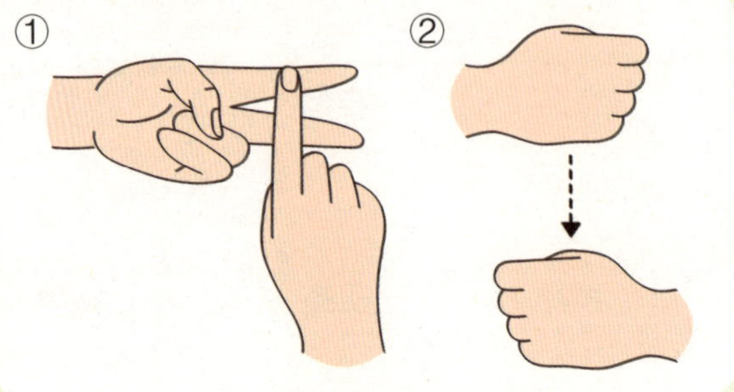

工作

① 左手食指、中指与右手食指搭成“工”字形。②双手握拳，一上一下，右拳向下砸一下左拳。

休息

双臂交叉，手背向外，贴近胸部，表示休息的意思。

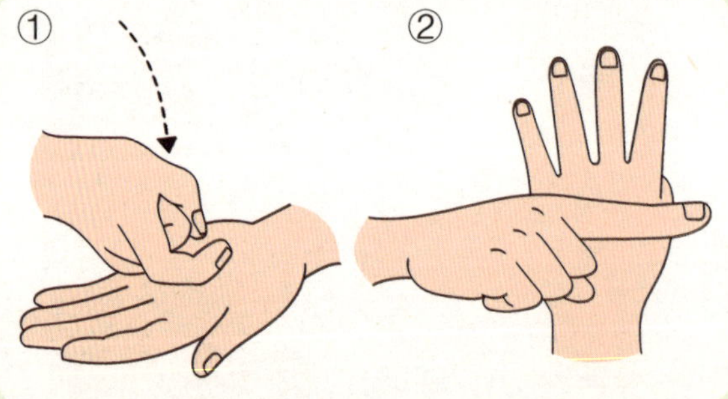

就业

① 左手横伸；右手打手指字母“J”的指式，然后贴向左手掌心。② 左手食、中、无名、小指直立分开，手背向外；右手食指横伸，置于左手四指根部，仿“业”字形。

咨询

一手五指微曲，掌心向外，从嘴前向外微移动两下。

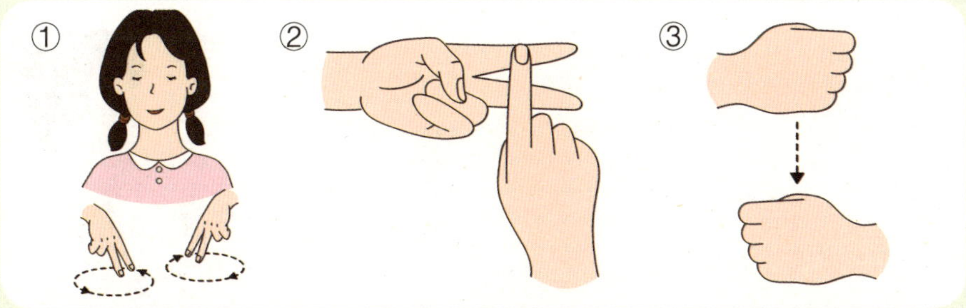

找工作

① 双手食、中指分开，指尖朝下，左右交替转动两下，头微低，眼睛注视手的动作。② 左手食指、中指与右手食指搭成“工”字形。③ 双手握拳，一上一下，右拳向下敲一下左拳。

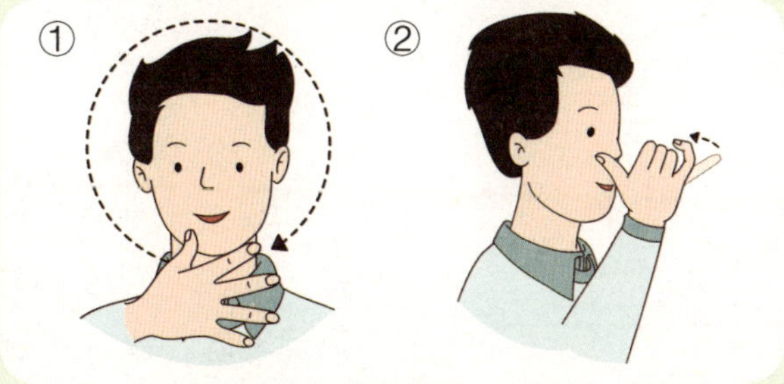

面试

① 一手五指张开，掌心向内，在面前从上向下逆时针转动一圈。② 一手伸拇、小指，指尖朝上，拇指置于鼻翼一侧，小指弯动一下。

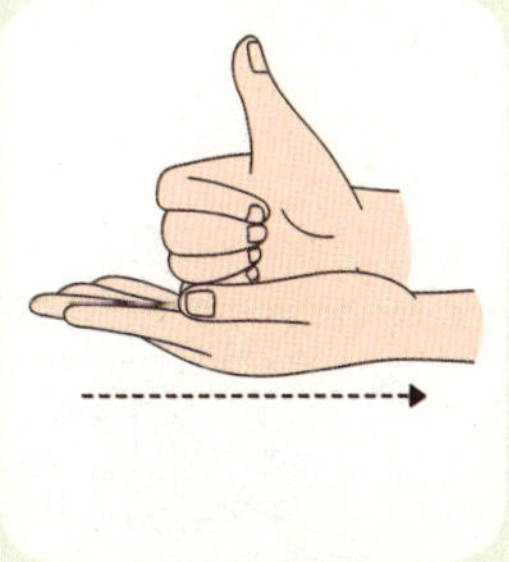

应邀

左手平伸；右手伸拇指，置于左手掌心上，双手同时向内移动。

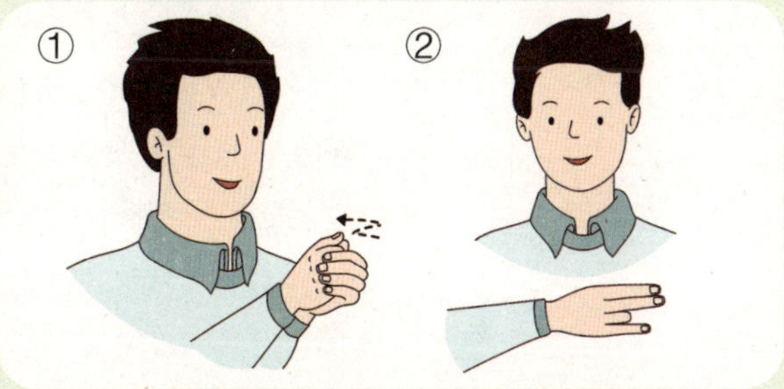

求职

① 双手抱拳，向后晃动两下，面露恳求的表情。② 右手打手指字母“ZH”的指式，贴于左胸部。

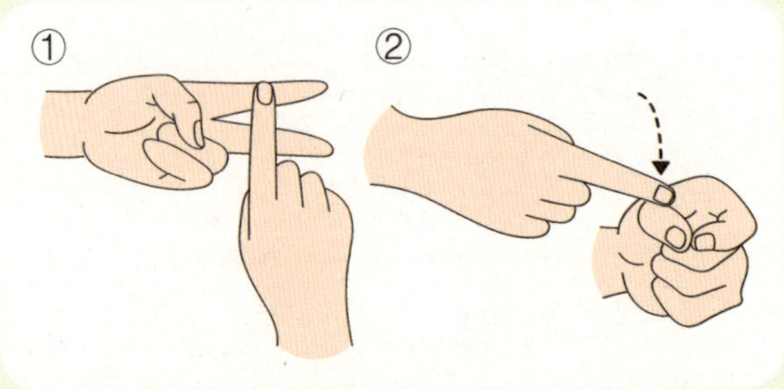

工资

① 左手食指、中指与右手食指搭成“工”字形。② 左手拇、食指捏成圆形，虎口朝上；右手伸食指，敲一下左手拇指。

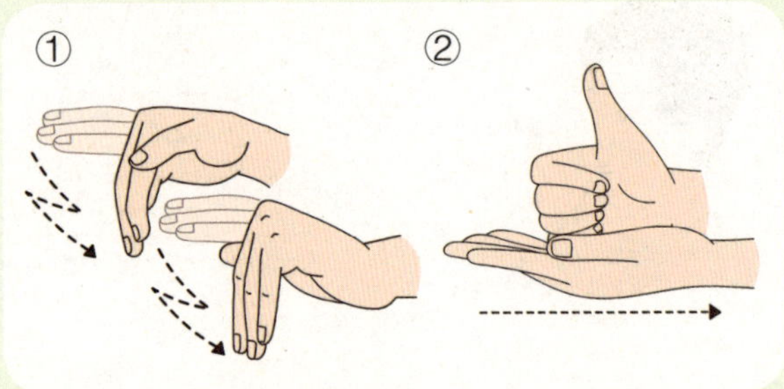

招聘

① 双手平伸，掌心向下，向内挥动两下，如招呼人过来状。② 左手平伸；右手伸拇指，置于左手掌心上，双手同时向内移动。

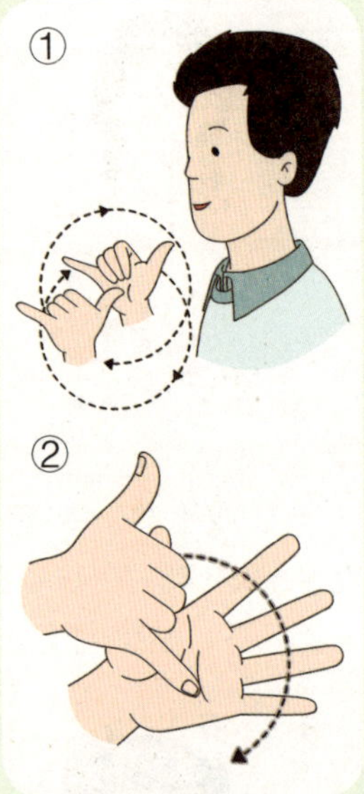

简历

① 双手伸拇、小指，指尖朝上，交替向肩后转动。② 左手侧立，五指张开；右手伸拇、小指，从左手拇指转向左手小指。

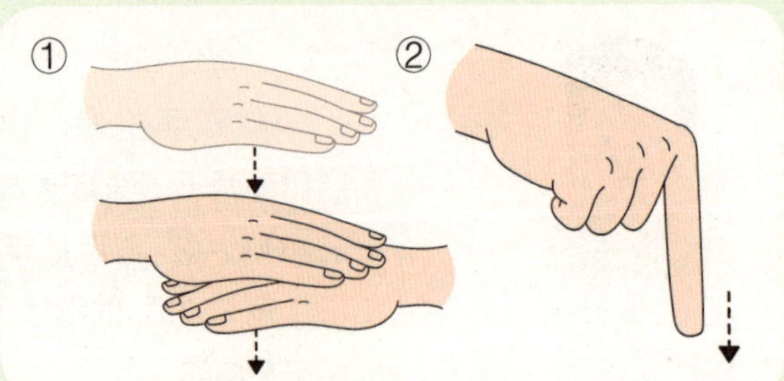

留下

① 双手横伸，掌心向下，右手边拍一下左手背边向下一按。② 一手伸食指，指尖朝下一指。

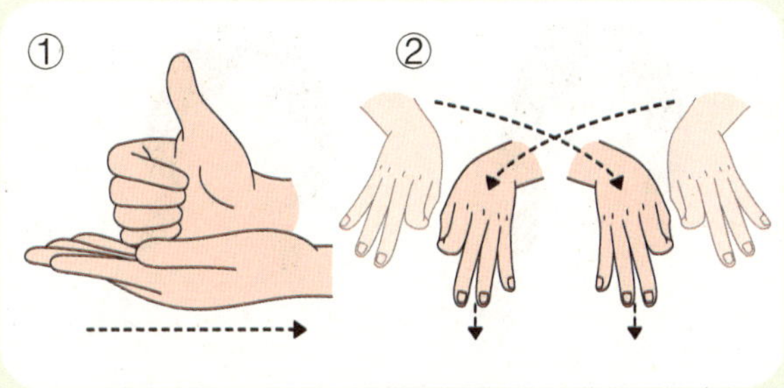

用工合同

① 左手平伸；右手伸拇指，置于左手掌心上，双手同时向内移动。② 双手伸中、无名、小指，指尖朝下，左右交换位置，向下一点。

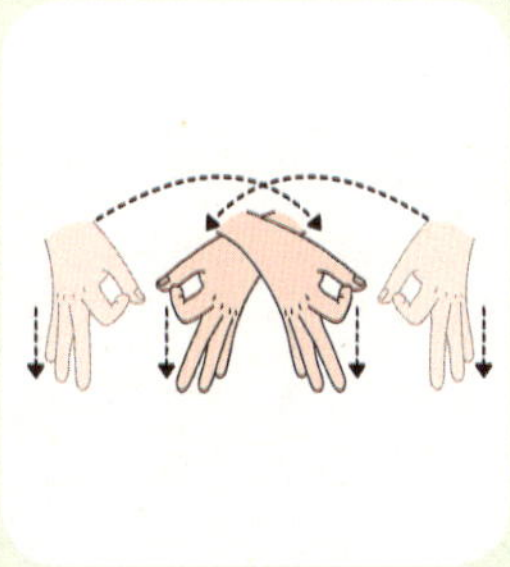

签订

双手伸中、无名、小指，指尖朝下一按，然后左右交换位置，再向下一按。

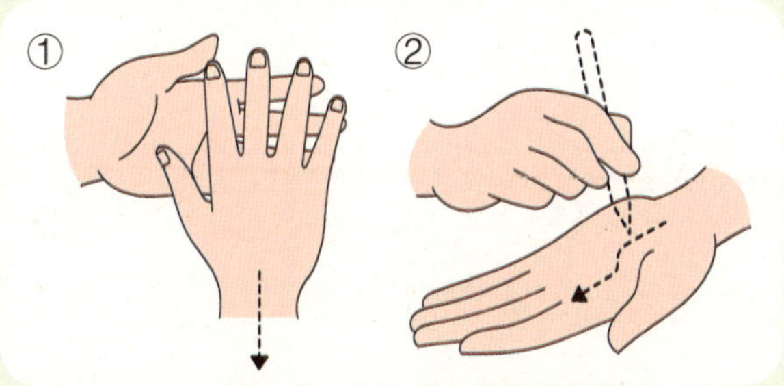

填表

① 双手五指张开，一横一竖搭成方格型，然后左手不动，右手向下移。② 左手横伸；右手如执笔状，在左手掌心上做写字的动作。

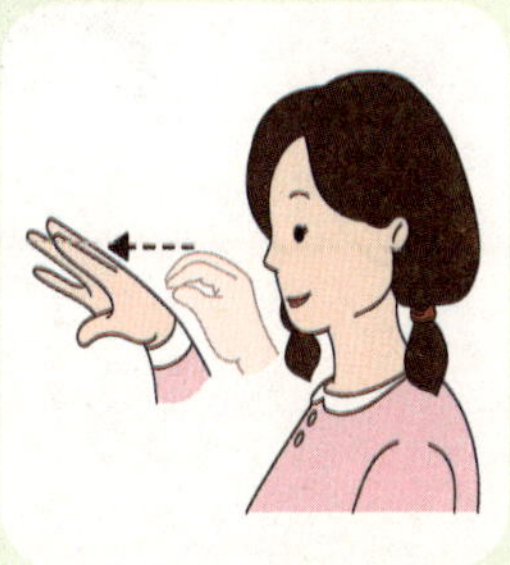

通知

一手五指撮合，指尖朝前，置于嘴部，边向前移动边张开。

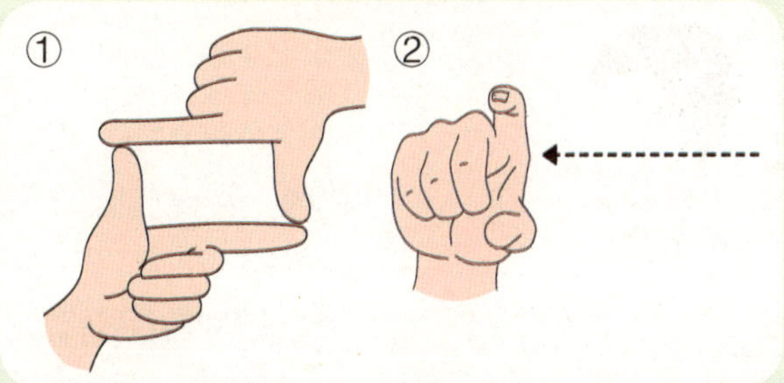

方式

① 双手拇、食指搭成“口”形。② 一手拇、食指张开，指尖朝前，向一侧移动一下。

包吃住

① 左手握拳，虎口朝上；右手手背拱起，从上向下绕左拳转动半圈。② 一手伸食、中指，向嘴边拨动一（或两）下，如用筷子吃饭状。③ 一手掌心贴于脸部，头微侧，闭眼，如睡眠状。

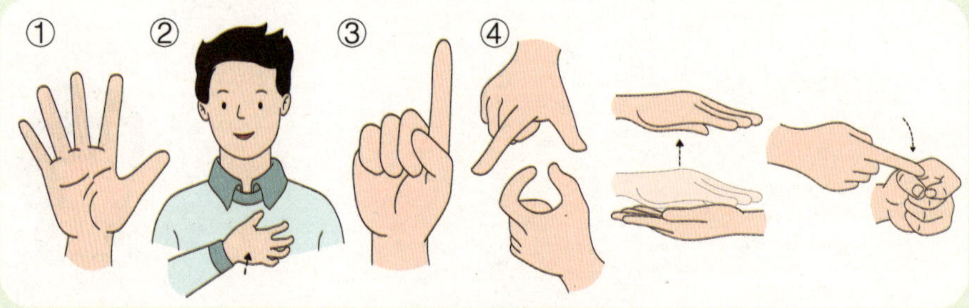

五险一金

① 一手五指直立张开，掌心向外（或向内）。② 一手五指微曲，掌心向内，按一下胸部。③ 一手食指直立，掌心向外（或向内）。④ 双手拇、食指搭成“公”字形，虎口朝外；双手横伸，掌心相贴，左手在下不动，右手向上移动，表示积累；左手拇、食指捏成圆形，虎口朝上；右手伸食指，敲一下左手拇指。

学历

① 双手斜伸，掌心向内，置于身前。② 双手伸拇、小指，指尖朝上，交替向肩后转动。

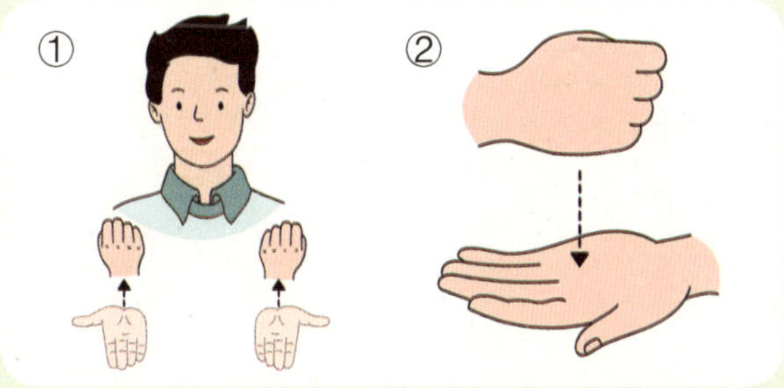

文凭

① 双手平伸，掌心向上，边从下向上移动边握拳，手背向外。② 左手横伸；右手虚握，虎口朝上，在左手掌心上敲一下。

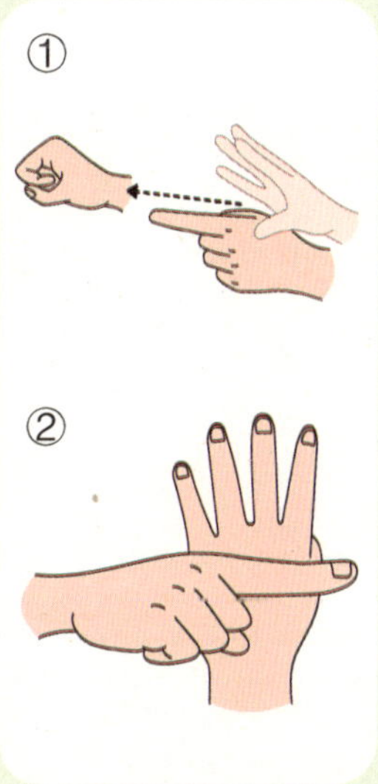

专业

① 左手伸食指，指尖朝前，虎口朝上；右手五指张开，掌心向前下方，置于左手食指根部，然后边向前移动边握拳。② 左手食、中、无名、小指直立分开，手背向外；右手食指横伸，置于左手四指根部，仿“业”字形。

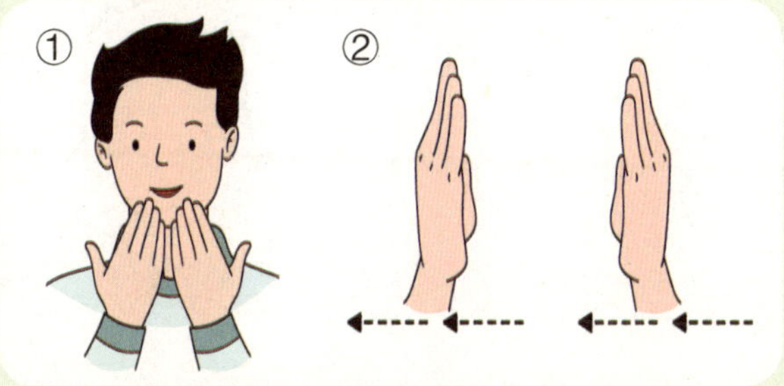

学制

① 双手斜伸，掌心向内，置于身前。② 双手直立，掌心左右相对，向一侧一顿一顿移动几下。

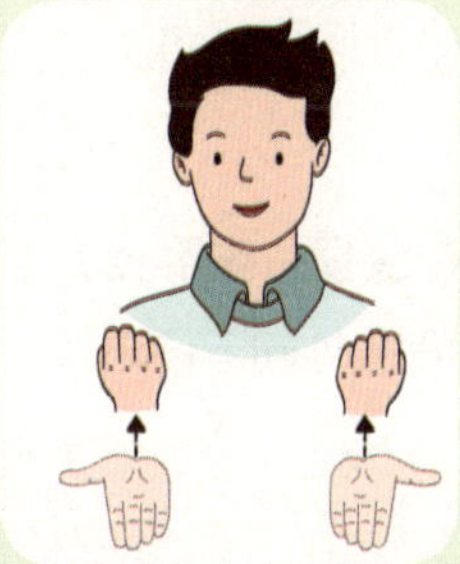

毕业

双手平伸，掌心向上，边从下向上移动边握拳，手背向外。

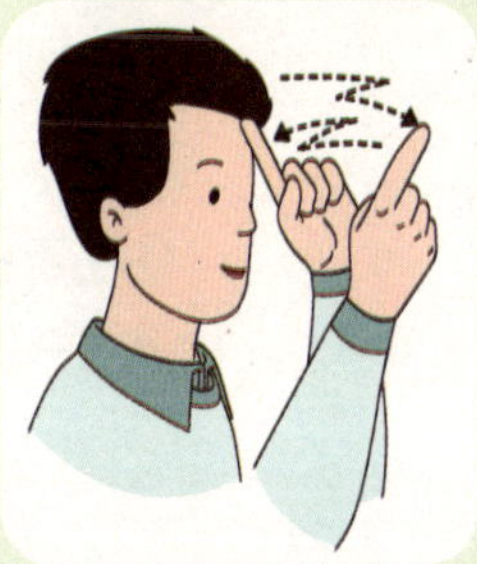

经验

双手伸食指，指尖朝上，交替在前额上敲几下。

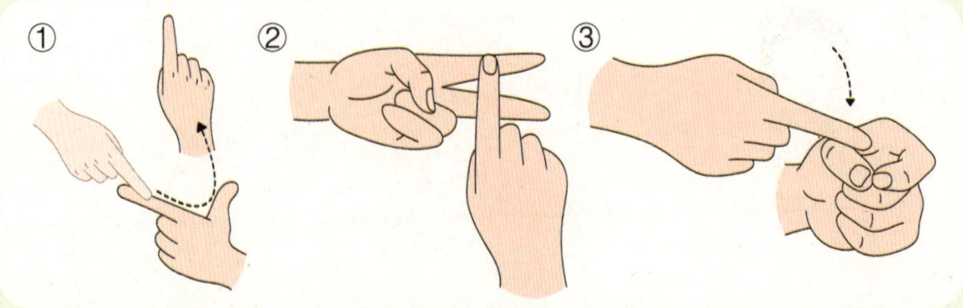

月薪

① 左手伸拇、食指，虎口朝上，手背向外；右手伸食指，指尖在左手虎口内划一下，然后直立，手背向外。② 左手食指、中指与右手食指搭成“工”字形。③ 左手拇、食指捏成圆形，虎口朝上；右手伸食指，敲一下左手拇指。

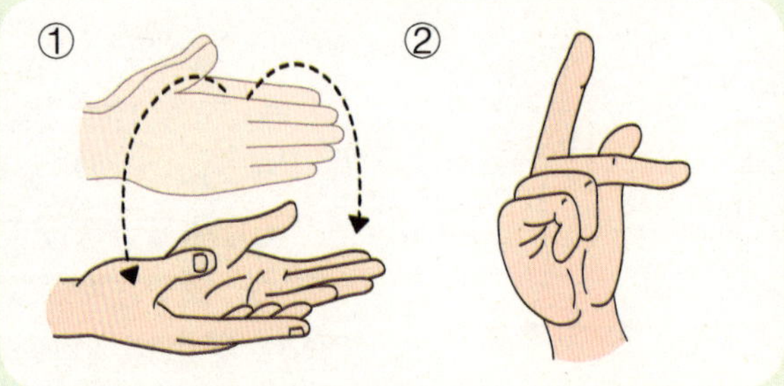

本科

① 双手侧立，掌心相贴，然后向两侧打开。② 一手打手指字母“K”的指式。

博士

左手横伸，掌心向下，置于头顶；右手中、无名、小指直立分开，掌心向外，从左手指尖处向下移动。

硕士

左手横伸，掌心向下，置于头顶；右手食、中指直立分开，掌心向外，从左手指尖处向下移动。

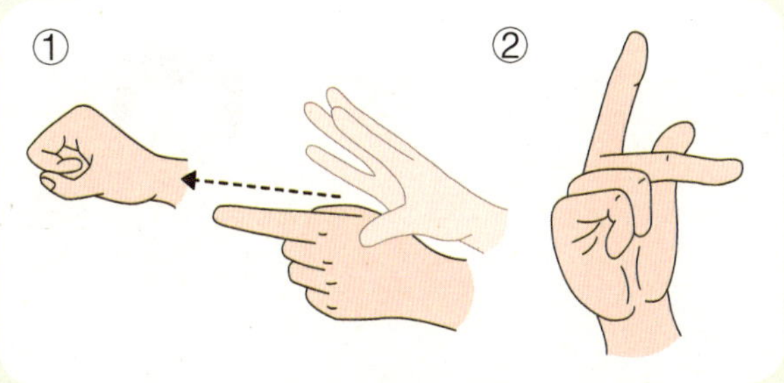

专科

① 左手伸食指，指尖朝前，虎口朝上；右手五指张开，掌心向前下方，贴于左手食指根部，然后边向前移动边握拳。② 一手打手指字母“K”的指式。

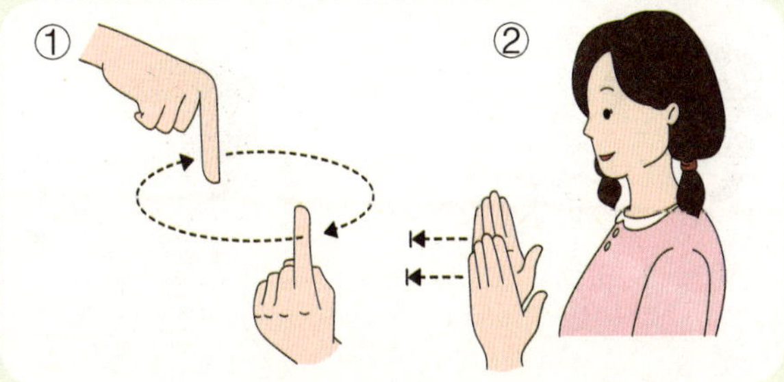

转正

① 双手伸食指，指尖上下相对，交替平行转动两圈。② 两手直立，掌心左右相对，向前一顿，表示端正的形容词意思。

年假

① 左手握拳，手背向外，虎口朝上；右手食指横伸，手背向外，自左手食指根部关节向下划。② 双手交叉，手背向外，贴于胸部，表示休息的意思。

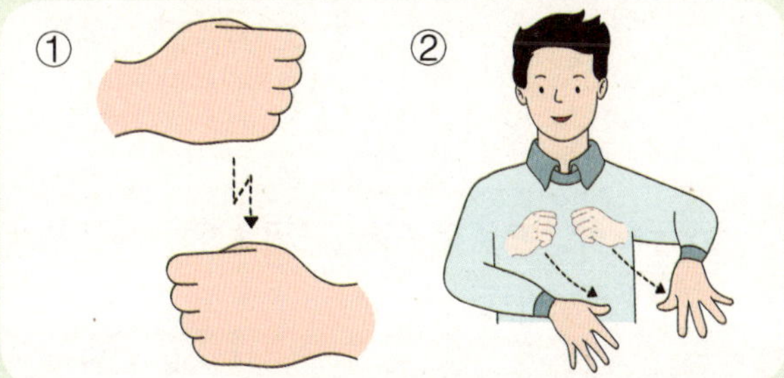

辞职

① 双手握拳，一上一下，右拳向下敲两下左拳。② 双手握拳，虎口朝上，边向斜下方移动边张开五指。

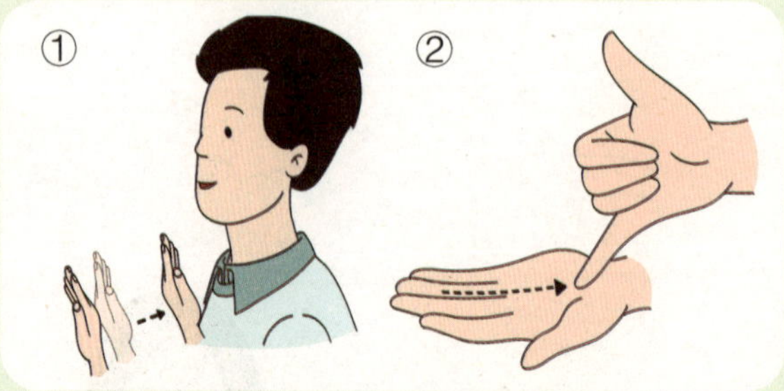

早退

① 双手直立，手背前后相贴，左手在前不动，右手向后移动。② 左手平伸，掌心向上；右手伸拇、小指，小指尖抵于左手指尖，再向后移动。

开会

双手直立，掌心分别向左右斜前方，食、中、无名、小指弯动两下。

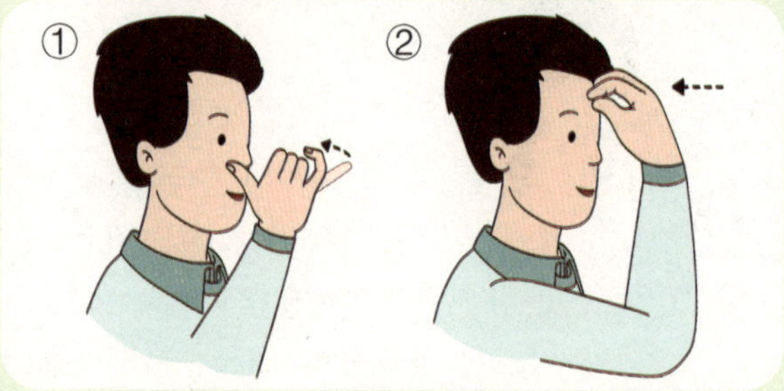

实习

① 一手伸拇、小指，指尖朝上，拇指置于鼻翼一侧，小指弯动一下。② 一手五指撮合，指尖朝内，按向前额。

刚刚

一手拇、食指相捏，指尖朝后，置于肩前一侧，向后微动两下，表示刚刚的意思。

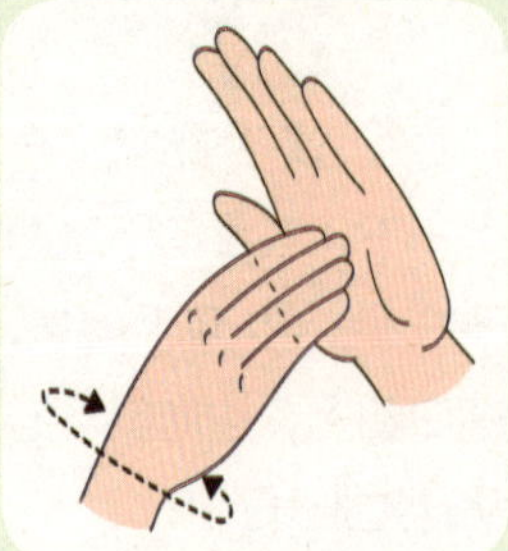

单位

双手斜伸，右手指尖抵于左手掌心，并转动两下；也用于表示姓氏“单”。

3 情景对话

（1）你好，这是我的简历。

你好，　这　是

我的　简历。

——请留下联系方式，有面试通知您。

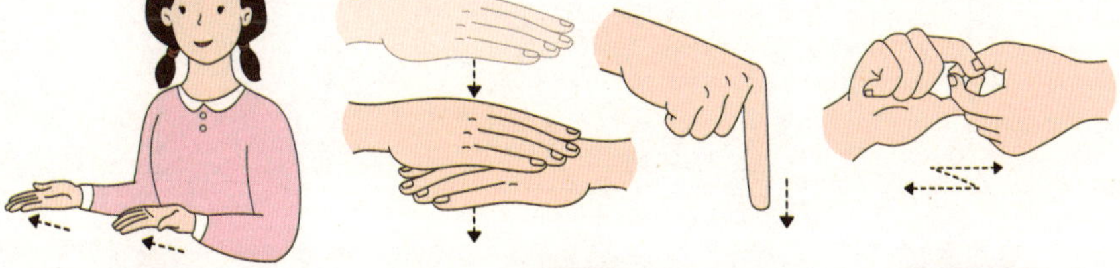

请　留下　联系

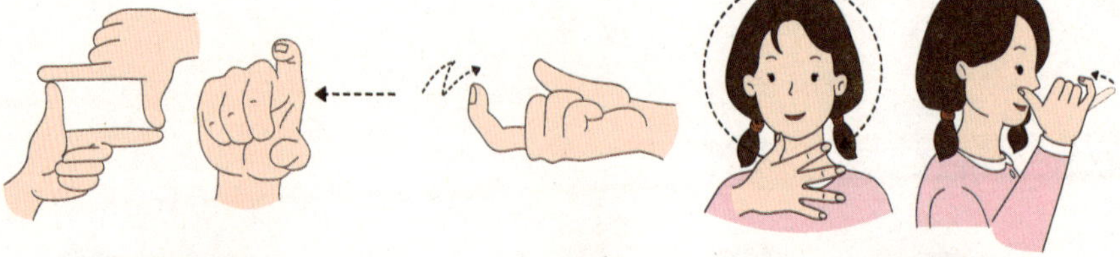

方式，　有　面试

通知　您。

（2）请问有五险一金吗？

请　问　有　五　险

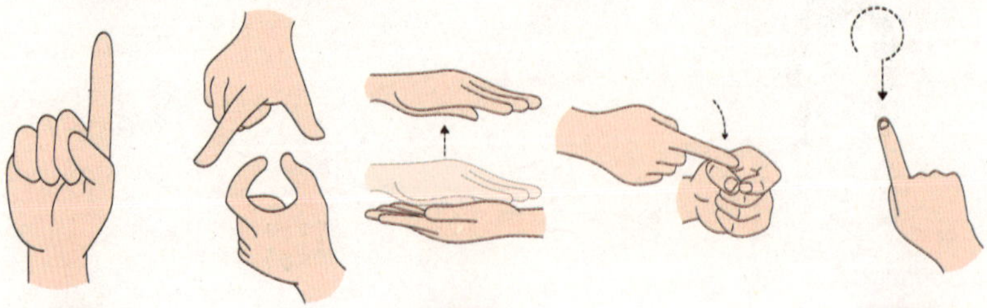

一　金　吗？

——都有，还包吃住。

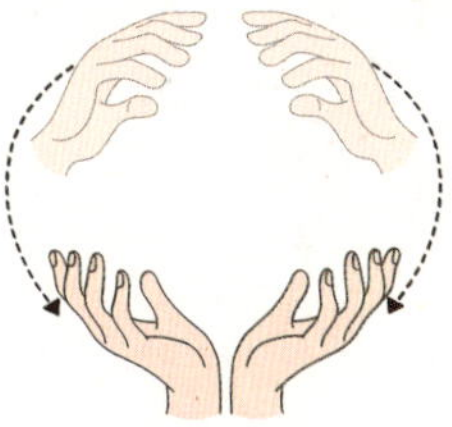

都

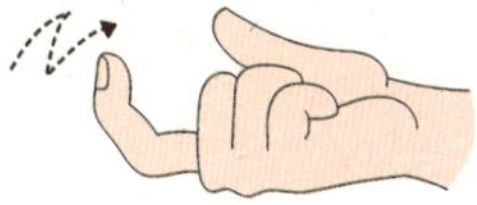

有，

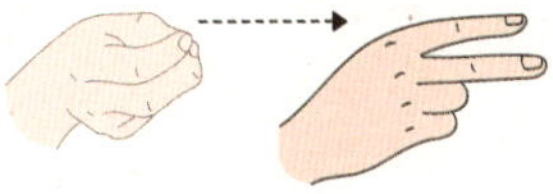

还

包吃住。

（3）明天你想去招聘会吗？

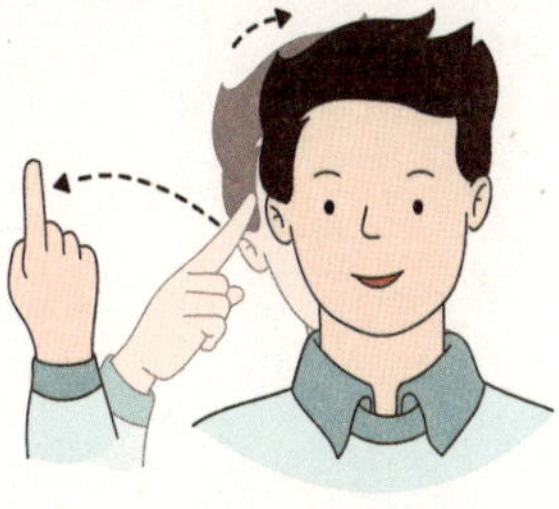

明天

你

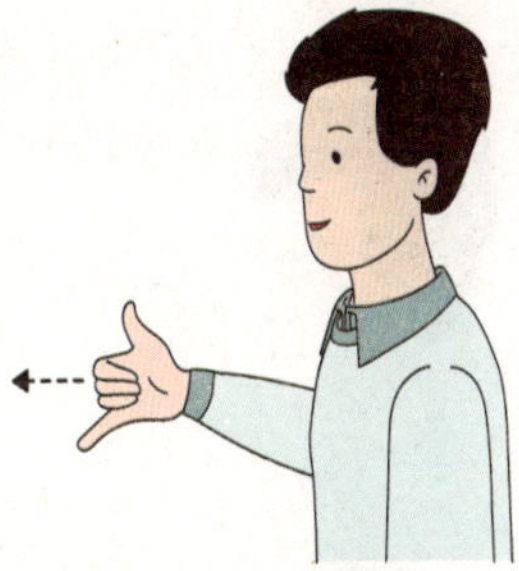

去

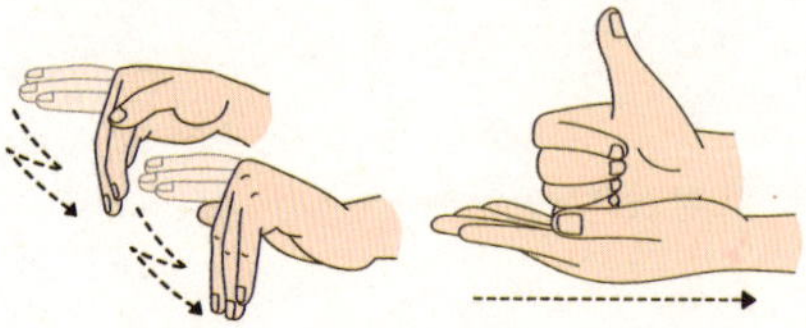

招聘

会

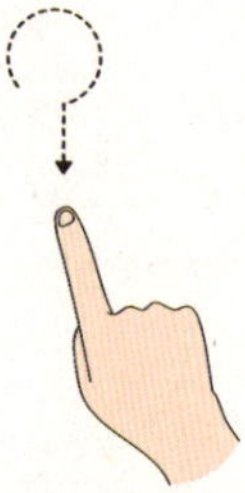

吗？

——不，我找到实习单位了。

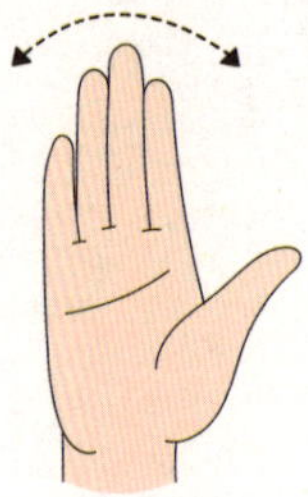

不，

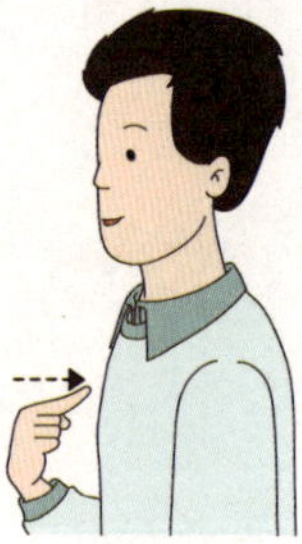

我

找到

实习

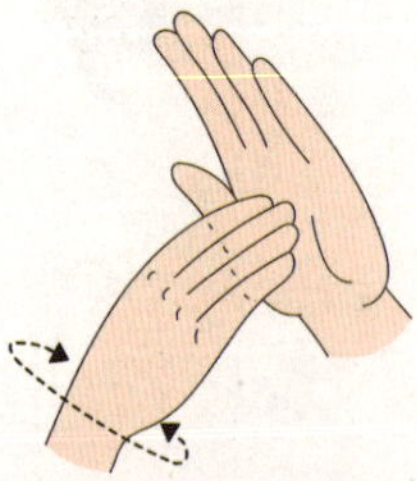

单位（了）。

——要多久转正？

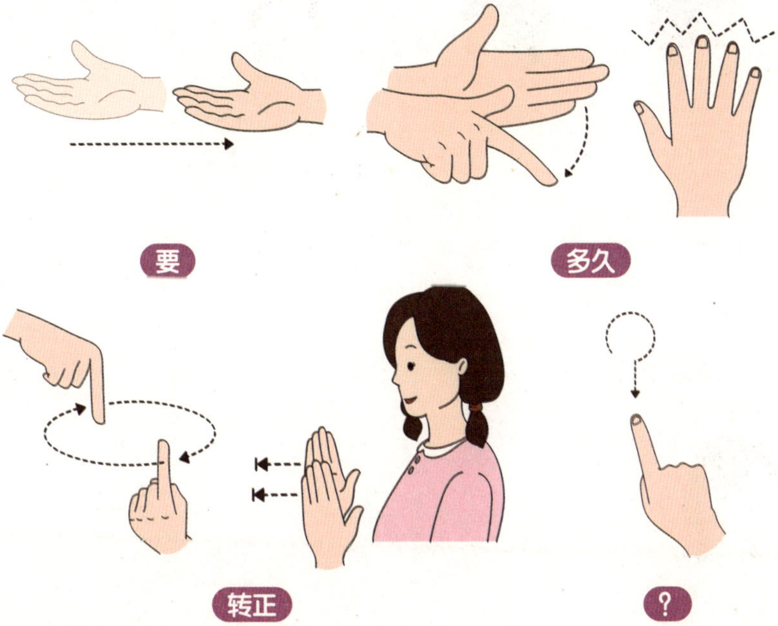

——一年。

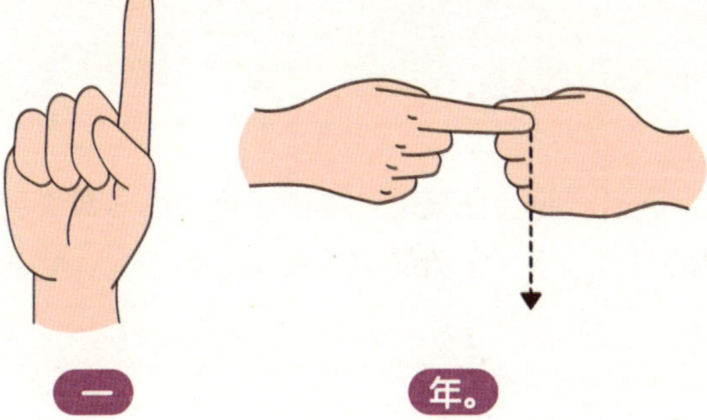

（4）你刚毕业吗？

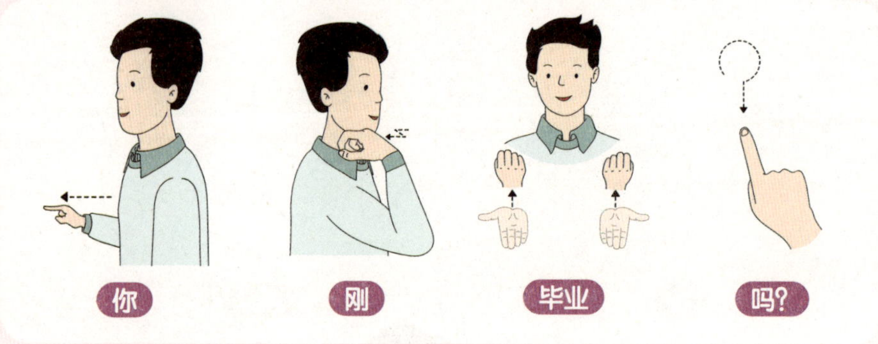

——我工作三年了。

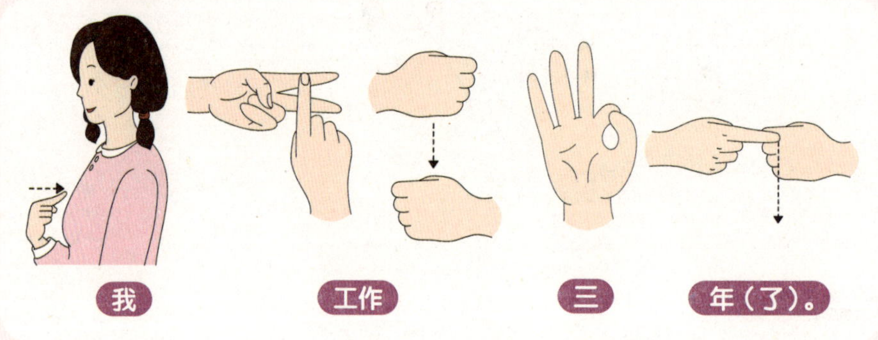

手语小知识

由于自身特点，手语一般会在某个范围内进行，大多数情况下会集中在脸部周围和胸前一带。手势的幅度每个人都不同，就像声音的高低语气一样。

1 附录：字母

 A	右手伸拇指，指尖朝上，食、中、无名、小指弯曲，指尖抵于掌心，手背向右。
 B	右手拇指向掌心弯曲，食、中、无名、小指并拢直立，掌心向前偏左。
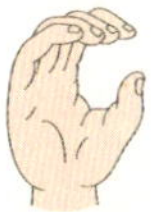 C	右手拇指向上弯曲，食、中、无名、小指并拢向下弯曲，指尖相对成 C 形，虎口朝内。
 D	右手握拳，拇指搭在中指中节指上，虎口朝后上方。
 E	右手拇、食指搭成圆形，中、无名、小指横伸，稍分开，指尖朝左，手背向外。
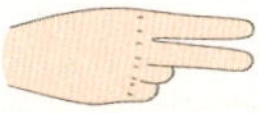 F	右手食、中指横伸，稍分开，指尖朝左，拇、无名、小指弯曲，拇指搭在无名指远节指上，手背向外。
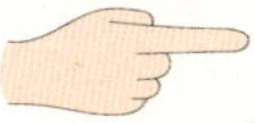 G	右手食指横伸，指尖朝左，中、无名、小指弯曲，指尖抵于掌心，拇指搭在中指中节指上，手背向外。
 H	右手食、中指并拢直立，拇、无名、小指弯曲，拇指搭在无名指远节指上，掌心向前偏左。
 I	右手食指直立，中、无名、小指弯曲，指尖抵于掌心，拇指搭在中指中节指上，掌心向前偏左。

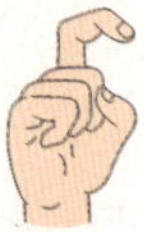 J	右手食指弯曲，中节指指背向上，中、无名、小指弯曲，指尖抵于掌心，拇指搭在中指中节指上，虎口朝内。
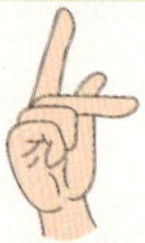 K	右手食指直立，中指横伸，拇指搭在中指中节指上，无名、小指弯曲，指尖抵于掌心，虎口朝内。
 L	右手拇、食指张开，食指指尖朝上，中、无名、小指弯曲，指尖抵于掌心，掌心向前偏左。
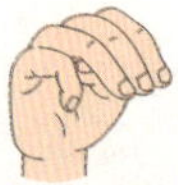 M	右手拇、小指弯曲，拇指搭在小指中节指上，食、中、无名指并拢弯曲搭在拇指上，指尖朝前下方，掌心向前偏左。
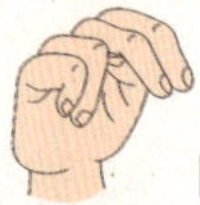 N	右手拇指、无名、小指弯曲，拇指搭在无名指中节指上，食、中指并拢弯曲搭在拇指上，指尖朝前下方，掌心向前偏左。
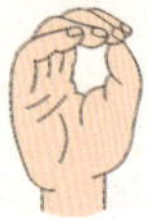 O	右手拇指向上弯曲，食、中、无名、小指并拢向下弯曲，拇、食、中指指尖相抵成 O 形，虎口朝内。
 P	右手拇、食指搭成圆形，中、无名、小指并拢伸直，指尖朝下，虎口朝前偏左。
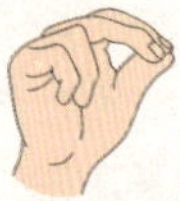 Q	右手拇指在下，食、中指并拢在上，拇、食、中指指尖相捏，指尖朝前偏左，无名、小指弯曲，指尖抵于掌心。
 R	右手拇指、食指张开，食指指尖朝左，拇指指尖朝上，中、无名、小指弯曲，指尖抵于掌心，手背向外。

 S	右手拇指贴近手掌，食、中、无名、小指并拢微曲与手掌成 90 度角，掌心向前偏左。
 T	右手拇、中、无名指指尖相抵，食、小指直立，掌心向前偏左。
 U	右手拇指贴近手掌，食、中、无名、小指并拢直立，掌心向前偏左。
 V	右手食、中指直立分开成 V 形，拇、无名、小指微曲，拇指搭在无名指远节指上，掌心向前偏左。
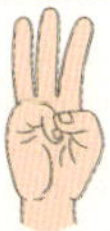 W	右手食、中、无名指直立分开成 W 形，拇、小指弯曲，拇指搭在小指远节指上，掌心向前偏左。
 X	右手食、中指直立，拇指搭在食指上，拇、无名、小指弯曲，掌心向前偏左。
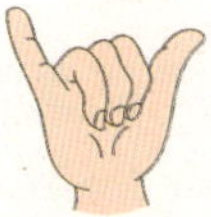 Y	右手伸拇、小指，指尖朝上，食、中、无名指弯曲，掌心向前偏左。
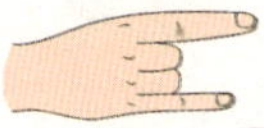 Z	右手食、小指横伸，指尖朝左，拇、中、无名指弯曲，拇指搭在中、无名指远节指上，手背向外。

2 附录：手指数字

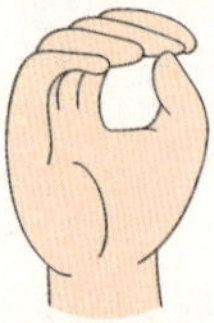 0	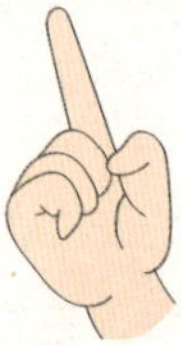 1	 2	 3
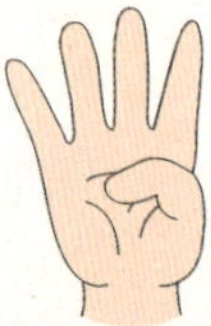 4	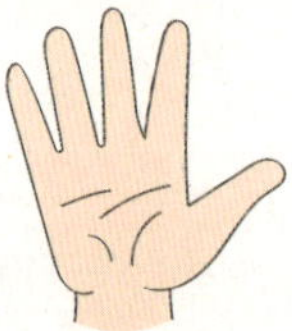 5	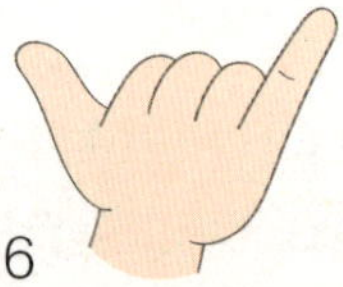 6	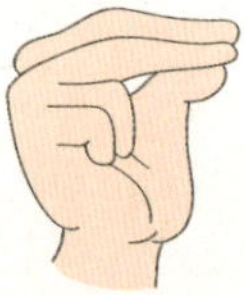 7
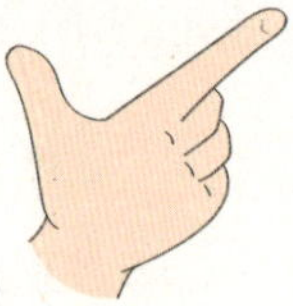 8	 9	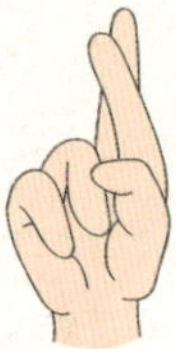 10	 20
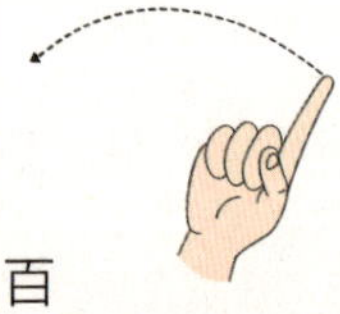 百 右手伸食指，从左向右挥动一下。	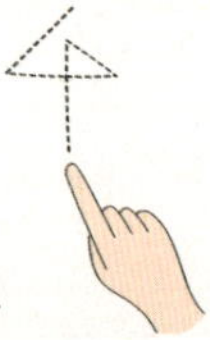 千 一手伸食指，指尖朝前，手书空“千”字形。	 万 一手食指，指尖朝前，手书空万字形，表示“㇆”字形横折钩部分。	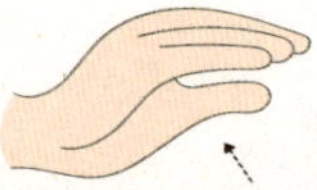 亿 右手五指成“匚”形，指尖朝左，从外向内微移一下。

3 附录：节日

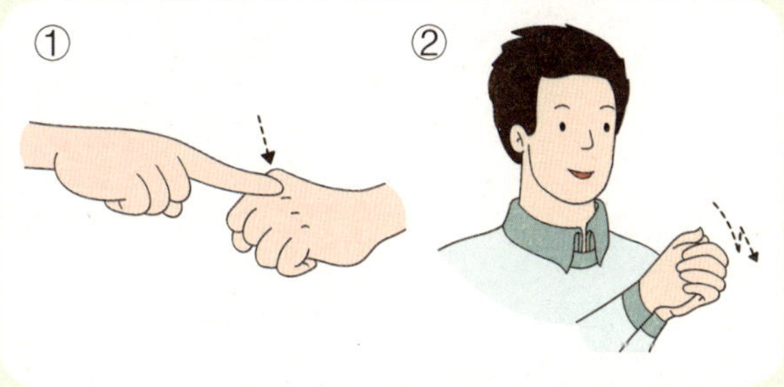

春节

① 左手握拳，手背向上；右手食指点一下左手食指根部关节。② 双手作揖，向前晃动两下，面露喜悦的表情。

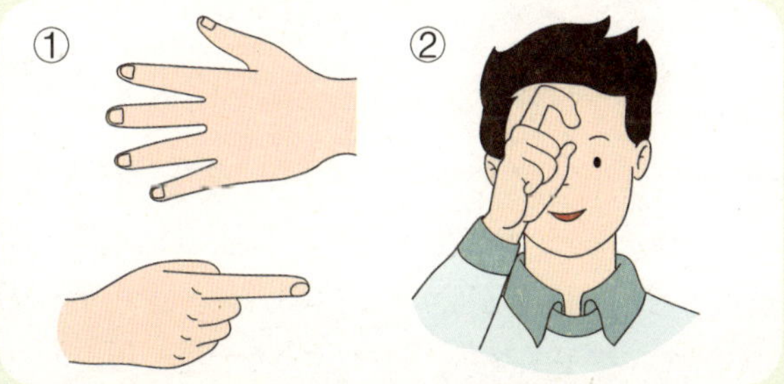

劳动节

① 左手横立，手背向外，五指张开，在上；右手食指横伸，手背向外，在下，表示公历五月一日。② 一手打手指字母“J”的指式，置于前额。

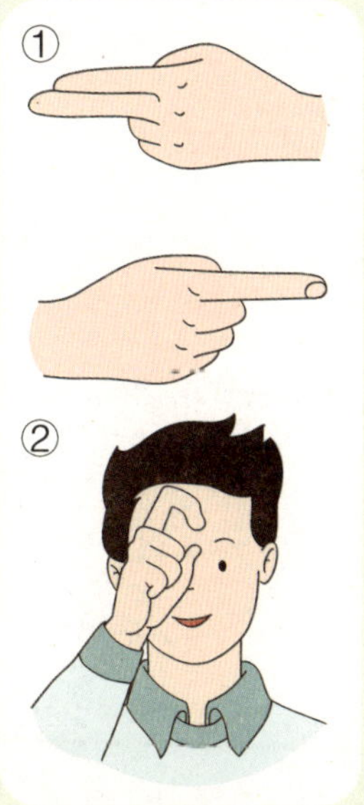

国庆节

① 左手食、中指横伸相叠，手背向外，在上；右手食指横伸，手背向外，在下，即数字“十”和“一”。② 一手打手指字母“J”的指式，置于前额。

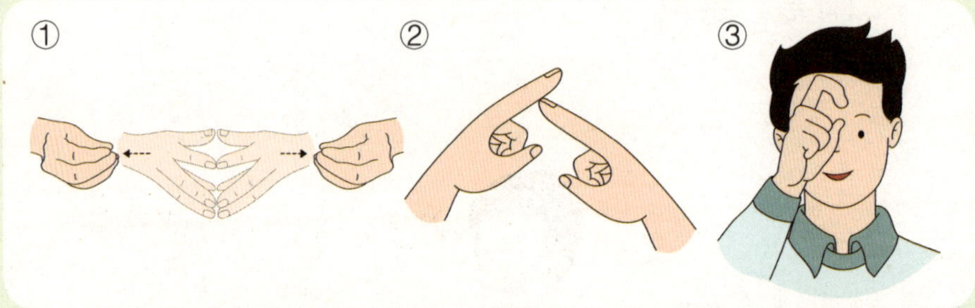

情人节

① 双手五指张开，指尖相对，虎口朝上，边从中间向两侧拉开边撮合。② 双手食指搭成“人”字形。③ 一手打手指字母“J”的指式，置于前额。

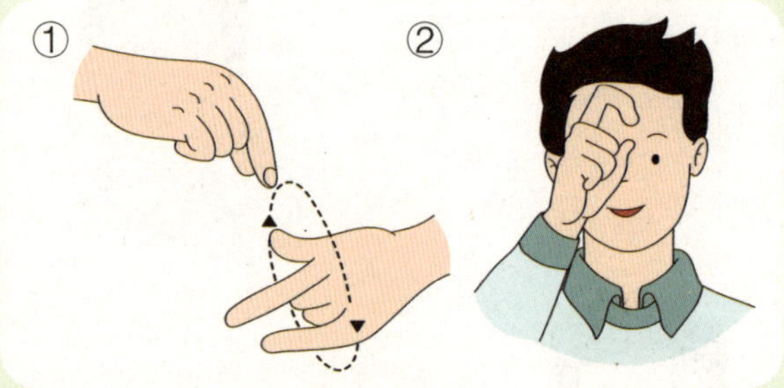

端午节

① 左手拇、食、小指叉开，指尖朝右；右手拇、食指相捏，绕左手转动几圈，模仿捆粽子的动作。② 一手打手指字母“J”的指式，置于前额。

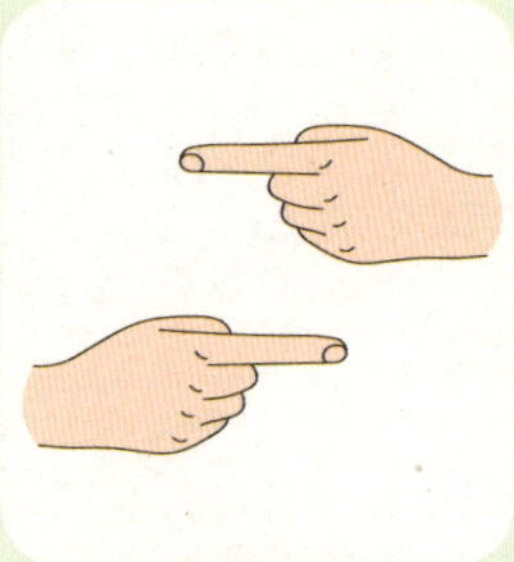

元旦

双手食指横伸，手背向外，一上一下，表示公历一月一日。

4 附录：国家

美国

双手斜立，五指张开，交叉相搭，顺时针平行转动一圈（此为国外聋人手语）。

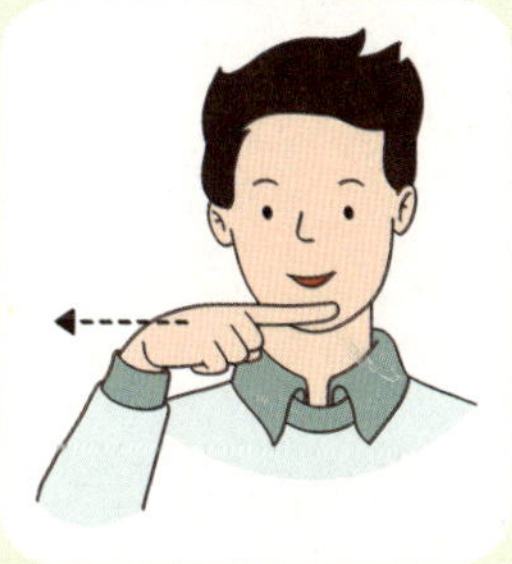

俄罗斯

一手食指横伸，在颏部横向移动一下（此为国外聋人手语）。

法国

一手拇、食指相捏，其他三指伸出，掌心向下，置于左胸部，然后翻转为掌心向内（此为国外聋人手语）。

意大利

右手拇、食指弯曲，指尖朝前，虎口朝上，从上向下做曲线形移动，表示意大利版图（此为国外聋人手语）。

德国

一手食指直立，手背贴于前额正中（此为国外聋人手语）。

巴西

右手打手指字母“B”的指式，掌心向左，置于头右侧，然后向下做曲线形移动（此为国外聋人手语）。